ROM

Führer zu den archäologischen Stätten der ewigen Stadt

vmb
PUBLISHERS

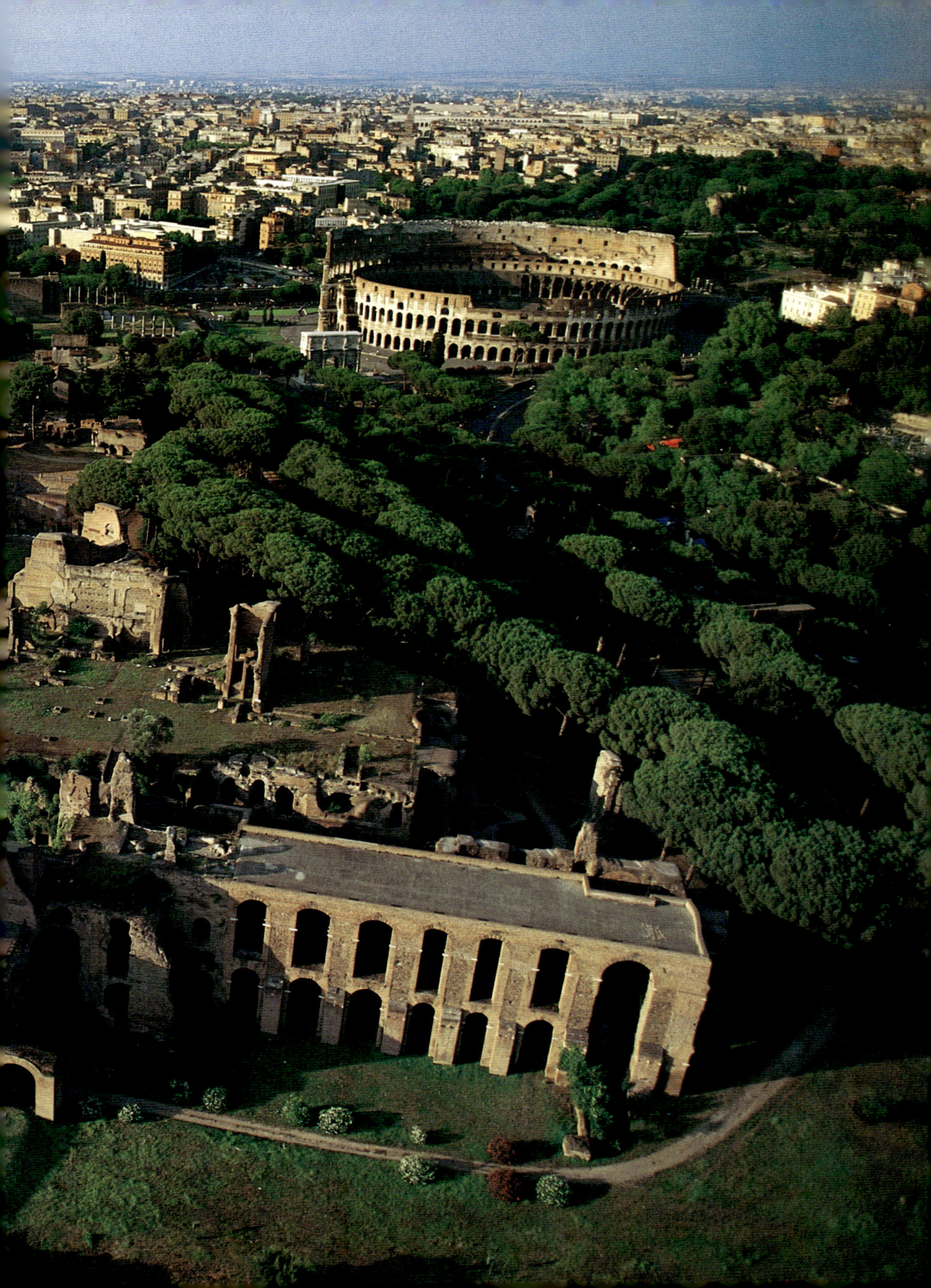

Text
Sofia Pescarin

Redaktion
Fabio Bourbon

Grafische Gestaltung
Patrizia Balocco Lovisetti

Zeichnungen und Farbtafeln
Monica Falcone
Roberta Vigone

INHALT

VORWORT	7
GESCHICHTE ROMS	8
Die Gründung Roms	8
Die Königsherrschaft	9
Die Republik	10
Das Kaiserreich	12
Römisches Bauwesen	14
Material und Rohstoffe	14
Bautechniken	16
NORDWESTLICHER BEZIRK	
VOM KAPITOL ZUR ARX	20
Der Kapitolinische Hügel	20
Der Tempel des Jupiter Capitolinus	22
Das Tabularium	23
Die Arx und der Tempel der Juno Moneta	24
Römische Münzen	25
DAS FORUM ROMANUM	26
Der westliche Bereich des Forums	29
Die Basilica Aemilia	29
Das Heiligtum der Venus Cloacina	29
Der Bereich der Curia	30
Der Bereich der Rostra	31
Der Triumphbogen des Septimius Severus	32
Der Tempel des Concordia	32
Der Tempel des Vespasian	33
Der Tempel des Saturn	33
Die Halle der Dei Consentes	33
DER FORUMS-PLATZ	34
Die Basilica Julia	34
Der Castor-und-Pollux-Tempel	36
Der Tempel des Divus Julius	37
Der Aktium-Bogen	37
DAS ZENTRUM DES FORUMS	38
Die Regia und das Haus der Vestalinnen	38
Die Vestalinnen	39
Tempel des Antoninus und der Faustina	40
Der Rundtempel des Divus Romulus	41
DER ÖSTLICHE BEREICH DES FORUMS	42
Die Basilika des Maxentius und des Konstantin	42
Der Tempel der Venus und der Roma	44
Der Titusbogen	45
DIE KAISERFOREN	46
Der Tempel der Pax	48
Das Forum Cäsars	48
Der Tempel der Venus Genetrix	49
Das Forum des Nerva oder Forum Transitorium	50
Das Forum des Augustus	51
Der Mars-Ultor-Tempel	51
Das Forum des Trajan	52
Die Trajanssäule	54
Die Trajanischen Märkte	56
DER CAMPUS MARTIUS	58
DER SÜDTEIL DES CAMPUS MARTIUS	59
Der Portikus der Oktavia	59
Das Marcellus-Theater	60
Die Tempel des Apollo Sosianus und des Bellona	61
DER MITTLERE BEREICH DES CAMPUS MARTIUS	62
Die Area Sacra am Largo Argentina	62
Das Theater des Balbus	63
Das Theater und der Portikus des Pompejus	63
Die Agrippa-Thermen	64
Der Pantheon	64
Die Saepta	66
Der Tempel der Matida	66
Der Tempel des Hadrian	66
Die Nero-Thermen	67
Das Odeon des Domitian	67
DER NÖRDLICHE TEIL DES CAMPUS MARTIUS	68
Die Mark-Aurel-Säule	68
Die Säule des Antoninus Pius, das Horologium und der Obelisk auf der Piazza Montecitorio	70
Die Ara Pacis	71
Das Mausoleum des Augustus	72
FORUM BOARIUM UND FORUM HOLITORIUM	74
Der Rundtempel des Hercules Victor	75
Die Area Sacra bei Sant'Ombrono	76
San Nicola in Carcere und die drei Tempel am Forum Holitorium	76
Der Bogen der Bankiers	77
Der Janusbogen	77
Die Tiberinsel	78
Der Bereich des Vatikans. Der Ager Vaticanus	79
DAS MAUSOLEUM DES HADRIAN	80
SÜDWESTLICHER BEZIRK	
DER PALATIN	82
DER WESTLICHE PALATIN	84
Der Tempel der Magna Mater	84
Das Haus der Livia und des Augustus	85
Der Tempel des Apoll	86
Die Domus Tiberiana	87
DER ÖSTLICHE PALATIN	88
Der Palast des Domitian – Domus Flavia – Domus Augustana	88
Die Aula Isiaca	92
Das Haus der Greifen	93
Die Domus Severiana	94
MALEREI IM ALTEN ROM	96
DER CIRCUS MAXIMUS	98
Das Mithräum	99
DER AVENTIN	100
DER TESTACCIO	101
DIE PYRAMIDE DES CAIUS CESTIUS	102
TRASTEVERE	103
DER GIANICOLO	103
SÜDÖSTLICHER BEZIRK	
DER CAELIUS	104
Der Tempel des Divus Claudius und der Clivus Scauri	106
Der Bogen des Dolabella	106
Der Bereich des Militärkrankenhauses	106
Der Lateran	107
PORTA MAGGIORE	108
Grabmal des Eurysaces	108
Die unterirdische Basilica di Porta Maggiore	109
Das Sessorium	109
DER KLEINE AVENTIN	110
DIE CARACALLA-THERMEN	110
DIE VIA APPIA	116
Das Familiengrab der Scipionen	
Das Kolumbarium des Pomponius Hylas	119
Der Drusus-Bogen	119
Der Circus des Maxentius	120
Das Grab der Cäcilia Metella	122
NORDÖSTLICHER BEZIRK	
DAS TAL MIT DEM KOLOSSEUM	124
Das Kolosseum	126
Ludus Magnus	130
Spiele und Aufführungen	132
Der Konstantins-Bogen	134
Die Meta Sudans	137
Die Nerostatue	137
ESQUILIN UND OPPIUS	138
Die Domus Aurea	139
Die Thermen des Titus und des Trajan	140
Basilika des Iunius Bassus	142
Trofei di Mario	142
Der Bogen des Gallienus	142
Der Tempel der Minerva Medica	143
Das Grab der Aurelier	143
QUIRINAL UND VIMINAL	144
Die Castra Praetoria	145
Die Thermen des Diokletian	146
VILLA ADRIANA	148
OSTIA	156
GLOSSAR	166
BILDNACHWEIS	167

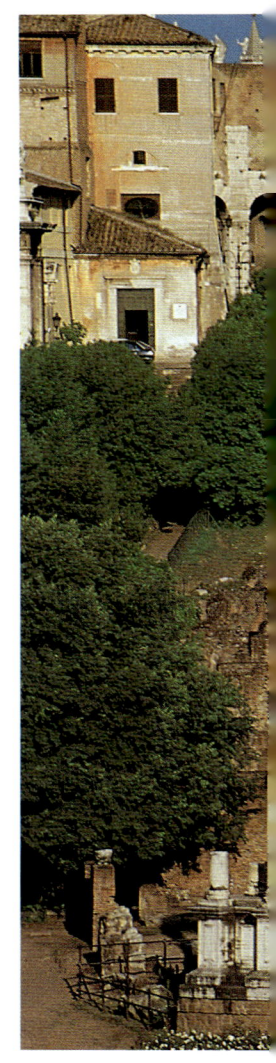

Titelbild

Das Kolosseum, das in der Antike „Amphitheatrum Flavium" hieß.
© Giulio Veggi/
Archivio White Star

Oben links
Ein Relief der Ara Pacis.
© Giulio Veggi/
Archivio White Star

1 Auf der Westseite des Forum Romanum, wo die alte Via Sacra zum Kapitol aufstieg, steht der Bogen des Septimius Severus. Er wurde im Jahre 203 errichtet, um an die Siege des Kaisers über die Parther zu erinnern.

2–3 Die römische Kaiserzeit war eine Epoche reger Bautätigkeit. Der Palatin (im Vordergrund) ist hierfür ein gutes Beispiel: Hier entstanden im Laufe der Jahrhunderte die luxuriösen Residenzen fast aller römischen Kaiser seit Augustus.

4 oben Das hier abgebildete Detail gehört zu einem der konstantinischen Rundbilder und zeigt den Gott Apollon. Das Relief befindet sich noch an Ort und Stelle auf der Südseite des Konstantin-Bogens.

4–5 Zur Zeit der Republik schlug das Herz der Stadt am Forum Romanum. Die Überreste dieses Bezirks ziehen noch heute unzählige Besucher in ihren Bann und werden nach wie vor gründlich erforscht.

Rückumschlag

oben
Der Konstantinsbogen wurde 315 n. Chr. vollendet.
© Giulio Veggi/ Archivio White Star

Mitte
Die Überreste des Forum Romanum sind das Herz der archäologischen Stätten Roms.
© Giulio Veggi/ Archivio White Star

unten
Perspektivische Ansicht einer Rekonstruktion der Kaiserforen.

vmb PUBLISHERS

VMB Publishers® ist eine eingetragene Marke von Edizioni White Star s.r.l.

© 2003, 2010 Edizioni White Star s.r.l.
Via Candido Sassone, 24 – 13100 Vercelli – Italien
www.whitestar.it

ISBN 978-88-540-1376-6
1 2 3 4 5 6   14 13 12 11 10

Alle Rechte vorbehalten. Kein Teil des Werkes darf in irgendeiner Form (durch Fotokopie, Mikrofilm oder ein ähnliches Verfahren) ohne die schriftliche Genehmigung des Verlages reproduziert oder unter Verwendung elektronischer Systeme verarbeitet, vervielfältigt oder verbreitet werden.

Gedruckt in China

6–7 u. 6 unten Zu den berühmtesten Bauten im antiken Rom gehört das mächtige und hervorragend erhaltene Kolosseum, das auf Touristen und Bewohner Roms gleichermaßen nachhaltig wirkt. Der Name bezieht sich auf das Kolosseum des Nero, das in der Nähe, am Fuße der Velia, stand. Hier sind heute die Reste des Tempels der Venus und der Roma (Foto unten) zu sehen.

Vorwort

Angesichts der beachtlichen Entwicklung, die Rom unter kunsthistorischen Gesichtspunkten in jüngerer Zeit durchlaufen hat, ist es schwierig und zugleich spannend, einen weiteren Führer durch die Kulturdenkmäler der Stadt zu präsentieren. Einerseits haben neue Ausgrabungen historische und archäologische Erkenntnisse verändert, die über lange Zeit als gesichert galten; andererseits soll das vorliegende Werk einem stetig wachsenden Publikum und seinem kulturellen Interesse gerecht werden, umfassend informieren und zugleich den aktuellen Stand der Archäologie widerspiegeln.

Seit annähernd 3000 Jahren war Rom fast ununterbrochen besiedelt und so finden Reisende heute eine gewaltige Konzentration historischer Stätten aus den unterschiedlichsten Epochen, die sich zumeist weder chronologisch noch typologisch in ein einfaches Raster fügen. Um diesem Sachverhalt Rechnung zu tragen, beleuchtet der vorliegende Band die Ewige Stadt unter zwei entscheidenden Aspekten:

Der erste Teil bietet einen geschichtlichen Überblick. In diesem Part werden die später detailliert beschriebenen Bauwerke unter dem Gesichtspunkt ihrer Entstehung betrachtet. Der zweite Teil stellt die Monumente und Kunstschätze dann im Rahmen eines Rundgangs durch die Stadt vor, die wir zu diesem Zweck in vier Sektoren unterteilt haben. Geschichte bezeichnet in unserem Zusammenhang nicht die bloße Abfolge von Daten und Fakten. Die Vergangenheit einer Stadt wird stets erst durch die berühmten und weniger bekannten Menschen lebendig, die sie im Laufe der Jahrhunderte bewohnt und verändert haben. Für Rom gilt dies in ganz besonderem Maße, denn hier haben wir es nicht mit irgendeiner Stadt zu tun, sondern mit dem Prototyp von Stadt überhaupt. Jedes Heiligtum, jede Kirche und Straße, jeder Bogen, Portikus und Aquädukt verbindet sich direkt mit dem Namen seines Erbauers und stand in aller Regel im Dienste einer bestimmten Politik. Auf Münzen bildete man nicht nur Köpfe illustrer Persönlichkeiten, sondern auch Bauwerke ab, man verzeichnete sie in den öffentlichen Kalendern und ganze Generationen von Historikern und Dichter beschrieben sie oder priesen sie mit Versen und Lobgesängen.

Der vorliegende Band soll als Orientierungshilfe für Reisende dienen, die sich heute auf die Spuren der Antike begeben. Zu diesem Zweck enthält er, einem Kompass gleich, Bezugspunkte wie Karten, Aufrisse und Zeittafeln, die immer wieder helfen, die aufgesuchten Sehenswürdigkeiten zeitlich und topografisch einzuordnen. Auch stellen sie das antike Rom der heutigen Stadtstruktur und damit das unsichtbare dem sichtbaren Rom gegenüber.

Aufrisse, Zeichnungen und Rekonstruktionen sollen außerdem einen Eindruck von der Atmosphäre im Alten Rom vermitteln. Leser und Reisende erleben Rom dadurch nicht als eine Masse isolierter Bauwerke, sondern vielmehr als Gesamtbild im Rahmen eines historischen und soziologischen Kontextes. Das Buch gibt uns Einblick in das Leben jener Menschen, ohne die die viel gerühmten Kulturdenkmäler Roms nie hätten entstehen können.

Der nachfolgende Text will sich bewusst nicht in die endlose Reihe bereits existierender Rom-Führer einreihen. Wissenschaftliche Betrachtungen, Geschichte und Archäologie dienen vielmehr als Bezugspunkte, denn mit ihrer Hilfe erschließt sich die Ewige Stadt auch demjenigen, der sie zum ersten Mal besucht.

GESCHICHTE ROMS

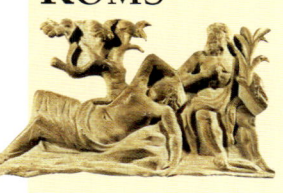

Verschiedene bedeutende Schriftsteller Roms überlieferten uns die Gründungslegende und Geschichte der Ewigen Stadt und hinterließen damit ein wertvolles Zeugnis zur Vergangenheit der Stadt. Archäologische Funde haben die Aussagen der Autoren zum Teil bestätigt, zum Teil widerlegt.

DIE GRÜNDUNG ROMS

Im 10. Jahrhundert v. Chr. nahm die Bevölkerung Mittelitaliens am Übergang von der Bronze- zur Eisenzeit rasch zu. Es entstanden zahlreiche neue Siedlungen, für die man aus strategischen Gründen eine erhöhte Lage wählte. Auch die Geschichte Roms beginnt auf diese Weise, denn hier, wie an anderen Orten, bildeten sich auf den berühmten sieben Hügeln kleine Hüttenverbände von Hirten und Bauern. Die günstige geografische Lage dieser ältesten Kerne der späteren Stadt leuchtet unmittelbar ein und bedarf kaum einer weiteren Erklärung.

Die Hügel boten Schutz; der Tiber versorgte die Menschen mit dem notwendigen Wasser und stellte einen möglichen Verkehrs- und Handelsweg dar. Es verwundert daher nicht weiter, dass die junge Stadt bald schon über die benachbarten Gemeinschaften herrschte. Im Norden lebten jenseits des Tibers die Etrusker, im Osten Sabiner, Volsker, Herniker und Aequer, im Süden Latiner und Griechen. Von entscheidender strategischer Bedeutung war zweifellos die Kontrolle der Tiberinsel, des einzigen Ortes im Mündungsbereich, an dem man den Fluss leicht überqueren konnte. Wer von Süden aus in die etruskischen Städte reisen wollte, musste zwangsläufig diesen Weg wählen und auch der Handel mit dem seit der Antike kostbaren Salz verlief über diese Route, die später den Namen Via Salaria (Salzstraße) erhielt. Will man sich heute vergegenwärtigen, wie sehr diese Strecke die Entwicklung der Stadt beeinflusste, so sollte man die Via della Lungaretta – die alte Via Aurelia, die aus Etrurien nach Rom führte – bis zum Ponte Palatino hinuntergehen, das Forum Boarium überqueren und sich dort, wo Via Appia und Via Latina sich teilen, Richtung Kampanien wenden. Die geografische Lage wirkte sich nicht nur auf Roms Handel und sein politisches System aus, sie prägte auch die Mentalität seiner Bewohner, denn diese lebten in stetiger Spannung zwischen der Öffnung nach außen und der Unterwerfung unter das *mos maiorum*, die von den Alten überlieferte Tradition. Am frühesten besiedelt waren Kapitol (ital. Campidoglio) und

8 Mitte Dieses Flachrelief auf der Rückseite der Ara Casali aus dem 2. Jahrhundert erzählt die Legende von Romulus und Remus. Die Tafel befindet sich heute im Museo Pio Clemente.

8–9 Die Wölfin gilt heute noch als Symbol der Stadt. Lange, bevor man die Geschichte schriftlich fixierte, war sie das Wappentier Roms. Der Legende zufolge nährte sie Romulus und Remus, die Söhne des Gottes Mars und der Königin Silvia, die der böse Usurpator Amulius am Ufer des Tiber ausgesetzt hatte.

Die Königsherrschaft

Palatin. Hier entdeckten Archäologen Reste von Behausungen. Vermutlich entstand Rom, weil sich die benachbarten Siedlungen miteinander verbündeten, wobei die stärkste Gemeinschaft, der Palatin, dominierte. In dieser ersten Phase der Stadtentwicklung spielte die Landwirtschaft, deren Bedeutung kontinuierlich zunahm, eine wichtige Rolle. Nicht zu unterschätzen war andererseits der Tauschhandel mit den griechischen Kolonien, der beinahe zeitgleich mit den Anfängen der Stadt begann.

Im Jahr 753 v. Chr. soll Rom, ein Zeitpunkt, den archäologische Funde zu bestätigen schienen, von Romulus, dem ersten König, gegründet worden sein. Im 7. Jahrhundert v. Chr. soll Ancus Martius eine hölzerne Brücke über den Tiber gebaut haben. Gleichzeitig dehnte er seinen Einflussbereich auf das rechte Ufer aus, indem er das Ianiculum besetzte, einen von Norden nach Süden verlaufenden Hügelrücken, der ein natürliches Bollwerk gegen Etrurien bildete. Zwischen dem 8. und dem 7. Jahrhundert v. Chr. siedelten in Italien drei große Gruppen an unterschiedlichen Orten. Im Norden lebten die Etrusker, im Westen die Oskier und im Süden, am Tiber, die Latiner. Die beiden letzten gehörten zu den indogermanischen Stämmen der Italiker. Die wachsende Bedeutung der Siedlung am Tiber, die durch den Hafen von Ostia an der Flussmündung zusätzlich an Bedeutung gewann, beunruhigte die Etrusker. Sie wollten einen weiteren Machtzuwachs Roms verhindern. Im 6. Jahrhundert erlebte Rom unter der Herrschaft der etruskischen Dynastie der Tarquinier einen neuerlichen Aufschwung und etablierte sich endgültig als Stadt. Rom gliederte sich nun in vier Bezirke, darunter ein großes Gebiet, um das sich ab dem 6. Jahrhundert die Servianische Mauer zog. Mit Hilfe eines Entwässerungskanals, der Cloaca Maxima, legte man den Sumpf zwischen Palatin, Esquilin und Kapitol trocken. Hier entstand nun auch der Circus Maximus, die erste Anlage für Spiele. Im 6. Jahrhundert kontrollierten die Römer ein weiträumiges Territorium, das sich bis nach Terracina erstreckte.

Die Republik

Im Jahre 509 v. Chr. schaffte Rom die Monarchie ab und führte ein neues politisches System ein – die Republik. Zwei Konsuln ersetzten den König; ihnen zur Seite standen Staatsbeamte, die Magistraten, die alljährlich aus den männlichen Bürgern der Stadt und dem Senat gewählt wurden. Die Konsuln standen in Kriegszeiten auch dem römischen Heer vor. Das römische Bürgerrecht erhielten zu Beginn ausschließlich jene Römer, die Truppen oder Ausrüstung für das Heer stellen konnten und mit ihm in den Krieg zogen. Bald schon machte eine kleine Gruppe aristokratischer Familien, die Patrizier, eine Art Vorrecht auf das Amt des Konsuls und andere wichtige Positionen im Staat geltend. Ende des 5. Jahrhunderts begehrten jedoch die nichtadligen Plebejer gegen dieses ungeschriebene Gesetz auf und erkämpften in dieser Hinsicht die Gleichstellung mit den Patriziern. Die Auseinandersetzungen zwischen beiden Gruppen führten Rom in eine tiefe Krise und gipfelten im Verlust von Ländereien und dem Einfall der Volsker. Dennoch entstanden bedeutende Bauwerke wie der Tempel des Saturn und der Castor-und-Pollux-Tempel auf dem Forum Romanum, der Merkur- und der Ceres-Tempel unweit des Aventin und der Apollon-Tempel auf dem Campus Martius.

Zu Beginn des 4. Jahrhunderts erholte sich die Stadt allmählich. Erfolgreiche Kämpfe gegen benachbarte Völker führten dazu, dass die Römer binnen kurzer Zeit fast ganz Italien beherrschten. Zunächst besiegten sie 396 v. Chr. nach zehnjähriger Belagerung die Stadt Veji. Wenig später fielen allerdings die Gallier in Rom ein, ein herber, wenngleich weniger tragischer Rückschlag, als die Legende gerne behauptet. Zwischen dem 8. und dem 4. Jahrhundert v. Chr. setzte eine rege Bautätigkeit ein. In jener Zeit erneuerte man die Servianische Mauer, die unter dem Ansturm der Gallier gefallen war, und errichtete mächtige Bauten auf dem Kapitol und dem Palatin. Die Via Appia führte nun durch die neuen römischen Besitzungen im Süden bis nach Tarent, das die Römer 272 v. Chr. unterworfen hatten, und neben zahlreichen Heiligtümern wie den Tempeln A und C am Largo Argentina entstanden die beiden ersten großen Aquädukte, Aqua Appia (312 v. Chr.) und Aqua Anio Vetus (272 v. Chr.).

Der Handel mit griechischen Produkten blühte und einige griechische Handwerker eröffneten Läden in Rom. Plätze, Portiken und Tempel verschönerte man mit Bronzestatuen wie jener berühmten des Brutus Capitolinus.

Zu Beginn des 2. Jahrhunderts v. Chr. setzten die Römer ihre Eroberungen fort und nach den Punischen Kriegen hatte sich Rom endgültig als herrschende Macht im Mittelmeerraum etabliert. Die Bevölkerung wuchs nun immer rascher und aus dem italischen Umland strömten Menschen in die Stadt. Man baute daher neue Wohnviertel mit mehrstöckigen Gebäuden, so genannten *insulae*, und weitete die Infrastruktur aus, um eine ausreichende Versorgung zu gewährleisten. Eine derart große Menschenmasse stellte natürlich einen wich-

10 oben Der Bronzekopf dieser Statue stammt vermutlich aus dem 3. Jahrhundert v. Chr. Es soll sich um Brutus, den berühmten Republikgründer, handeln. Der untere Teil der Skulptur ging verloren. Das Gesicht ist ausdrucksvoll und zeigt die für römische Patrizierdarstellungen typische ernste Strenge.

10 unten Dieser Marmorfries stammt aus dem Junotempel und zeigt die kapitolinischen Gänse, die der Überlieferung zufolge durch ihr Schnattern Rom vor dem Angriff der Gallier warnten.

tigen politischen Faktor dar und so versuchten die mächtigsten Familien Roms, sie sich gewogen zu machen. Zu diesem Zweck errichteten sie unter anderem Bauten wie Theater, Thermen oder Tempel auf dem Forum, dem Campus Martius und dem Kapitol. Im Laufe der Zeit dehnte sich die Bautätigkeit auch auf andere Bereiche der Stadt wie das Forum Boarium, das Forum Holitorium und den Aventin aus, an dessen Fuß sich nun ein neues Handelszentrum, das Emporium, erhob. Auch die Privathäuser wandelten sich. Neben den *insulae* für das einfache Volk gab es nun immer mehr aristokratische Villen im hellenistischen Stil mit einem von Säulen umgebenen Hof dem Peristyl. Innerhalb von nur zwei Jahrhunderten war Rom von einem kleinen Stadtstaat zur Herrscherin über ein Weltreich aufgestiegen. Zu diesem Zeitpunkt benötigte man vor allem eine gut geführte Armee aus Berufssoldaten, die sich rasch von einem Krisenherd zum nächsten begeben und für Ordnung sorgen konnte. Diese Aufgabe drängte alle anderen in den Hintergrund. Nun durften auch Angehörige des Volkes im Heer dienen, doch befürchteten die herrschenden Aristokraten zu Recht, der Plebs könne sich unter der Führung machthungriger Generäle gegen die Oberschicht wenden. Während des 1. Jahrhunderts v. Chr. kam es tatsächlich zu inneren Wirren, aus denen schließlich Gaius Julius Cäsar siegreich hervorging. Während seiner kurzen Alleinherrschaft (48-44 v. Chr.) ließ Cäsar die Stadt insbesondere am Forum Romanum, am Campus Martius und im Trastevere-Viertel grundlegend erneuern; er baute ein neues Forum und plante sogar, den Lauf des Tibers zu verändern und den Campus Martius mit dem Ager Vaticanus zu verbinden. Zu jener Zeit kam ein neuer, illusionistischer Malstil auf: Der Zweite pompejische Stil, der vor allem die Häuser reicher Aristokraten zierte, versuchte dreidimensionale Architekturelemente realistisch nachzuempfinden.

11 *Nachdem Cäsar Pompeius besiegt hatte, konnte niemand mehr ihn aufhalten. Zwar bedeutete seine Alleinherrschaft das Ende der Republik, doch regierte Cäsar dank seiner Reformen und der siegreichen Kriege, die er führte, weitgehend mit Unterstützung des Volkes. Der Diktator galt als zurückhaltend und gemäßigt und diente vielen römischen Kaisern als Vorbild.*

Das Kaiserreich

Im Jahre 45 v. Chr. adoptierte Cäsar den siebzehnjährigen Oktavian und ernannte ihn zu seinem Erben. Nach Cäsars Ermordung beanspruchte Oktavian sofort die Führung und versuchte alle Mitstreiter auszuschalten. Die Seeschlacht von Aktium im Jahre 31 v. Chr. markierte den Endpunkt dieser innenpolitischen Auseinandersetzung. Oktavian siegte über Antonius, seinen härtesten Widersacher, und ließ sich nach seiner Rückkehr im Jahre 27 v. Chr. in Rom mit dem Beinamen Augustus (der Erhabene) zum Princeps (Ersten) ernennen. Obwohl er als Alleinherrscher regierte, wollte er die Republik weiter bestehen lassen. Er stärkte seine Machtposition mithilfe einer Heeresreform und indem er das Steuer- und Verwaltungssystem der Provinzen veränderte. Außerdem führte er eine Reihe von Kriegen, um die Grenzen zu verstärken und das Römische Reich weiter auszudehnen. Unter Augustus nahm die Stadt Rom Gestalt an, denn er teilte das Gebiet in nunmehr 14 Bezirke ein, setzte Vigiles (Feuerwehrleute mit Polizeibefugnissen) ein und baute neue Aquädukte, Theater, Amphitheater, öffentliche Thermen (die Agrippathermen) und Bibliotheken. Auch ein neues Forum, die Ara Pacis auf dem Campus Martius, und das Augustusmausoleum verdankt Rom der regen Bautätigkeit seines ersten römischen „Kaisers".

Nach Augustus' Tod setzten die julisch-claudischen Imperatoren das von ihm begonnene Werk fort. Erst Nero führte entscheidende Neuerungen ein. Bereits im ersten Jahr seiner Regierung (64 n. Chr.) gab er gewaltige Summen für einen Palast auf dem Palatin, die Domus Transitoria, aus, den ein Brand nur wenig später zerstörte. In der Folge ließ Nero abermals einen Palast, die Domus Aurea, errichten, der das gesamte Stadtzentrum in eine gewaltige Dependance seines Privathauses verwandelte. Nero, der als größenwahnsinniger Geisteskranker in die Geschichte einging, gab gleichwohl den Anstoß zu bedeutenden öffentlichen Gebäuden wie den Thermen auf dem Campus Martius. Auch richtete er als Erster die Häuser und Stadtviertel symmetrisch an einer zentralen Achse aus und verabschiedete Gesetze, die den urbanen Wildwuchs eindämmen sollten. Sie regelten unter anderem, wie hoch ein Gebäude sein durfte und welche Materialen für den Bau zur Verfügung standen.

Zur Zeit der Flavier (69-96 n. Chr.) zerstörten weitere Brandkatastrophen zahlreiche Gebäude, die man anschließend wieder aufbauen musste. Das Volk erhielt das Areal zurück, auf dem Neros goldener Palast, die Domus Aurea, gestanden hatte. Hier errichtete man öffentliche Gebäude wie das Kolosseum, die Titus- und die Trajansthermen. Im neuen Tempel der Pax stellte man zahlreiche Kunstwerke griechischer und asiatischer Herkunft aus, die einst Neros Palast verschönert hatten. Unter Domitian setzte sich dieser architektonische und künstlerische Aufschwung fort: Es entstanden das Forum Transitorium auf dem Gebiet der neuen Foren, das Stadion und das Odeon auf dem Campus Martius sowie der Titusbogen. Zu den spektakulärsten Bauten auf dem Palatin gehörte der neue kaiserliche Palast, die Domus Flavia ed Augustana, die bis zum Ende des Kaiserreichs als offizieller Wohnsitz der Imperatoren fungierte.

Im 2. Jahrhundert erlebte das Römische Reich unter Trajan, Hadrian, Antoninus Pius und Mark Aurel seine größte Ausdehnung. Dies lag nicht zuletzt daran, dass man die Kaiser nach ihrem Können und ihrer Erfahrung auswählte, nachdem Domitian gestorben war, ohne Erben zu hinterlassen. Auch Rom blühte noch ein letztes Mal auf: Trajan engagierte einen der besten Architekten jener Epoche, Apollodor von Damaskus, der das Trajansforum plante. Um hierfür Platz zu schaffen, musste er den Sattel zwischen dem Quirinal und dem Kapitol regelrecht durchschneiden. Hadrian und Antoninus Pius ließen viele antike Monumente restaurieren und errichteten andererseits neue Bauten, wobei sie versuchten, die Stilrichtungen vergangener Zeiten neu zu beleben. Auf diese Weise entstanden der Pantheon auf dem Campus Martius, der Doppeltempel der Venus und der Roma auf der Velia, das große Mausoleum auf dem Ager Vaticanus und die Hadriansvilla in Tivoli.

Ein kostbares Dokument, das von einer Wand im Tempel der Friedensgöttin Pax stammt, vermittelt uns einen Eindruck von der Größe und dem Stadtbild Roms zur Zeit der Severer. Es handelt sich um die Forma Urbis, eine Marmorkarte, die während der Regierung von Septimius Severus entstand. Im 3. Jahrhundert begann der Niedergang Roms, ausgelöst durch den Zerfall der Zentralgewalt und stetige innere Machtkämpfe, unter denen nicht zuletzt die Bautätigkeit litt. Aurelian ließ einen großen Mauerring anlegen, der deutlich machte, dass Rom eine Verteidigungsstellung bezogen hatte. Diokletian erholte sich das Reich kurzzeitig, denn er setzte eine Tetrarchie ein, in der sich zwei Kaiser und zwei Mitregenten die Macht teilten und so dem Imperium eine gewisse Stabilität verliehen. Diokletian ließ außerdem auf dem Quirinal die größten Thermen erbauen, die es in Rom je gegeben hatte: Bis zu 3000 Menschen konnten sich hier gleichzeitig aufhalten.

Nach dem Tod von Kaiser Diokletian machte Maxentius Rom wieder zur Hauptstadt und entwarf ein Erneuerungsprogramm, in dessen Rahmen die neue kaiserliche Villa, der Circus und das Mausoleum an der Via Appia entstanden. Außerdem begann er auf der Velia mit dem Bau einer Basilika, die Konstantin vollendete.

Letzterer setzte das unter Maxentius begonnene Werk fort und errichtete unter anderem neue Thermen auf dem Quirinal und den monumentalen Konstantinsbogen unweit des Kolosseums. Da das Christentum sich mittlerweile stark ausgebreitet hatte, gestattete der Herrscher seine freie Ausübung und beendete im Jahre 313 mit einem Edikt die Verfolgungen. Kurz vor seinem Tod ließ er sich schließlich selbst taufen. Zwischenzeitlich hatte er frühchristliche Bauten wie die Basilica di San Pietro, das Baptisterium der Lateranbasilika und die Basilica di San Sebastiano an der Via Appia errichten lassen. Sein Hauptaugenmerk richtete sich gleichwohl nun stärker auf Konstantinopel. Über dem antiken Rom entstand in der Folgezeit nach und nach eine neue Stadt, die immer deutlicher die Merkmale des christlichen Glaubens trug.

ZEITTAFEL

• DIE GRÜNDUNG ROMS

753 v. Chr.	offizielles Gründungsdatum der Stadt Rom
	Die Königsherrschaft
753 v. Chr.	Romulus
715	Numa Pompilius
673	Tullius Hostilius
642	Ancus Martius
615	Tarquinius Priscus
573	Servius Tullius
535	Tarquinius Suberbus

• DIE REPUBLIK

509 v. Chr.	Gründung der Republik
451	Zwölf-Tafel-Gesetze
421	Die Plebejer erkämpfen Rechtsgleichheit
396	Niederlage der Stadt Veji
272	Fall von Tarent
270	Beginn der Eroberung des Mittelmeerraums
202	Ende des 2. Punischen Krieges
146	Zerstörung von Korinth und von Karthago
90/38	Soziale Unruhen in Rom
88/82	Bürgerkrieg zwischen Marius und Sulla
49/45	Bürgerkrieg zwischen Pompeius und Cäsar
48/44	Alleinherrschaft Cäsars
44/31	Bürgerkrieg
48 v. Chr.	Oktavian

• DAS RÖMISCHE KAISERREICH

27 v. Chr.	Cäsar Oktavian Augustus
14 n. Chr.	Tiberius
37	Caligula
41	Claudius
54	Nero
68-69	Galba, Otho, Vitellius
69	Vespasian
79	Titus
81	Domitian
96	Nerva
98	Trajan
117	Hadrian
138	Antoninus Pius
161	Mark Aurel
180	Commodus
193	Septimius Severus
211	Carcalla
218	Heliogabal
222	Alexander Severus
235	Maximinus Thrax
238	Gordianus I., II., III.
244	Philippus Arabs
249 n. Chr.	Decius
251	Trebonianus Gallus
253-60	Valerianus
253-67	Gallienus
268	Aurelius Claudius
270	Aurelian
276	Aurelius Probus
284	Diokletian - Maximian
305	Maximian - Constantius Chlorus
305/11	Galerius
306	Maxentius - Severus
306	Konstantin
337	Konstantin II. - Constans I. - Constantius II.
364	Valentinianus I.
367	Gratian
375	Valentinianus II.
395	Honorius
425	Valentinianus III.
475	Romulus Augustus
476	Odoaker
493	Theoderich

12 und 13 Nerva adoptierte Trajan, einen erfolgreichen Feldherrn aus der Provinz, und setzte damit einen Nachfolger ein, der nicht seiner eigenen Familie entstammte. Gleichzeitig sicherte er sich auf diese Weise die Unterstützung des Heeres, das im politischen Leben Roms eine bedeutende Rolle spielte. Trajan bemühte sich, die Zentralmacht zu stärken, unternahm aber auch Feldzüge. Besondere Erfolge verbuchte er gegen die Daker. Die Schlacht wird auf dem Fries dargestellt, der sich spiralförmig um die berühmte Trajansäule zieht. Aus den zahlreichen Szenen, die hier aufeinander folgen, lassen sich wertvolle Informationen zu historischen Ereignissen, Waffen, Schiffbau, Kleidung, Kriegstaktik und Belagerungstechniken ziehen.

Römisches Bauwesen

Material und Rohstoffe

Die Römer waren besonders begabte Bauherren und hinterließen ein Erbe, das die Jahrhunderte zum Teil bis heute überdauert hat. Außerdem besitzen wir eine wertvolle Quelle, die Aufschluss über die Architektur, das Ingenieurwesen und über die römische Kultur im Allgemeinen gibt. Es handelt sich um das Werk *De Architectura* des Vitruv, eines Militärtechnikers, der im Dienst von Kaiser Augustus stand. Die Entwicklung der Bautechnik hängt in jeder Kultur stark von der Qualität und Quantität des zur Verfügung stehenden Materials ab. Zu einer Zeit, da der Handel noch nicht weit entwickelt war, musste man sich auf das vor Ort Vorhandene beschränken, was wiederum die Entwicklung des jeweiligen Baustils beeinflusste. Andererseits hing die Wahl des Baumaterials natürlich vom jeweiligen Gebäudetyp, seiner Größe, dem Standort, der Wirtschaftslage und dem vorherrschenden Geschmack ab. Vitruv stellte drei Goldene Regeln auf, an denen sich Architekten orientieren sollten, nämlich zum Ersten die *firmitas* (Standfestigkeit und Stabilität), zweitens die *utilitas*, die Funktionalität, die von einer vernünftigen Raumkonzeption abhing, und drittens die *venustas*, die elegante und ästhetisch ansprechende Gestaltung.

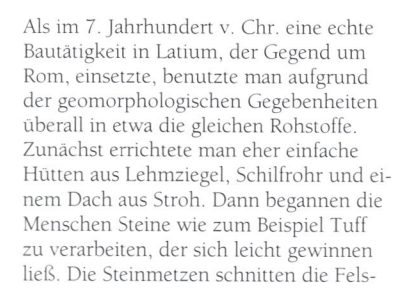

Als im 7. Jahrhundert v. Chr. eine echte Bautätigkeit in Latium, der Gegend um Rom, einsetzte, benutzte man aufgrund der geomorphologischen Gegebenheiten überall in etwa die gleichen Rohstoffe. Zunächst errichtete man eher einfache Hütten aus Lehmziegel, Schilfrohr und einem Dach aus Stroh. Dann begannen die Menschen Steine wie zum Beispiel Tuff zu verarbeiten, der sich leicht gewinnen ließ. Die Steinmetzen schnitten die Felsblöcke mit einfachem Werkzeug in die gewünschte Größe und gestalteten die Oberfläche der Quader zum Teil bereits vor Ort. Vitruv berichtet, dass man den Tuff im Sommer abbaute und ihn anschließend zwei Jahre lang im Freien trocknen ließ, ehe man ihn weiterverarbeitete. Auf diese Weise konnte man die widerstandsfähigsten Blöcke aussortieren. Ende des 2. Jahrhunderts v. Chr. begann man Travertin zu benutzen, ein Sedimentgestein, das wesentlich härter und langlebiger war als die bis dahin verwendeten Rohstoffe. Unter Augustus konzentrierte man sich dann verstärkt auf den Abbau von Marmor. Der Herrscher ließ die Steinbrüche von Luni in Etrurien erweitern, die einen herrlichen weißen Marmor lieferten. Auf dem Seeweg gelangte er zunächst nach Ostia und dann über den Tiber nach Rom. Importierten Marmor gebrauchte man vor allem für dekorative Gebäudeteile wie Säulen, Friese, Gebälk, Böden und Skulpturen. Angeblich sagte Augustus kurz vor seinem Tod zu Freunden, er habe eine Stadt aus Lehmziegeln vorgefunden und sie in eine Stadt aus Marmor verwandelt. Viele Gebäudeteile bestanden indes nach wie vor

14 unten Die Domus Flavia und das Stadion des Domitian auf dem Palatin entstanden als Gussmauerwerk (opus caestaceum) in einer Technik, bei der man Steinbrocken und Mörtel zwischen zwei Außenmauern aus Backstein füllte. Häufig schnitt man die Backsteine auch diagonal durch und setzte sie keilförmig auf den Mauerkern auf.

aus Holz, wie zum Beispiel Decken, Balken oder Täfelungen. Luftgetrocknete Ziegel dienten bis zur Einführung von Beton als häufigstes Baumaterial für Wände. Es handelte sich um Ziegel aus Lehm und Schilfrohr, die man im Freien etwa zwei Jahre langsam trocknen ließ. Allerdings konnte man mit ihnen lediglich einstöckige Häuser errichten. Einige Rohstoffe, zum Beispiel Tuff vom Kapitol, aus Fidene oder Grotta Oscura oder Lapis Gabinus und Tuff vom Monteverde, benutzte man als reine Baumaterialien. Im 7. Jahrhundert v. Chr. war auch der Cappellaccio aus der gleichnamigen Region in Gebrauch, ein grauer, eher körniger Tuff, der sich leicht bearbeiten ließ und dennoch relativ widerstandsfähig war. Ab dem 2. Jahrhundert setzte man

15 unten Das Thermopolium des Fortunatus war wie viele Gebäude in Ostia in Gussbauweise mit zwei Außenmauern aus Backstein errichtet. Die opus caementicium genannte Technik entwickelte sich zeitgleich mit anderen Füllbauweisen. Es handelte sich um eine Mischung aus dünnflüssigem Mörtel (Löschkalk, Wasser und Sand oder Erde) und kleinen Steinen oder Flusskieseln (caementa). Diese Masse band gut, war widerstandsfähig und Wasser abweisend.

14–15 Ostia zeigt die Entwicklung römischer Häuser. Das Haus der Aurigen aus der Zeit des Antoninus Pius ist ein Beispiel für ein mehrstöckiges, um einen zentralen Hof angelegtes Gebäude mit hohen Arkadenportiken aus Backstein.

15 oben Das Forum von Ostia am Kreuzpunkt von Cardus und Decumanus Maximus war wie in fast allen römischen Städten Handelszentrum und Mittelpunkt des politischen Lebens. Wie die meisten Bezirke von Ostia wurde es im 2. Jahrhundert aus Backstein erbaut. Über den Nischen sieht man fächerförmige Stürze aus keilförmig angeordneten Ziegelsteinen.

vermehrt Peperin und Travertin aus Steinbrüchen in Marino und Tivoli ein, die noch heute in Betrieb sind. Für den Innen- und Außendekor verwendeten die Architekten dagegen vor allem Marmor. Am berühmtesten waren der Marmor aus den Steinbrüchen von Luni, der pentelische Marmor aus Griechenland, außerdem Cipollino, Pavonazzetto, Verde Antico, Granit und Porphyr.

BAUTECHNIKEN

Von oben nach unten:
- opus quadratum (1), eines der ältesten Mauerwerke, das bereits seit dem Archaikum existierte und sich durch Reihen quer oder längs zur Mauerflucht angeordneter Steine auszeichnet;
- opus incertum (2), Weiterentwicklung des opus caementicium, bei dem kleine Tuffsteine keilförmig auf die Stützmauern aufgesetzt werden;
- opus quasi reticulatum (3), hierbei werden die Steine regelmäßiger aufgesetzt, bis hin zur vollständigen Regelmäßigkeit im 1. Jahrhundert v. Chr. mit dem
- opus reticulatum (4);
- opus vittatum (5), ein im 1. Jahrhundert eingeführtes Mauerwerk, bei dem sich Backstein- und Tuffsteinreihen abwechseln.

Bis zum Ende der Republik war das so genannte *opus quadratum*, das Quadermauerwerk, die verbreitetste Mauerform. Es bestand aus einfachen Reihen von Bindern oder Läufern, mit der Langseite quer oder längs zur Mauerflucht übereinander gelegten Steinen. Man befestigte sie mit Hilfe von Krampen aus Holz oder Metall. Zwar erwies sich diese Bauweise als besonders stabil und widerstandsfähig, doch stellte die Überdachung großer Räume ein ernsthaftes Problem dar. Man legte Holzbalken auf einfache Vorkragungen auf oder konstruierte Hängewerke. Neben der Überdachung bereitete auch die Höhe der Gebäude den römischen Architekten Schwierigkeiten. Da immer mehr Menschen in die Stadt strömten, musste man den zur Verfügung stehenden Platz optimal nutzen, was sich am besten mit mehrstöckigen Häusern realisieren ließ. Seit dem 3. Jahrhundert v. Chr. entwickelten die Römer das noch heute übliche *opus caementicium*, eine Gussbauweise, mit der sie monumentale Strukturen und Bauten wie Aquädukte, Theater oder Thermen errichten konnten. Das erste Gebäude, für das man die neue Technik verwendete, war die Porticus Aemilia im neuen Handelsviertel am Fuße des Aventin. Man füllte die Zwischenräume zwischen den Stützmauern mit einer sehr festen und langlebigen Mischung aus kleinen Tuffbrocken, Stein, Terrakotta oder Kies in einer dünnen Mörtelschicht. Dank der Stützmauern verfestigte sich die Struktur rasch und verband sich mit dem Mauerwerk. Mächtige Gewölbe – man denke etwa an den Pantheon – stützten nun die Dächer.

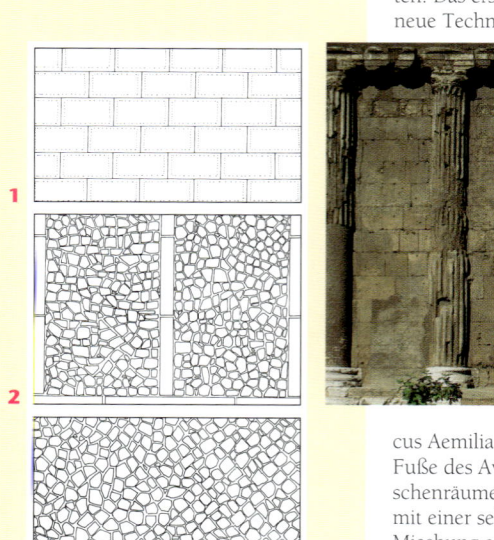

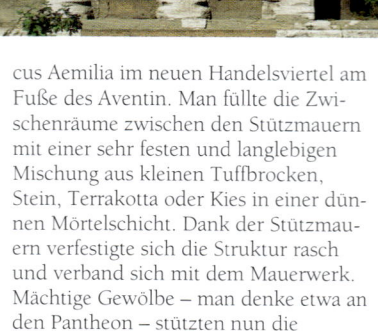

Nachdem die Architekten erst einmal die einfache Quaderbauweise überwunden hatten, entwickelten sie in rascher Folge weitere Mauertypen wie das *opus incertum*, ein außen verputztes Gussmauerwerk mit Einfassung durch Quader oder Ziegel an der Kante und kleinen Tuffblöcken, die in unregelmäßigen Abständen auf die beiden Mauerseiten aufgebracht wurden, das *opus quasi reticulatum* mit regelmäßiger angeordneten Steinen auf den Verschalungsmauern oder das *opus reticulatum*, bei dem die Außenmauer dank quadratischer Tuffsteine, die man tief in den Kern einsetzte, wie ein gleichmäßiges Netz wirkte. Mit dem *opus mixtum* konnte man einfache Mauern ohne großen Kostenaufwand bauen, denn hier wechselten Gussbauweise mit Schichten aus einfachen Ziegeln. Das *opus latericium* oder *testaceum* setzte man im 1. Jahrhundert v. Chr. zunächst nur bei besonders feuchtem Untergrund ein. Ab der Regierungszeit von Antoninus Pius und Mark Aurel gewann diese Technik jedoch an Bedeutung und löste alle anderen ab. Im Unterschied zum einfachen Lehmziegel wurde der Backstein in einer quadratischen Form gebrannt, dann in Dreiecke geschnitten und keilförmig in die Mauer eingefügt, sodass die Schnittfläche an der Fassade sichtbar blieb. Unter Domitian begann man, in regelmäßigen Abständen eine Reihe von ganzen Ziegeln einzufügen, welche die Auflagefläche erhöhten. Zu den letzten Entwicklungen in der spätantiken Epoche gehörte das *opus vittatum*, das sich durch den Wechsel von Ziegelschichten und – häufig zum weiten Mal verwendeten – Tuffquadern auszeichnete. In Rom gab es besonders viele Ziegelbrennereien, die häufig auch Elemente für besondere Bauten wie Aquädukte oder Thermen herstellten. Außerdem produzierten sie Ziegel und

Dachpfannen sowie Backsteine für Bodenflächen im Freien mit dem typischen Messer-, Fischgrät- oder Ährenmuster (*opus spicatum*). Die Bodengestaltung erforderte ebenfalls verschiedene Techniken, die sich den jeweiligen Gegebenheiten anpassen mussten: Straßen pflasterte man zum Beispiel mit großen Lavabrocken oder Steinen, die man mit Sand und Kies verfugte, damit sie der Abnutzung besser standhielten. Bäder und alle Flächen, die häufig von Wasser bedeckt waren, schützte man mit einer Schicht aus Beton und Backsteinen, *opus signinum* genannt, die keine Feuchtigkeit durchdringen ließ.

Insgesamt lässt sich sagen, dass die römischen Architekten und Bautechniker vor allem deshalb ein so hohes Niveau erreichten, weil sie für jedes neu auftauchende Problem eine adäquate Lösung zu suchen bereit waren. Dabei griffen sie meistens auf bereits vorhandene Modelle zurück und passten sie den eigenen Erfordernissen optimal an. Noch heute vermitteln uns in den unterschiedlichen Ländern Europas Überreste antiker römischer Thermen, Festungswälle, Villen oder Tempel einen Eindruck vom Erfindungsreichtum und der Gestaltungskraft römischer Bauherren.

16 links Der hier abgebildete Tempel der Fortuna Virile war vermutlich dem Flusshafengott Portunus geweiht. Er steht auf dem Forum Boarium am alten Tiberhafen. Es handelt sich um ein Gebäude ionischer Ordnung aus Tuff und Travertin mit einer Stuckverkleidung.

16–17 Ein Mauerring aus Lehmziegeln zog sich um die Caracalla-Thermen. Das *opus testaceum*, eine Mauerwerktechnik, bei der man Verschalungsmauern aus Backsteinen mit Zement füllte, kam bereits im 1. Jahrhundert auf und setzte sich bald als praktischste Bauweise durch. Die Fotografie zeigt die Fenster mit niedrigem Bogen, geformt aus fächerförmig übereinander gesetzten Ziegeln. Man benutzte diese Technik, wenn man große Fenster benötigte, das Gebäude jedoch nicht übermäßig hoch bauen wollte.

17 links In Ostia gibt es zahlreiche als opus reticulatum errichtete Mauern mit Bändern und Bögen aus Lehmziegeln. Es handelt sich um Mauern mit rautenförmigen Tuffsteinen oder Backstein, die man pyramidenförmig schnitt und dann keilförmig in den Kern einfügte. Häufig alternierte diese Technik mit einfachen Ziegelreihen, durch die man Unebenheiten und Höhenunterschiede ausglich. Das unter Augustus eingeführte opus reticulatum war im 1. und 2. Jahrhundert häufig.

17 rechts Die Porta San Sebastiano mit ihren beiden hohen Türmen gehört zu den typischsten Toren der bis heute erhaltenen Aurelianischen Mauer. Ihr aktuelles Aussehen erhielt sie um 401 unter Honorius. Für römische Bauwerke verwendete man am häufigsten Steine in den Normgrößen bessales (19 x 19 cm), sesquipedales (44 x 44 cm) und vor allem bipedales (59,60 x 59,60 cm).

Die Servianische Mauer

Der Überlieferung zufolge begann Tarquinius Priscus in der ersten Hälfte des 6. Jahrhunderts v. Chr. mit dem Bau des elf Kilometer langen Mauerrings in Quaderbauweise, den Servius Tullius später vollendete. Zu Beginn des 4. Jahrhunderts baute man sie nach dem Einfall der Gallier wieder auf, wobei man Teile der Steine wiederverwendete und neue hinzufügte. Die Mauer war über zehn Meter hoch und bis zu vier Meter dick. Einige Stellen verstärkte ein Wall mit Graben. Die längsten noch erhaltenen Abschnitte befinden sich gegenüber dem Bahnhof Stazione Termini und am Viale Aventino auf der Piazza Albania. Ende des 1. Jahrhunderts hatte sich die Stadt bereits so weit ausgedehnt, dass die Mauern nur noch einen kleinen Teil umschlossen und der Rest weitgehend schutzlos blieb.

Die Aurelianische Mauer

Zwischen 271 und 275 entstand ein etwa 19 Kilometer langer Mauerring. Zu jener Zeit wurden die Römer sich der Gefahr bewusst, die von den Barbarenvölkern ausging, und versuchten einen wirkungsvollen Schutz gegen sie aufzubauen. Offenkundig errichtete man die Mauer in großer Eile, was unter anderem die Tatsache belegt, dass man viele bereits existierende Gebäude wie etwa die Kasernen der Prätorianer in sie einfügte. Die Mauern, als *opus latericium* mit Zementkern erbaut, waren bis zum 3,5 Meter dick und rund sechs Meter hoch. Im Abstand von Raum für Wurfgeschosse im oberen Stock. Die wichtigsten Tore besaßen einen doppelten, bogenförmig überdachten Eingang mit zwei halbrunden Türmen. 30 Jahre später ließ Maxentius die Mauer restaurieren und fügte ihr eine Brüstung hinzu. Im Jahre 401 verdoppelte Honorius ihre Höhe und ersetzte den Wehrgang durch eine überdachte Galerie, auf der nun der neue, zinnenbewehrte Gang verlief. Außerdem gliederte man das Mausoleum des Hadrian als vorgelagerte Festung am rechten Tiberufer in die Mauer ein. Die mehrfach sanierten Mauern überdauerten bis zum Jahre 1870 alle Angriffe auf die Stadt. Am besten erhalten blieben der so genannte Muro Torto, der Abschnitt zwischen Porta San Sebastiano und Porta Ardeatina, der Abschnitt zwischen Porta Ostiensis und Tiber und die Porta San Pancrazio auf dem Gianicolo.

Nordwestlicher Bezirk

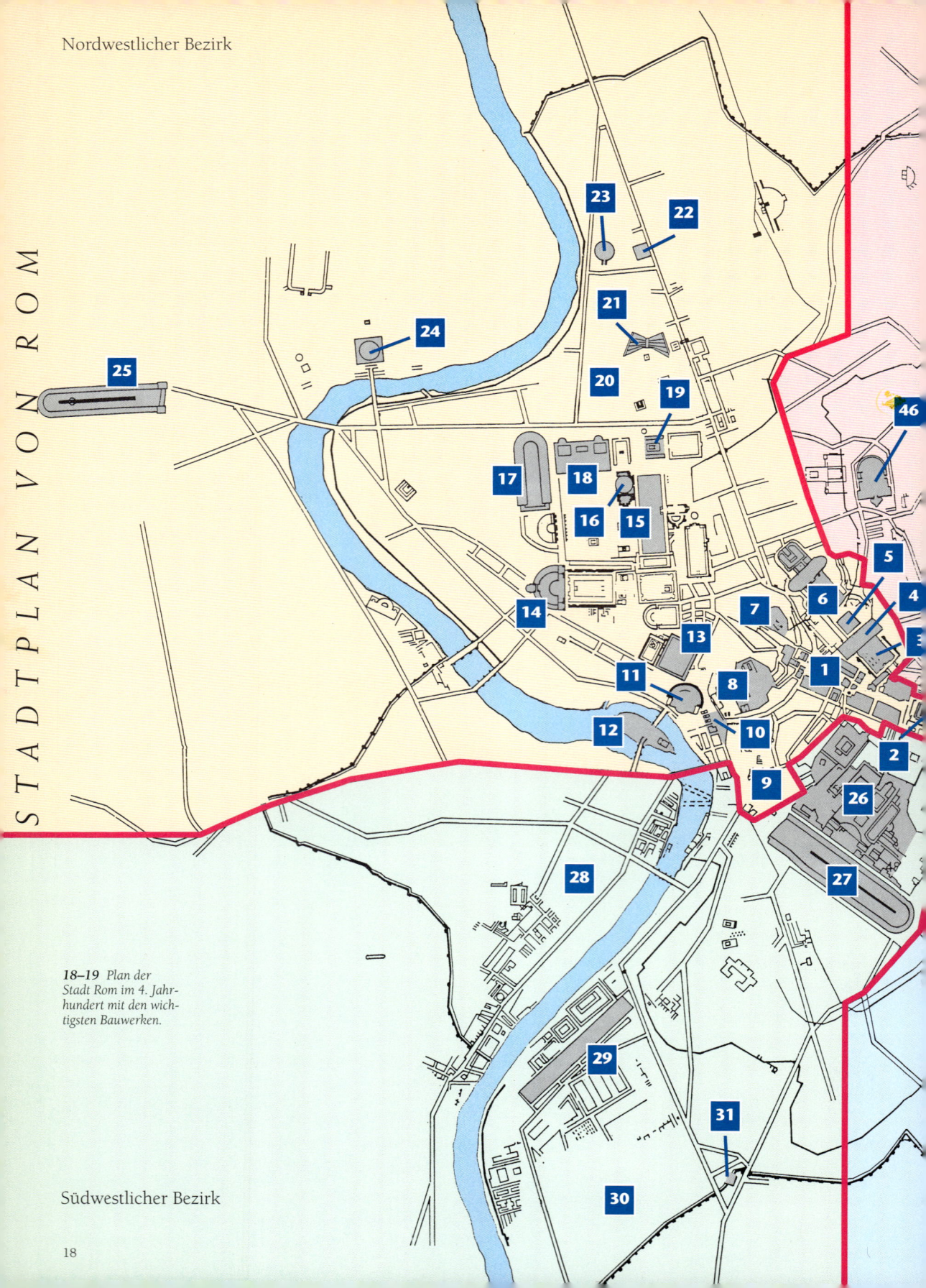

STADTPLAN VON ROM

18–19 Plan der Stadt Rom im 4. Jahrhundert mit den wichtigsten Bauwerken.

Südwestlicher Bezirk

Nordöstlicher Bezirk

1. Forum Romanum
2. Tempel der Venus und Roma
3. Tempel der Göttin Pax
4. Nervaforum oder Forum Transitorium
5. Augustusforum
6. Trajansforum
7. Arx
8. Kapitol
9. Forum Boarium
10. Forum Holitorium
11. Marcellustheater
12. Tiberinsel
13. Porticus Octaviae
14. Pompejustheater
15. Saepta Julia
16. Pantheon
17. Stadion des Domitian
18. Nerothermen
19. Hadriantempel
20. Campus Martius
21. Horologium
22. Ara Pacis
23. Mausoleum des Augustus
24. Mausoleum des Hadrian
25. Circus des Nero
26. Palatin
27. Circus Maximus
28. Trastevere
29. Porticus Aemilia
30. Testaccio
31. Cestius-Pyramide
32. Tempel des Claudius

33. Caracalla-Thermen
34. Amphitheater Castrense
35. Circus Varianus
36. Kolosseum
37. Ludus Magnus
38. Titus-Thermen
39. Trajan-Thermen
40. Porticus Liviae
41. Horti di Mecenate
42. Tempel der Minerva Medica
43. Castra Praetoria
44. Konstantinsthermen

Südöstlicher Bezirk

NORDWESTLICHER BEZIRK

VOM KAPITOL ZUR ARX

20 Mitte Rekonstruktion des Kapitols. Auf dem Capitolium (1) errichtete man im Laufe der Zeit immer mehr Gebäude. Wissenschaftler fanden Reste des großen Tempels des Jupiter Capitolinus (2) mit dem Tempel der Ops und dem Tempel der Fides zur Rechten. Links stand der Altar der Gens Iulia, die Ara Pietatis, den der Senat während einer Krankheit der Livia im Jahre 22 hatte erbauen lassen. Am Fuß des Hügels entstand im 1. Jahrhundert v. Chr. das Tabularium (3), das Staatsarchiv. Im Hintergrund erhebt sich die Arx mit dem Tempel der Juno Moneta (5) und dem Auguraculum.

20 links Gesamtübersicht des Kapitols. Der kapitolinische Hügel bestand aus der Nordkuppe (Arx). Hier deutete man den Flug der Vögel und hier erhob sich der Tempel der Juno Moneta. Das niedriger gelegene Capitolium im Süden – heute Palazzo dei Conservatori – war in der Antike ein reiner Kultort. Ein Sattel, das Asylum, verband beide Kuppen. Hier soll Romulus Flüchtlinge aus benachbarten Siedlungen aufgenommen haben.

1. Capitolium
2. Templum Iovis Capitolini
3. Tabularium
4. Ara
5. Tempel der Juno Moneta

DER KAPITOLINISCHE HÜGEL

Der Kapitolinische Hügel, kurz Kapitol genannt, veränderte sein ursprüngliches Erscheinungsbild nie ganz. In der Antike befand sich hier das politische Zentrum der Stadt und ein wenig erhielt der Hügel von seiner früheren Bedeutung zurück, als man hier im 17. Jahrhundert den Regierungspalast errichtete. Kaum ein anderer Ort spiegelt die römische Geschichte, Kultur und Mentalität so klar wider wie das Kapitol.

Der kleine Hügel mit seinen steilen Felswänden bildete eine ideale Verteidigungsbastion, von der aus man die Tiberinsel und die dortige Furt überwachen konnte. Auf der leicht erhöhten Nordkuppe stand die Burg (Arx); auf dem südlichen Felsvorsprung, dem ei-

21 oben links *Archaische Urne in Form einer primitiven Hütte.* So sahen vermutlich die Behausungen der ersten Bewohner Roms zur Eisenzeit aus. Archäologen entdeckten auch Spuren einiger Hütten auf dem Tuffgestein des Hügels. Ein bis zwei Pfosten stützten das Dach der ovalen Hütten mit einer Feuerstelle in der Mitte und einem kleinen Vorbau über dem Eingang.

21 Mitte *Fragmente, vermutlich einer Statue von Konstantin.* Die Überreste befinden sich im Hof des Palazzo dei Conservatori. Der Kopf ist 2,60 m hoch; das kompakte, eckige Gesicht trägt die Züge eines idealen, erleuchteten Herrschers. Die riesigen Augen mit weit aufgerissenen Pupillen sind gen Himmel gerichtet.

21 oben rechts *Reiterstandbild des Mark Aurel, Kapitolinische Museen.* Die Statue, deren restaurierte Kopie heute auf der Piazza del Campidoglio steht, wurde vermutlich im Jahre 166 errichtet, als der Kaiser den Titel des *Pater Patriae* erhielt. Ursprünglich befand sie sich in der Villa von Domitia Lucilla unweit des Lateran. Michelangelo ließ sie im 16. Jahrhundert an ihren heutigen Ort bringen, doch hielt man sie lange für ein Standbild Konstantins.

gentlichen Capitolium, erhebt sich heute der Palazzo dei Conservatori. Ein Sattel, das Asylum, verband die beiden Kuppen miteinander. Hier soll Romulus der Legende nach eine Art Freizone für Flüchtlinge aus benachbarten Siedlungen geschaffen haben. Dass auf dem Kapitol bereits zu einem sehr frühen Zeitpunkt Menschen lebten, belegen unter anderem Keramikfunde aus der Bronzezeit (14.-13. Jahrhundert v. Chr.), die Archäologen im heiligen Bezirk von Sant'Ombrono am Fuße des Hügels entdeckten. Mehrere Wege führten zur Arx empor, darunter der so genannte *Centum Gradus* und die *Scalae Gemoniae*, auf die man die Leichen der Verurteilten aus dem nahen Carcer warf. Nur auf dem Clivus Capitolinus konnten Wagen fahren, diese Straße begann am Triumphbogen des Septimius Severus auf dem Forum Romanum und bildete eine natürliche Fortsetzung der Via Sacra. Der Überlieferung zufolge gelang es den Sabinern zur Zeit des Romulus das Kapitol zu erobern, weil eine Römerin namens Tarpea sich mit ihnen verbündet hatte. Wenig später brachten die Eindringlinge die Verräterin selbst um und begruben sie unter ihren Schilden. Diese Legende entstand vermutlich im Zusammenhang mit einer Statue der Schutzgöttin des Hügels, ursprünglich *mons tarpeius* genannt, die auf einem Haufen von Waffen thronte.

Zu den wichtigsten Ereignissen der frührömischen Geschichte gehört zweifellos der Bau des großen Tempels des Jupiter Capitolinus, den der erste etruskische König, Tarquinius Priscus, initiierte. Während der Arbeiten integrierte man in ihn auch zwei bereits vorhandene Heiligtümer, Terminus und Iuventas. In einem Votivtempel entdeckten Archäologen Gegenstände aus dem 7. Jahrhundert v. Chr., darunter einen Buccherokelch mit etruskischer Inschrift, welche die Präsenz der Etrusker in Rom ein weiteres Mal eindeutig belegte.

Nachdem die Gallier die Stadt im Jahre 390 v. Chr. besetzt hatten, mussten die Römer die Befestigung des Hügels verstärken. Zu diesem Zweck legten sie Terrassen an, die auch als Verteidigungsanlagen dienten. In den Jahren 83 v. Chr., 69 v. Chr. und 80 n. Chr. zerstörten Brände die Gebäude auf dem Kapitol, so dass man sie mehrfach wiederaufbauen musste. Tatsächlich war dieser Bereich und insbesondere der Platz gegenüber des Tempels, die sogenannte Area Capitolina, dicht bebaut. Hier drängten sich Häuser, Statuen und Monumente wie Portiken, Kapellen, Trophäen und Brunnen aneinander, die in regelmäßigen Abständen entfernt wurden, um Platz für Neues zu schaffen. Erhalten blieben unter anderem Reste eines Altars, den man als Ara Pietatis, als Altar der Gens Iulia, identifizierte. Der Senat hatte ihn im Jahre 22 anlässlich einer Krankheit von Livia, der Frau des Augustus, errichten lassen. Vermutlich handelte es sich um eine Konstruktion, die der Ara Pacis der Form und Größe nach ähnelte. In diesem Bezirk standen etwas weiter südlich auch ein Tempel der römischen Schutzgöttin Ops und einer der Fides. Hier entdeckte man außerdem zwei zweisprachige, griechisch-lateinische Inschriften von Völkern der Provinz Asia Minore. Forscher glauben, dass diese Widmungen aus dem Tempel der Fides stammten, denn im Heiligtum der Schutzgöttin diplomatischer Beziehungen hinterlegte man wichtige Verträge. Um der politischen und religiösen Bedeutung des Ortes Rechnung zu tragen, hielten die Römer hier einige besonders wichtige offizielle Zeremonien ab. Hier verabschiedeten sie die Generäle, wenn diese in die Provinzen aufbrachen und hier feierten sie ihre Siege mit einem Opfer. Zur Zeit der Republik fanden auf dem Kapitol überdies die Wahlversammlungen (Komitien) und die Einsetzung neuer Konsuln statt.

Neuere Forschungsergebnisse

In der Mitte des heutigen Platzes, der vor kurzem umstrukturiert wurde, steht jetzt eine Kopie des restaurierten Reiterstandbildes von Mark Aurel, das nun wieder in seinem ursprünglichen Glanz erstrahlt. Das Original befindet sich in den Kapitolinischen Museen. Es wurde im Jahre 166 zu Ehren des Kaisers aufgestellt, der zuvor den Titel des *Pater Patriae* erhalten hatte. Ursprünglich befand es sich in der Villa der Domitia Lucilla, der Mutter Mark Aurels. Lange hielt man es fälschlich für ein Bildnis Kaiser Konstantins. Auf Anregung von Michelangelo, der vielleicht sogar den Sockel entwarf, brachte man es im 16. Jahrhundert an seinen heutigen Standort.

TEMPEL DES JUPITER CAPITOLINUS

Im 6. Jahrhundert v. Chr. ließ Tarquinius Priscus im Norden des Capitoliums einen Tempel errichten, den Tarquinius Superbus später vollendete. Es handelte sich um das bedeutendste Kultzentrum des römischen Staates, den Tempel der Kapitolinischen Triade (Jupiter Optimus Maximus, Juno Regina und Minerva). Der Bau war von hoher politischer Bedeutung, denn er ersetzte das Heiligtum des Mons Albanus und verlagerte damit das Zentrum der Lateinischen Liga endgültig nach Rom. Fortan war die Stadt Bezugspunkt für alle im Latium siedelnden Völker. Im Innern des Tempels bewahrte man die Sibyllinischen Bücher auf, die ein Priesterkollegium in schweren Krisenzeiten konsultierte. Hier lagen sie bis zum großen Brand im Jahre 83 v. Chr., dann ließ Augustus die neuverfasste Sammlung in den Apollo-Tempel auf dem Palatin bringen. Die Tempelanlage war mit 53 mal 63 Metern das größte bis heute bekannte etruskische Heiligtum. Er stand auf einem Fundament in Quaderbauweise und trug die Merkmale eines *Peripteros*, eines Podiumtempels mit Ringhalle und fester Rückwand. Er besaß eine weite Vorhalle (*Pronaos*) und eine dreiteilige Cella. Die rechte war der Minerva geweiht, die linke der Juno und die mittlere dem Jupiter. Hier stand ab dem Jahr 65 v. Chr. eine mächtige goldelfenbeinerne Statue der Gottheit, ein Werk des berühmten Bildhauers Apollonios, von dem auch der Torso im Belvedere stammt. Da man für verschiedene andere Jupiter-Tempel in anderen römischen Städten und Kolonien Kopien der Statue anfertigte (ein Beispiel ist der Jupiter di Otricoli im Vatikanischen Museum), wissen wir ungefähr, wie sie ausgesehen haben könnte. Der Tempel war mit bemalten Terrakottaskulpturen verziert, darunter eine Quadriga, die als Akroterion den Dachgiebel zierte. Leider blieb nichts von ihr erhalten außer dem Namen des Künstlers, den Plinius der Ältere in seiner *Naturalis Historia* (XXXV, 157) überlieferte. Die Skulpturengruppe stammte aus der Werkstatt des Vulca, der auch den Apollo von Portonaccio geschaffen hatte. Im Jahre 296 v. Chr. ersetzte man die Quadriga durch eine andere aus Bronze. Der Tempel selbst wurde mehrfach zerstört und bereits im 1. Jahrhundert v. Chr. in Marmor wieder aufgebaut. Dabei verwendete man wahrscheinlich die Säulen aus dem Tempel des Zeus Olympios in Athen (Nat. Hist. XXXVI, 45). Erhalten blieben lediglich einige Reste der rückwärtigen Grundmauer im Garten des Konservatorenpalastes.

Neuere Forschungsergebnisse

In jüngerer Zeit entdeckte man die Skulpturengruppe einer Kapitolinischen Triade, die aus einer reichen Villa in Guidonia stammt. Es handelt sich bei diesem ersten direkten Fund allerdings nicht um das Original vom Kapitol, sondern um eine Kopie oder spätere Imitation, die der Besitzer der Villa für private Kultzwecke anfertigen ließ.

22 *Das Relief zeigt Mark Aurel mit Toga und verschleiertem Kopf, während er ein Opfer auf einer Altar darbringt. Im Hintergrund ist der Jupiter-Tempel zu erkennen, daneben erhebt sich ein mit Jagdszenen verzierter Portikus. Die dargestellten Kultgegenstände und Attribute lassen auf ein Dankesopfer anlässlich eines Sieges schließen. Das Relief gehörte vermutlich zu demselben Monument, von dem auch die Tafeln für den Attikus des Konstantinbogens stammten.*

22–23 *Die Skulpturengruppe der Kapitolinischen Triade stammt aus einer reichen Villa in Guidonia. Es handelt sich um den ersten Fund dieser Art, eine Kopie oder Nachbildung der drei Gottheiten, die der Besitzer der Villa für den Privatgebrauch anfertigen ließ.*

DAS TABULARIUM

Tabularium hieß das Gebäude, in dem die staatlichen Archive (*tabulae publicae*) untergebracht waren. Den Namen des Bauwerks und den seines Schöpfers kennen wir dank der mittelalterlichen Transkription einer heute verlorenen Inschrift, in der es heißt: „Quintus Lutatius Catulus (...), Konsul, gab per Beschluss des Senats den Bau der Substruktion und des Staatsarchivs in Auftrag" (CIL, VI, 1314). Wir wissen also, dass Lutatius Catulus die Verantwortung für den Wiederaufbau des Kapitols trug und 83 v. Chr. sowohl den Unterbau wie auch das Tabularium errichten ließ. Es handelte sich eigentlich um zwei Bauten: Die *substructio* war eine Art Fundament, das Unebenheiten und Höhenunterschiede des Areals ausglich; sie trug den eigentlichen Tempel und schloss das Areal des Forums zu einer Seite hin ab. Es handelte sich um eine in den Tuff geschlagene Mauer, die eine Terrassenstruktur in Quaderbauweise trug. Im ersten Stock verlief ein langer überdachter Korridor mit sechs kleinen Fenstern, die sich zum Forum Romanum hin öffneten. Im Südwesten verbanden zwei Eingänge das Forum mit dem Tabularium. Der erste befand sich auf Bodenniveau, wurde jedoch zugemauert, als man den Tempel des Vespasian und des Titus baute. Dieser bot über zwei Treppen einen direkten Zugang zur Galerie des oberen Stockwerks. Das zweite Portal lag etwas höher hinter dem Portikus der zwölf Hauptgötter. Hier befand sich ein Bauwerk, das älter war als das Tabularium, vielleicht das Erarium, das auf der einen Seite mit dem Saturn-Tempel, auf der anderen mit der Münze auf der Arx verbunden war. Auf diese Weise konnte man Geld unbeobachtet und gut geschützt durch den überdachten Korridor von einem Ort zum anderen transportieren. Diesem Gebäudekomplex fügte man nun das Tabularium hinzu. Es besaß einen trapezförmigen Grundriss, eine monumentale Fassade, die sich zum Kapitolsplatz hin öffnete, und zwei Säulengänge auf der Seite des Forums. Die obere Etage, die Capitolium und Arx zusammenschloss, bildete eine echte *via tecta* (überdachte Straße), die ursprünglich mit Lavablöcken gepflastert war. Im Innern teilten Pfeiler den Raum in quadratische Abschnitte, die mit pavillonartigen Gewölben überdacht waren und als Läden gedient haben könnten. Außen gliederten dorische Halbsäulen die Fassade; sie trugen einen Architrav mit vorrangig dekorativer Funktion, über dem ein dorischer Fries mit Metopen und Triglyphen verlief. Von dem 13 Meter hohen Laubengang im zweiten Stockwerk blieben nur wenige Fragmente erhalten. Die auf diese Weise geschaffene Struktur, eine typische Konstruktion der spätrepublikanischen Epoche, wirkte für alle nachfolgenden römischen Substruktionsgebäude modellbildend. Außerdem kombinierte man hier zum ersten Mal überhaupt ein horizontales Gebälk mit Bögen, eine Bauweise, die ebenfalls viele nachfolgend errichtete Gebäude wie das Trajansforum oder das Marcellustheater kennzeichnet.
Vom Portikus des Tabulariums, heute Teil des Palazzo del Comune (Via San Pietro in Carcere), bietet sich ein hervorragender Blick auf das gesamte Forum Romanum.

23 Auf dem Luftbild ist der westliche Bezirk des Forum Romanum mit dem Bogen des Septimius Severus zur Rechten und dem erhöhten Tabularium deutlich zu erkennen. Die Aufnahme lässt auch erkennen, dass das Tabularium offenkundig das Tal des Forums auf einer weiteren, der fünften Seite abschließen sollte.

Die Arx und der Tempel der Juno Moneta

Der Tempel der Juno Moneta stand einst vermutlich an der Stelle der heutigen Kirche Santa Maria in Aracoeli. Der Sohn des Camillus ließ den Tempel im Jahre 343 v. Chr. nach einem Sieg über die Aurunci auf dem Kapitol errichten. Sein Name verband sich im Laufe der Zeit mit dem Verb *monere*, einem Beiwort der Juno, vor allem aber mit der Legende von den kapitolinischen Gänsen, die im Jahre 390 v. Chr. durch ihr Schnattern die Römer vor dem Angriff der Gallier warnten.

In der Nähe befand sich die staatliche Münze gut geschützt *ad monetam*, das heißt unweit des Tempels der Juno Moneta. Bis heute bezeichnet der Begriff in der italienischen und französischen Sprache Münzgeld, im Deutschen hat er sich in dem umgangssprachlichen Wort „Moneten" erhalten.

24 oben Silberdenar aus der Römischen Republik. Im 6. Jahrhundert v. Chr. führten die Römer eine neue Staatsform, die Republik, ein. Die Macht ruhte nun auf den Schultern dreier Konsuln, denen Magistraten und der Senat zur Seite standen. Auf den Münzen jener Zeit sind – meist zu Propagandazwecker – Symbole, Götter, historische Persönlichkeiten oder Gebäude abgebildet.

24 Mitte Silberdenar des Vespasian. Erst Mitte des 1. Jahrhunderts v. Chr. begann man, lebende Personen auf Münzen darzustellen. Cäsar ließ sein Bildnis prägen und begründete damit eine Tradition, die sich während der Kaiserzeit aus Propagandagründen allgemein durchsetzte.

24–25 Dieses Gemälde aus der Casa dei Vettii in Pompeji entstand im 1. Jahrhundert. Es zeigt einige Amoretten beim Prägen von Münzen.

RÖMISCHE MÜNZEN

Münzgeld im eigentlichen Sinn verwendeten die Römer erst ab dem 4. Jahrhundert v. Chr. Bereits ab dem 8. Jahrhundert v. Chr. dienten Kupferstücke ohne festgelegte Form (*aes rude*) als Tauschmittel, deren Wert sich nach dem Gesamtgewicht bemaß. Im 6. Jahrhundert kam dann das *aes signatum* auf, zu mehr oder weniger regelmäßigen, rechteckigen Barren geschmolzenes Kupfer. Dieses Geld trug gelegentlich schon eine Prägung auf beiden Seiten. Bevor die Römer im Jahre 430 v. Chr. die *lex Iulia Papiria* verabschiedeten, galten auch Tiere noch als Zahlungsmittel im Tauschhandel. Der Begriff „pekuniär" (das Geld betreffend) leitet sich zum Beispiel vom lateinischen Wort *pecus* (Vieh) ab. Erst im 4. Jahrhundert v. Chr. sahen die Römer die Notwendigkeit, ein echtes und effizientes Zahlungsmittel in Umlauf zu bringen, um mit den blühenden griechischen Städten und Kolonien Handel treiben zu können. Nun schlug man die ersten runden Münzen und versah sie mit einer vom Staat festgelegten Prägung, der von diesem Moment ab das Monopol der Geldwirtschaft innehatte. Die römisch-kampanischen Geldstücke stammten aus Münzen in Mittelitalien, insbesondere in Kampanien. Die Stadt Rom erhielt erst später eine eigene Münze und ein 289 v. Chr. gegründetes Kollegium wachte über die Ausgabe des Geldes. Neben den geprägten Münzen war in Rom noch die *aes grave* in Umlauf, eine geschmolzene, ungeprägte Bronzemünze von einem Pfund Gewicht. Man prägte auch Silber- und Goldmünzen, jedoch deutlich seltener. Die Darstellungen auf den Geldstücken sind von hoher historischer Bedeutung, denn sie geben Aufschluss über das Aussehen von Personen, Tempeln und anderen Gebäuden und zeigen, welche Götter die Römer verehrten. In der Republik standen die Münzen, die ja weite Verbreitung erfuhren, eindeutig im Dienste der Propaganda, während der Kaiserzeit konzentrierten sich die Darstellungen hauptsächlich auf die Person des Kaisers, der auf diese Weise verehrt wurde und sich im Gedächtnis einprägte. Ab dem Jahr 45 v. Chr. bildete man auf Initiative von Cäsar allerdings auch andere lebende Persönlichkeiten ab.

25 oben Silberdenar aus der Zeit von Alexander Severus. Ab dem 4. Jahrhundert v. Chr. benutzten die Römer Münzen als Zahlungsmittel. Der Wert bemaß sich nach dem Verhältnis von Gewicht zu Material. Es gab Münzen aus Bronze und Silber, selten auch aus Gold. Während der Kaiserzeit wurden meistens Herrscherbilder aufgeprägt.

25 unten Bronzesesterz mit einem Bild der kapitolinischen Wölfin, die Romulus und Remus säugt (ca. 217-215 v. Chr.). Die ältesten Darstellungen auf Münzen zeigen häufig Szenen aus antiken Sagen. Hier handelt es sich um den Mythos von Romulus und Remus: Amulius ließ die Knaben am Tiber aussetzen, wo eine Wölfin sie fand und säugte.

Das Forum Romanum

„Hier, wo jetzt die Fora sind, erstreckten sich einst nasse Sümpfe, ein Graben war mit Wasser gefüllt, das vom Flusse her überlief. Jener Lacus Curtius, der einen Altar auf trockenem Boden trägt, ist jetzt feste Erde, aber früher war er ein See. Wo das Velabrum gewöhnlich die Festzüge in den Circus geleitet, standen nichts als Weiden und hohles Schilf." (Ovid, Fasti VI, 401-406)

NORDWESTLICHER BEZIRK

26–27 Rekonstruierte Ansicht von Süden
1. Basilica Aemilia
2. Heiligtum der Venus Cloacina
3. Curia
4. Lapis Niger
5. Mamertinischer Kerker
6. Rostra (Rednertribüne)
7. Umbilicus Urbis
8. Bogen des Septimius Severus
9. Concordiatempel
10. Tempel des Vespasian
11. Tempel des Saturn
12. Portikus der zwölf Hauptgötter (Dei Consentes)
13. Forums-Platz
14. Basilica Julia
15. Castor-und-Pollux-Tempel
16. Juturna-Quelle
17. Tempel des Divus Julius
18. Aktium-Bogen
19. Regia
20. Tempel der Vesta
21. Haus der Vestalinnen
22. Tempel des Antoninus und der Faustina
23. Tempel des Divus Romulus
24. Basilika des Maxentius und des Konstantin
25. Tempel der Venus und der Roma
26. Titusbogen

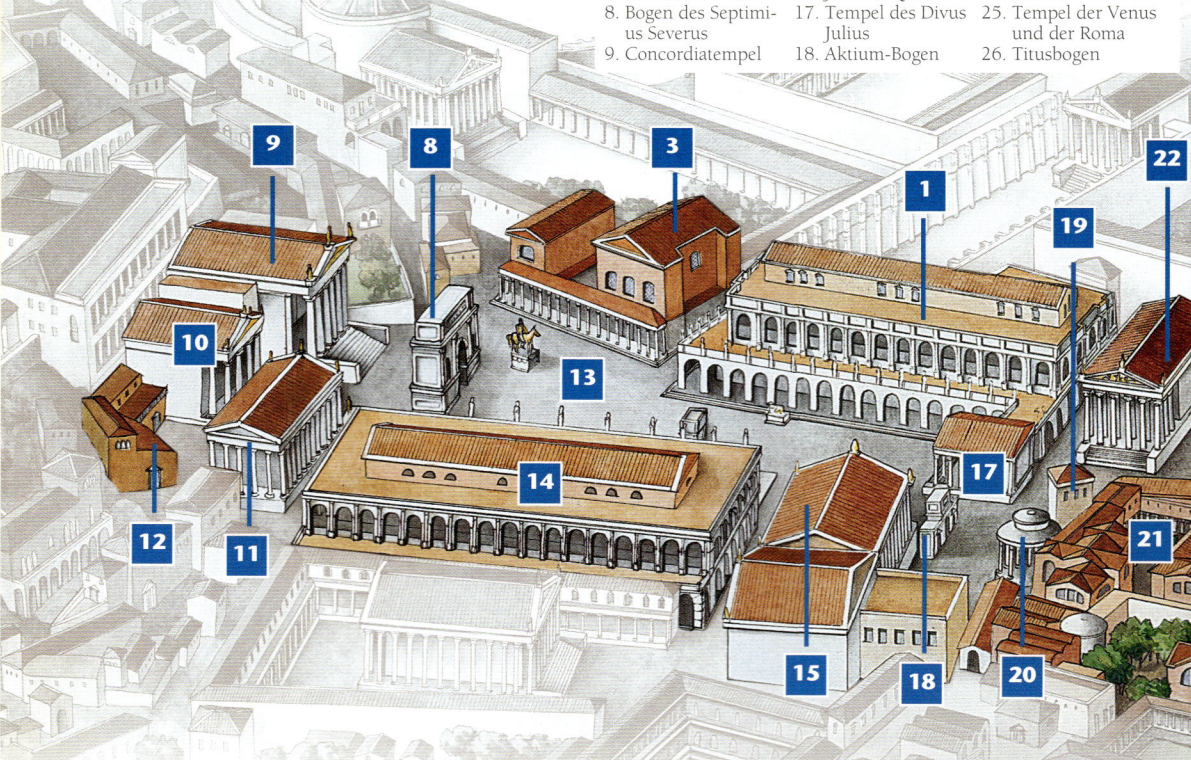

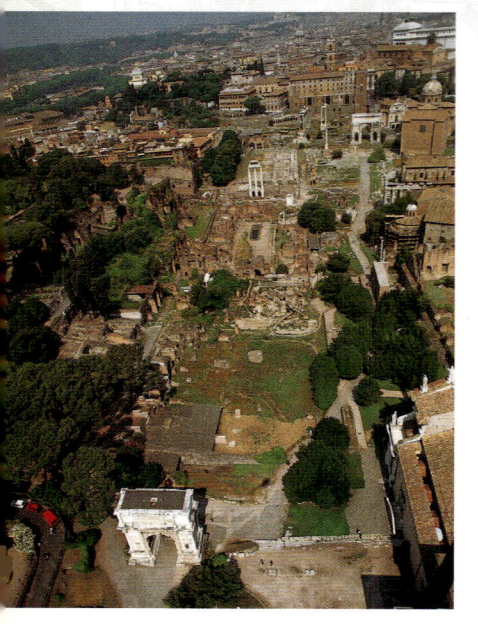

Jahrhundertelang war das Forum Romanum das Zentrum des öffentlichen Lebens in Rom, wenngleich sich hier, zwischen Kapitol, Palatin und Velia, ursprünglich nur ein sumpfiges Tal erstreckt hatte. Die ersten Siedlungen entstanden deshalb auch auf den Hügeln, das dazwischenliegende Gebiet nutzte man im 10. und 9. Jahrhundert v. Chr. als Friedhof. Die Nekropole, deren Überreste Forscher zwischen dem Bogen des Augustus und dem Tempel des Antoninus und der Faustina entdeckten, wurde bis zum 8. Jahrhundert benutzt. Nach der Stadtgründung (754-753 v. Chr.) bestattete man die Toten auf dem Esquilin. Offenbar breitete sich das bewohnte Gebiet zu jener Zeit in Richtung der Totenstadt aus, so dass diese nicht mehr als Grabstätte dienen durfte. Die eigentliche Erschließung des Areals erfolgte jedoch erst, als Tarquinius Priscus im 7. Jahrhundert v. Chr. die Cloaca Maxima bauen ließ und den Sumpf trockenlegte. Etwa zeitgleich bedeckte man den Boden mit gestampfter Erde und baute dann nach und nach Basiliken, Heiligtümer, Portiken und Weihetempel. Das Forum entwickelte sich zum wirtschaftlichen, juristischen, religiösen und politischen Mittelpunkt der Stadt. Hier fanden die wichtigen öffentlichen Ereignisse und religiösen Zeremonien statt, hier hielt man Märkte ab und stellte Gedächtnisstatuen und Monumente auf. Gleich zu Anfang entstanden an den beiden äußeren Enden des Platzes zwei wichtige Gebäude, die königliche Residenz (Regia) und das erste Komitium. Der Überlieferung zufolge baute Numa Pompilius um 570 v. Chr. einen weiteren bedeutenden Gebäudekomplex, den so genannten Lapis Niger. Nach der Einführung der Republik im Jahre 509 v. Chr. kamen weitere Bauwerke hinzu, die in Verbindung mit den Institutionen des neu geschaffenen Staatssystems standen. Hierzu gehörten der Tempel dei Castori

26 unten Gesamtansicht des Forum Romanum von Osten mit dem Titusbogen im Vordergrund und dem Kapitol im Hintergrund. Jahrhundertelang bildete das Forum das politische und wirtschaftliche Herz der Stadt.

27 unten: Gesamtansicht des Forums von Süden, unten rechts die Curia Giulia, daneben die Basilika Fulvia-Aemilia.

27

und der Tempel des Saturn, letzterer mit einem Vorbau, der ein zunächst *Erarium* genanntes Podium umfasste. Ab 338 v. Chr. hieß sie *Rostra* (Schnäbel), weil eine Reihe von erbeuteten Schiffsschnäbeln die Rednertribüne zierte. Ab dem 4. Jahrhundert v. Chr. mehrten Säulen und Ehrenstatuen sich auf dem freien Gelände und standen hier schließlich in solcher Zahl, dass man sie im 2. Jahrhundert zum großen Teil entfernen musste. Auf das 3. Jahrhundert geht das Macellum zurück, der Markt im Norden des Forums, dessen Stelle später der Platz des Tempels der Pax einnahm. Im 2. Jahrhundert errichtete man die großen Basiliken und führte damit einen neuen Gebäudetyp ein, der bald schon zu den charakteristischen Merkmalen der urbanen Struktur Roms gehören sollte. Das Tabularium vervollständigte schließlich als ebenfalls neue Architekturform das Erscheinungsbild des republikanischen Forums und schloss dieses zum Kapitol hin ab. Cäsar nahm eine Reihe von Veränderungen vor, um das Areal in eine monumentale Fortsetzung des unter seiner Herrschaft erbauten Forums zu verwandeln. Augustus setzte die Umbauarbeiten fort und gab den Tempel des Divus Julius sowie eine neue, der alten vorgelagerte Rostra ad Divi Julii in Auftrag, die er mit Bugstücken der Schiffe des Antonius und der Kleopatra aus der Seeschlacht von Aktium schmücken ließ. An dieses Ereignis sowie an den Sieg über die Parther erinnerten auch zwei Bögen; darüber hinaus entstand der Portikus des Gaius und Lucius Cäsar. Am Beginn der Via Sacra ließ Septimius Severus einen weiteren Bogen aufstellen, der als Gegenstück zum Bogen des Augustus die Erfolge dieses Herrschers gegen die Parther dokumentieren sollte. Im Laufe der Zeit nahm die Bevölkerung Roms immer weiter zu und die Kaiser begannen neue Foren anzulegen. Dadurch verlor das Forum Romanum nach und nach an Bedeutung. Das letzte Ereignis von großer Bedeutung fand hier im 4. Jahrhundert statt, als Maxentius Rom wieder zu seiner Hauptstadt machte und eine große Basilika als Sitz des Stadtpräfekten sowie einen Romulus-Tempel errichten ließ. Während des Mittelalters erfuhren viele Gebäude tiefgreifende Veränderungen: man wandelte sie in Kirchen oder Festungen um und ließ Vieh auf dem Forum weiden. Ende des 18. Jahrhunderts begannen die Ausgrabungen, die letztlich Aufschluss über das ursprüngliche Aussehen des Areals gaben.

Routenempfehlung

Betrachten Sie zunächst das Forum in seiner Gesamtheit. Günstige Standorte hierfür sind die Arkaden des Tabulariums oder die Straße, die vom Kapitol hinabführt. Der nachfolgende Rundgang beginnt am Eingang zum Ausgrabungsgebiet. Wenn Sie es vorziehen, die verschiedenen Überreste in chronologischer Ordnung zu betrachten, sollten Sie mit der Regia beginnen und dann nacheinander den Tempel der Vesta, die Juturna-Quelle, den Dioskuren-Tempel, den Lapis Niger, die Curia und die Basilica Aemilia aufsuchen.

28 oben *Auf dieser Ansicht des Forums vom Kapitol aus erkennt man zur Rechten die Überreste der Basilica Iulia, ein großes Areal, umgeben von einer doppelten Säulenreihe. Der innerste Teil im Zentrum umfasste drei Stockwerke.*

28 unten *Die Luftaufnahme zeigt die Maxentiusbasilika und das Kolosseum. Die Basilika entstand zu Beginn des 4. Jahrhunderts und war Sitz der Stadtverwaltung. Eines der beiden Seitenschiffe mit Tonnengewölben und Kassettendecke blieb erhalten.*

29 oben *Von den vier Schiffen der Basilika (ursprünglich waren es nur drei) blieben die großen Säulenfundamente aus Travertin erhalten.*

29 Mitte *Die Basilika aus dem Jahre 179 v. Chr. war eines der größten Gebäude auf dem Forum. Unter Augustus errichtete man direkt davor den Portikus des Gaius und Lucius Cäsar; dahinter befanden sich die tabernae argentariae, die Banken und Wechselstuben. Das Foto fasst den Säulengang des Seitenschiffs der Basilika ins Bild.*

WESTLICHER BEREICH DES FORUMS

DIE BASILICA AEMILIA

Marcus Aemilius Lepidus und Marcus Fulvius Nobilior ließen die Basilica Aemilia im Jahre 179 v. Chr. an der Stelle eines älteren Gebäudes errichten. Überreste des Bauwerks sind noch heute auf der Nordseite, gegenüber der Basilica Julia, zu sehen. Die Aemilier betrachteten die Basilika als Gedächtnisstätte und sorgten dafür, dass sie regelmäßig restauriert wurde. Sie blieb als einzige Basilika aus der Zeit der Republik erhalten, während alle anderen (die Sempronia, die Porcia und die Opimia) späteren Konstruktionen weichen mussten. Auf der Südseite öffneten sich drei Eingänge zum Platz hin. Ursprünglich besaß die Basilika drei Schiffe, ein viertes kam später hinzu. Das Mittelschiff war um ein Stockwerk erhöht; durch große Fenster drang Licht ins Innere. Hier erinnerten Reliefs an die mythischen Ursprünge der Stadt und des Geschlechts. Unter Augustus errichtete man vor der Basilika den Porticus Gai et Luci, eine dorische Arkadenfassade, die ein Brand im 5. Jahrhundert zum Teil zerstörte. Der Rest überlebte bis zu einem Erdbeben im Jahre 847. In der Augusteischen Zeit lag die Basilika aber hinter dem hohen Portikus versteckt, so dass man sie beim Überqueren des Forums nicht sehen konnte. Dahinter befanden sich die *tabernae argentariae*, das kaiserzeitliche Pendant der republikanischen *tabernae novae*, wo die Römer Geldgeschäfte tätigten.

1. Basilica Fulvia Aemilia
2. Curia Julia
3. Lapis Niger
4. Bogen des Septimius Severus
5. Concordia-Tempel
6. Tempel des Vespasian und des Titus
7. Tempel des Saturn
8. Portikus der zwölf Hauptgötter (Dei Consentes)
9. Platz
10. Basilica Julia
11. Castor-und-Pollux-Tempel
12. Tempel des Divus Julius
13. Aktium-Bogen

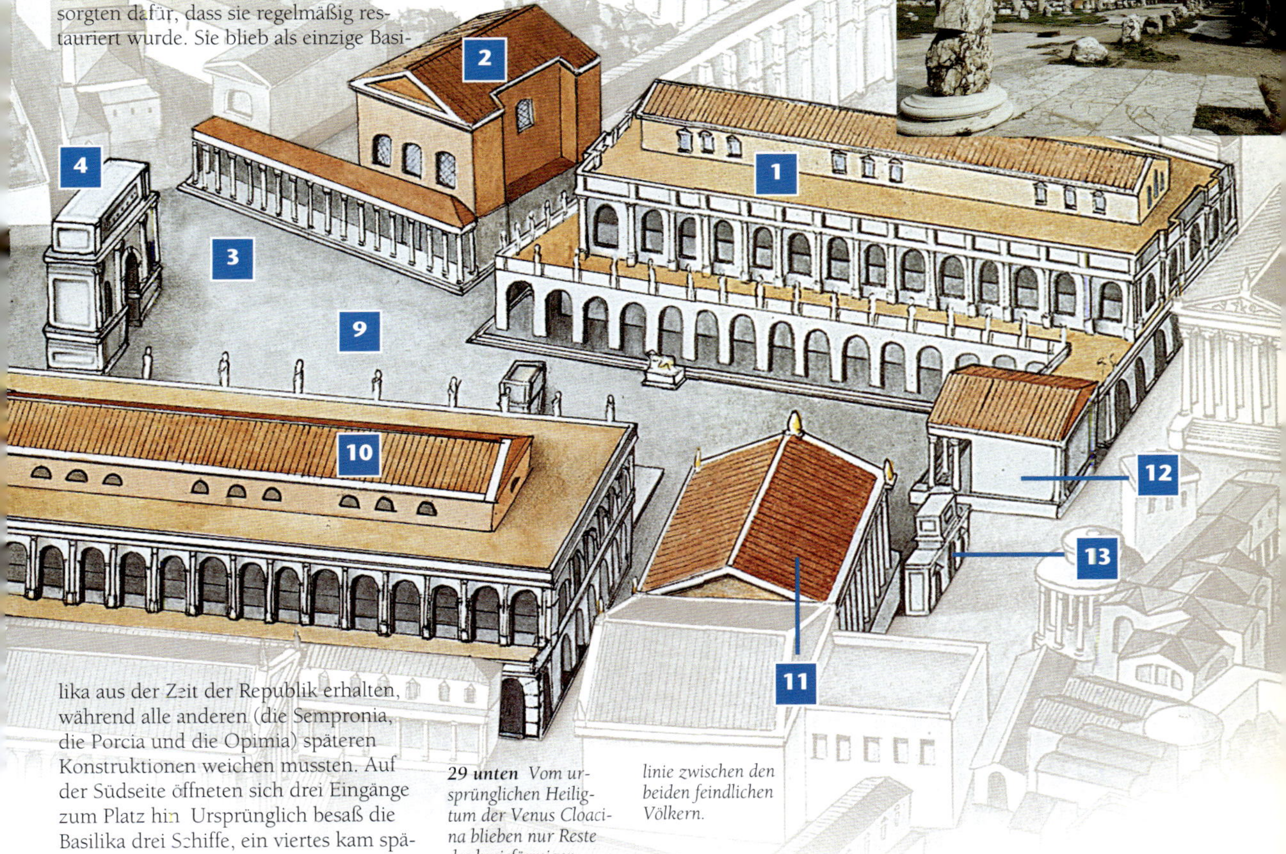

29 unten Vom ursprünglichen Heiligtum der Venus Cloacina blieben nur Reste des kreisförmigen Marmorfundaments erhalten, das in Verbindung mit der Cloaca Maxima stand. Der Legende zufolge sollen die Römer und die Sabiner sich hier mit Myrtenzweigen gereinigt haben, bevor sie nach dem Raub der Sabinerinnen gegeneinander kämpften. Im Innern des Heiligtums standen ein Altar und zwei Statuen der Gottheit in ihren beiden Erscheinungsformen: als reinigende Cloacina und als Grenzwächterin, denn hier verlief die Trennungslinie zwischen den beiden feindlichen Völkern.

DAS HEILIGTUM DER VENUS CLOACINA

Gegenüber der Basilica Aemilia erhob sich ein kleines, offenes, kreisförmiges Gebäude aus Marmor, an das nur das Fundament und einige Darstellungen auf Münzen erinnern. Es handelte sich um ein antikes Heiligtum, das der Venus Cloacina geweiht war und in Verbindung mit der Cloaca Maxima stand. Im Innern des Mauerrings befanden sich ein Altar und zwei Statuen der Gottheit in ihren beiden Erscheinungsformen als Venus und als Cloacina. Der Name leitete sich von dem lateinischen Wort *cluere* (säubern) ab und bezog sich auf die reinigende Kraft des Myrtenzweiges.

Der Bereich der Curia

Von der Zeit der Könige bis zur späten Republik war das Komitium das römische Zentrum der Politik und Rechtsprechung. Plinius der Ältere (*Naturalis Historia*, VII, 60) versetzte es in den Süden der Curia. Hier, auf einem von den Auguren geweihten und von rituellen Brunnen umgrenzten Areal, tagte die Volksversammlung in einem *templum,* der exakt nach den Himmelsrichtungen ausgerichtet war. Das Komitium umfasste einen zentralen Hof, dessen älteste Pflasterung (insgesamt fand man acht Schichten) auf das 7. Jahrhundert v. Chr. zurückging. Erst im 3. Jahrhundert kamen Ränge für die Bürger Roms hinzu. Die Gliederung dieses Bereichs des Forums spiegelte die soziale und politische Struktur des römischen Staates wider: Das Komitium bot den Kuriatskomitien Raum, jener Volksversammlung, der die in Kurien eingeteilte römische Bürgerschaft angehörte. In der Curia Hostilia tagte der Senat, von der Tribüne der Rostra gaben die Magistraten ihre Meinung kund. Der Ziegelbau, der heute neben dem Bogen des Severus steht, ist die Curia Julia, die kaiserzeitliche Rekonstruktion eines unter Cäsar entstandenen Gebäudes. Den ursprünglichen Sitz des Senates, die Curia Hostilia, hatte der Überlieferung zufolge Tullius Hostilius an einem anderen Ort errichten lassen, möglicherweise dort, wo sich heute die Chiesa di SS. Luca e Martina erhebt. Cäsar ließ das Senatsgebäude im Jahre 53 v. Chr. nach einem Brand in das unter seiner Herrschaft erbaute neue Forum eingliedern. Trotz aller Umbauten, die Augustus, Domitian und Diokletian vornahmen, blieb die Curia relativ intakt erhalten und wurde im 7. Jahrhundert zur Chiesa di San Adriano geweiht. Das rechteckige Gebäude besaß Stützpfeiler in den vier Ecken, drei große Fenster und ein Eingangsportal aus Bronze, das den ursprünglichen Säulenportikus ersetzte. Im Innern zieren Einlegearbeiten aus Marmor den Boden; an den beiden Längsseiten befanden sich die drei Stufenpodien mit den Sitzen der dreihundert Senatoren, während die Magistraten hinten unweit einer Statue der Viktoria saßen. Heute kann man im Innenraum zwei Reliefplatten, die so genannten *Plutei Traiani*, bewundern, die einst vielleicht als Balustraden einer Tribüne oder des Rings dienten, der sich um den Feigenbaum (*Fico Ruminale*) schloss. Die Tafeln zeigen Szenen aus dem Prinzipat des Kaisers, die Institution der Alimente von Kindern und den Nachlass von Steuerschulden. Im typischen Stil der Zeit verweisen sie präzise auf den einen Ort, hier das Forum, das als schlichter Bau im Hintergrund erscheint. Obgleich der größte Teil der Monumente im Laufe der Jahrhunderte versetzt oder entfernt wurde, überdauerten einige charakteristische Bauwerke die Zeit fast unbeschadet. Zu ihnen gehört der Sakralbezirk mit dem Lapis Niger, dessen Überreste noch heute dem Severus-Bogen gegenüber liegen. Als man den Platz im 1. Jahrhundert v. Chr. mit Travertinstein neu pflasterte, wurde der rechteckige Bereich mit schwarzen Marmorplatten überdacht, vermutlich um ihn genau abzugrenzen. Darunter fanden sich Reste eines kleinen Heiligtums: ein Tuffsteinaltar, der Teil einer Säule, auf der vermutlich die Kultfigur stand, und eine Stele aus dem 6. Jahrhundert v. Chr. mit einer Inschrift in archaischem Latein. Letztere, vermutlich eine Lex sacra, beinhaltete eine Verdammungsformel, die sich gegen jeden richtete, der den heiligen Platz schändete. Der Ort galt auch deshalb als heilig, weil sich hier der Überlieferung zufolge Romulus und Titus Tatius nach dem Kampf zwischen Römern und Sabinern einigten und Romulus hier gestorben sein soll. Neuere Studien identifizieren den Lapis Niger mit dem Heiligtum des Vulkan, dem Volcanal. Plutarch berichtet im *Leben des Romulus* (27,6) dass der Stadtgründer im Volcanal mitten auf dem Forum starb und man anschließend nach dem Vorbild griechischer Städte dort ein Heiligtum über seinem Grab errichtete. Im berüchtigten Mamertinischen Kerker, einem Symbol der römischen Gesetzesmacht, saßen Staatsgefangene ein. Die erhaltenen Reste liegen unter der Chiesa di San Giuseppe, doch besaß das antike Gebäude vermutlich einen großen geheimen Trakt. Weitere Teile befanden sich wohl entlang der Tuffsteinwand. Die Travertin-Fassade

30 links Aus dem Forum blieben Reste eines archaischen Heiligtums (6. Jh. v. Chr.) von hoher Bedeutung erhalten. Der Lapis Niger (schwarzer Stein) markierte den Ort, an dem Romulus gestorben sein soll. Unter dem Marmorgeviert befand sich ein Heiligtum mit einer Inschrift in archaischer lateinischer Furchenschrift. Sie verdammte jeden, der den Ort schändete.

30 Mitte: Cäsar bestimmte die Curia Julia zum Sitz des Senats. Im Vordergrund sieht man die Dezennalienbasis mit der Darstellung einer Senatorenprozession. Es handelt sich um den Sockel einer im Jahre 303 errichteten Ehrensäule, die an das zehnjährige Bestehen der Tetrarchie erinnern soll.

30 oben rechts: Die Quellen berichten von einem nicht mehr existierenden Janustempel auf dem Forum Romanum, den Numa Pompilius errichtet haben soll. An ihn erinnern außerdem einige Darstellungen auf Münzen wie der hier abgebildeten, die einen Eindruck vom Aussehen des Tempels vermittelt: Das quadratische Gebäude ohne Dach besaß zwei einander gegenüberliegende Eingänge, die man bei Kriegsbeginn öffnete und in Friedenszeiten schloss.

DER BEREICH DER ROSTRA

Die erste Rostra (Rednertribüne) richteten die Römer um das 4. Jahrhundert v. Chr. auf den Rängen des nahe gelegenen Komitiums ein. Die Rostra erhielt ihren Namen, weil sie mit Schiffsschnäbeln (Rostra) geschmückt war, die von Schiffen der Volsker aus der Schlacht von Antium stammten. Im Zuge seiner radikalen Umgestaltung des Forums verlagerte Cäsar auch die Rostra auf die Westseite. Eine Treppe führte zu dem halbkreisförmige Marmorpodium empor. Augustus ließ hinter der Rostra eine weitere anbringen, wobei einige Pfeiler die hölzerne Plattform der eigentlichen Tribüne stützten. Sie erhielt den Namen Rostra Vetera, damit man sie von der Rostra Actia unterscheiden konnte, die Augustus gegenüber dem Tempel des Divus Julius hatte bauen lassen. Hinter der kaiserlichen Rostra entdeckten Forscher Reste anderer wichtiger Bauten, zum Beispiel der Ara di Saturno aus der archaischen Epoche und des Miliarium Aureum. Letzteren hatte Augustus im Jahre 20 v. Chr. zum Ausgangspunkt aller römischen Straßen bestimmt. Außerdem befand sich hier der Mundus, der unterirdische Teil des Umbilicus Urbis genannten Stadtmittelpunkts. Der Überlieferung zufolge markierte der Mundus jene Stelle, die Romulus bei der Stadtgründung zum Mittelpunkt bestimmt hatte, und bot darüber hinaus Einlass zur Unterwelt. Nach dem römischen Kalender öffnete sich die Tür dreimal pro Jahr, eine Zeit, die die Römer für besonders gefährlich hielten.

entstand zwischen 42 und 39 v. Chr. und verdeckt eine ältere Tuffsteinfassade aus der Mitte des 2. Jahrhunderts v. Chr. Durch einen modernen Eingang gelangt man ins Innere mit zwei übereinander liegenden Sälen. Der obere ist trapezförmig und besitzt ein Tonnengewölbe. Ein Loch im Boden bildete ursprünglich den einzigen Zugang zum darunter liegenden Raum. In den unteren, kreisförmigen Saal warf man verurteilte Verbrecher, die am Strang oder durch Enthauptung sterben sollten. Unter anderem endeten hier Jugurtha, Vercingetorix und die Anhänger des Catilina, nachdem die Sieger sie im Triumphzug durch Rom geführt hatten.

31 rechts Hinter der Rostra befand sich in archaischer Zeit der Mundus, ein wichtiges Monument, das mit den ältesten Kulten der Stadt in Verbindung stand. Der Mundus bildete den unterirdischen Teil des Umbilicus Urbis, dessen Reste hier zu sehen sind. Letzterer galt als Mittelpunkt der Stadt und besaß eine Tür, durch die man von der Welt der Lebenden in die Unterwelt gelangen konnte.

30-31 u. 31 links Im Innern der Curia werden die Plutei Traiani aufbewahrt, zwei Marmorplatten, die ursprünglich wohl eine Tribüne auf dem Forum zierten. Auf der linken werden Register verteilt, die rechte erinnert an die Institution der Alimente von Kindern unter Trajan.

31 Mitte Die Rostra war eine große Rednertribüne. Über Stufen gelangte man zu einem Podium, an dem die bronzenen Schnäbel besiegter Schiffe der Volsker aus der Schlacht von Antium hingen. Die erhaltenen Überreste gehen auf Cäsar und die Rekonstruktion der Rostra unter Augustus zurück.

DER TRIUMPHBOGEN DES SEPTIMIUS SEVERUS

Unweit der Rostra erhebt sich auf der Triumphstraße, die zum Kapitol emporführt, noch heute der große Bogen der Severer, den der Senat im Jahre 203 zu Ehren des Septimius Severus und seiner Söhne Caracalla und Geta errichten ließ. Der Name des zuletzt Genannten wurde gelöscht, nachdem er seinen Bruder ermordet hatte. Die Straße durchquerte den großen Mittelbogen, während die beiden Seitenbögen mit Treppenaufgang Fußgängern vorbehalten waren. Der Triumphbogen besteht aus Travertin und Ziegel und einer Marmorverkleidung. Reliefs bedecken jede Seite seiner vier Säulen. Sie zeigen Episoden aus den Feldzügen des Kaisers gegen die Parther.

Im linken Pfeiler befindet sich eine fünf Meter hohe Tür. Von hier aus führte eine Treppe zum Attikus mit vier Räumen empor. Darüber thronte eine mächtige Quadriga mit dem Kaiser und seinen Söhnen. Unter künstlerischen Gesichtspunkten hat man den Triumphbogen mit der Säule des Mark Aurel auf der Piazza Colonna verglichen, wenngleich die Reliefs hier eher eine Art dreidimensionale Interpretation der Triumphbogenmalerei darstellen, die mithilfe von Schlachtszenen die Erfolge historischer Persönlichkeiten ins Bild fassen sollte.

32 oben Der Bogen des Septimius Severus, hier der Mittelbogen mit zwei geflügelten Siegesgöttinnen, besteht aus einem Travertin-Ziegel-Kern und ist mit Marmor verkleidet. Reliefs zieren die dem Forum zugewandte Vorderseite und die zum Kapitol weisende Rückseite.

32 Mitte Der Senat ließ den Bogen des Septimius Severus im Jahre 203 errichten, um an die Siege des Kaisers über die Parther zu erinnern. Die Triumphzüge passierten den Mittelbogen und marschierten von hier aus zur Abschlussceremonie auf dem Kapitol.

DER TEMPEL DER CONCORDIA

32 unten Zum Dekor des Bogens gehören mehrere Tafeln, die zwei Feldzüge gegen die Parther illustrieren, außerdem Sieges- und Flussgöttinnen an den Seiten der Bögen und römische Soldaten mit gefangenen Parthern am Säulensockel. Am interessantesten sind gleichwohl die vier Haupttafeln mit Darstellungen der wichtigsten Schlachten, die rings um den Bogen verlaufen.

Hinter dem Bogen des Septimius Severus befand sich bereits im 4. Jahrhundert v. Chr. ein Tempel der Concordia, den die Römer nach dem Ende der Kämpfe zwischen Patriziern und Plebejern errichtet hatten. Nach mehrmaligen Umbauten eröffnete Tiberius ihn im Jahre 10 wieder, diesmal als Museum für griechische Skulpturen der nach-lisippeischen Epoche. Der neue Bau war deutlich größer als der alte und nahm Teile des Areals ein, auf dem zuvor die Basilica Opimia (121 v. Chr.) gestanden hatte.

33 oben links Der Tempel wurde im 4. Jahrhundert v. Chr. errichtet, um das Ende der Kämpfe zwischen Patriziern und Plebejern zu feiern. Später verwandelte Tiberius ihn in eine Art Museum.

33 unten links Links steht der Tempel des Saturn, rechts der Tempel des Vespasian und des Titus und im Hintergrund der Portikus der zwölf Hauptgötter.

33 oben rechts Auf dem Architrav der drei korinthischen Säulen am Tempel des Vespasian und des Titus sind einige Opfergegenstände zu erkennen.

33 unten rechts Der Tempel des Saturn galt als Symbol der Republik, die die Römer in Erinnerung an die Herrschaft des Saturn als neues Goldenes Zeitalter feierten. Die Säulen der Tempelvorhalle stehen noch an Ort und Stelle.

Der Tempel des Vespasian

Etwas weiter südlich befand sich ein weiterer Tempel, der dem vom Senat für gottgleich erklärten Vespasian geweiht war. Titus gab das Gebäude in Auftrag; Domitian vollendete es. Es handelt sich um einen sechssäuligen Prostylos mit großer Cella, in der die Statuen des Titus und des Vespasian aufgestellt waren. Von der korinthischen Kolonnade blieben einige Elemente erhalten, darunter ein Fries mit Opfergegenständen. Die Zugangstreppe befand sich zwischen den Säulen der Vorhalle, eine geschickte Lösung angesichts des beschränkten Platzes, der in diesem Bereich des Forums am Fuße des Kapitolinischen Hügels zur Verfügung stand.

Der Tempel des Saturn

Die Cella war eher breit als lang, weil man den verfügbaren Platz hinter dem Kapitol optimal zu nutzen versuchte. Vor ihr erhob sich eine sechssäulige Kolonnade mit den Statuen des Herkules und des Merkur, den Symbolfiguren der Sicherheit und des Wohlstandes unter Augustus, zu beiden Seiten. In der weiträumigen Cella tagten gelegentlich auch die Senatoren. Cicero hielt hier seine vierte Catilinarische Rede; Seianus wurde hier zum Tode verurteilt.

Die zum Teil bis heute erhaltene Fassade mit acht ionischen Säulen gehörte zum Tempel des Saturn. Dieser war vermutlich noch zur Zeit der Könige entstanden, doch hatte man ihn erst in der frühen Republik geweiht. Munatius Plancus baute ihn ab 42 v. Chr. mit dem großen Podium und dem Vorbau wieder auf, der ursprünglich den römischen Staatsschatz geborgen hatte. Dieser wurde vielleicht in den Hohlräumen im Innern der als *opera cementitia* erbauten Tribüne aufbewahrt.

Der Saturnkult

Der Saturnkult kam bereits zu einem frühen Zeitpunkt auf. Der Gott wurde mit verschleiertem Haupt und einer Sichel in der Hand dargestellt. Die Römer setzten ihn mit dem griechischen Gott Kronos gleich. Sein Fest, die Saturnalien, fand am 17. Dezember statt. Zu diesem Anlass löste man die wollenen Bänder, die um die Füße der Saturn-Statue gebunden waren (Virgil, Aen. 7, 179; Mart. 11.6.1). Die Sklaven hatten an diesem Tag frei, Familien und Freunde überreichten einander Geschenke. Einige Forscher haben den Tag mit unserem Weihnachtsfest verglichen. Saturn war der Gott des Ackerbaus, der Schutzpatron der vergrabenen Schätze und das Symbol für Wohlstand. Aus den zuletzt genannten Gründen bewahrte man den römischen Staatsschatz in seinem Tempel auf dem Forum auf.

Die Halle der Dei Consentes

Zwischen dem Tempel des Vespasian und dem Tempel des Saturn liegen die Überreste einer Halle in Form eines stumpfen Winkels mit korinthischen Säulen (1. Jh. v. Chr.). Dank einer Inschrift konnte man ihn als jenes Gebäude identifizieren, das die Statuen der zwölf Hauptgötter oder Rat gebenden Götter – sechs Götter und sechs Göttinnen – beherbergte (Varr. *De Agr.* 1, 1,4). Die sechs Räume in *opera aterizia* hinter der Kolonnade gehen auf einen spätantiken Umbau zurück. In ihnen standen vermutlich je zwei der Statuen.

Der Forums-Platz

Auf dem Platz des Forums standen verschiedene Monumente, die nach und nach immer mehr Raum einnahmen. Als letztes kam die Colonna di Foca hinzu. Vor ihr erstreckte sich ein trapezförmiger Platz mit Brunnen, der so genannte Lacus Curtius. Er erinnerte an einen Bezirk, den der Konsul C. Curtius im Jahre 445 v. Chr. nach einem dort niedergegangenen Blitzschlag umgrenzt hatte. Etwas weiter östlich stand das zwölf Meter hohe Reiterstandbild des Domitian, das an die Siege des Kaisers über die Germanen erinnerte.

34 oben Die großen Basiliken des Forums dienten als Versammlungsort, als Handelsplatz und Gerichtsstätte. Einige dieser Bauten waren, wie die Basilica Iulia, eindeutig als Gerichtsgebäude konzipiert. Häufig entwarf man zu diesem Zweck halbrunde Räume, die durch Säulen an der Stirnseite abgeteilt wurden.

Die Basilica Iulia

34–35 Im Zentrum des Forums fanden während der gesamten Republik Gladiatorenspiele, die munera, statt. Man weiß zum Beispiel, dass Cäsar im Jahre 46 v. Chr. diese Spiele veranstalten ließ. Rings um den Platz baute man vorübergehend Zuschauerränge auf und installierte ein Velarium, das die Zuschauer vor der Sonneneinstrahlung schützte.

Zwischen dem Vicus Iugarius und dem Vicus Tuscus, zwei der antiken Straßen die vom Tiber zum Forum führten, ließ Cäsar ab 54 v. Chr. eine große Basilika errichten, die Augustus vollendete. Sie stand an der Stelle eines älteren Gebäudes, der Basilica Sempronia, die Tiberius Sempronius im Jahre 169 v. Chr. erbaute, nachdem er das dort stehende Haus von Scipio Africanus zerstört hatte (Livius, XLIV, 16). Bei jüngeren Ausgrabungen förderte man tatsächlich Reste eines Privathauses unter dem Bodenniveau der beiden Basiliken zutage. Die neue Basilika war größer als die alte und nahm daher auch den Raum der *Tabernae veteres* ein, die sich hier befunden hatten. Leider blieb nur das Podium erhalten, so dass wir nur ungefähr wissen, wie die Basilika aussah. Es handelte sich um einen großen Rundsaal mit einer doppelten Säulenreihe aus Ziegelstein und Tra-

35 oben Im Zentrum des Forums steht die hohe Ehrensäule, die das Exarchat von Ravenna im Jahre 608 dem römischen Kaiser Foca gewidmet hatte. Es handelt sich um eine korinthische Säule auf der ursprünglich eine goldene Statue stand. Die Säule ist nicht so sehr wegen ihrer kultischen Funktion bedeutend, sondern weil sie als letztes Monument auf dem Forum errichtet wurde. Danach begann der unaufhaltsame Niedergang des Ortes.

35 unten In der Basilica Iulia hatten verschiedene Zivilgerichte ihren Sitz, darunter das der Centumviren, das sich mit Erbschaftsfragen beschäftigte. Außen vertrieben sich die Römer die Zeit beim Spiel auf tabulae, *die in die Ränge eingeritzt waren.*

vertin. Die äußere Reihe bestand aus zwei Arkadengeschossen; der Saal selbst umfasste drei Etagen.
Im Innern hatte man den Saal mit Holz oder Stoff in kleinere Räume untergliedert. Hier tagten verschiedene Gerichte, darunter das der Centumviren, ein Spezialgericht, das sich vor allem mit Erbschaftsstreitigkeiten befasste. Außen saßen auf den Rängen Müßiggänger, die den Platz zu jeder Tageszeit bevölkerten und sich die Zeit an den *tabulae lusoriae* beim Spiel vertrieben. Felder für ein Dame-ähnliches Spiel waren in die Ränge eingeritzt. Ein beliebter Zeitvertreib war auch das Skizzieren von Statuen, die auf dem Platz standen. Hinter der Basilika zog sich an der Längsseite mit Blick auf den Tempel des Divus Augustus eine Ladenstraße entlang.

35

DER CASTOR-UND-POLLUX-TEMPEL

Drei aufrecht stehende korinthische Säulen markieren heute noch den Platz, an dem der Castor-und-Pollux-Tempel (auch Dioskuren-Tempel genannt) einst stand. Der Überlieferung zufolge gab es im 5. Jahrhundert v. Chr. an dieser Stelle bereits einen anderen Tempel, den der Diktator Postumius Albinus hatte errichten lassen, um an den Sieg über die Latiner am See Regillo (499 v. Chr.) zu erinnern. Angeblich waren während der Schlacht die beiden Halbgötter in Gestalt von Rittern erschienen und hatten die Römer zum Sieg geführt. Mit Sicherheit stand der Kult in Verbindung mit dem Ritterstand und breitete sich ab dem 6. Jahrhundert nach Süden bis zum Latium aus, wo er vor allem bei den Patriziern großen Zuspruch fand. In den darauf folgenden Jahrhunderten nahm er mehr und mehr die Rolle eines Symbols für den militärischen Erfolg des Imperium Romanum ein. Man weiß auch, dass der Tempel Aufbewahrungsort der staatlichen Maße und Gewichte war und Geldhändler in den Hohlräumen des Podiums ihre Geschäfte machten. Die heute erhaltenen Reste stammen von einem Peripteros mit je acht korinthischen Säulen auf der Stirn- und elf auf der Längsseite. Diese fügte man bei Restaurierungsarbeiten im 1. Jahrhundert v. Chr. hinzu. Neben dem Tempel liegen Überreste der antiken Juturna-Quelle, an der die Römer sich vor der Einweihung des ersten Aquädukts im Jahre 312 v. Chr. mit Trinkwasser versorgten. Die Quelle ergoss sich bereits während der Zeit der Römischen Republik in ein Bassin mit einer monumentalen Figurengruppe im Zentrum. Unweit davon stand ein kleiner Tempel. Etwas weiter südlich, dort, wo man im 6. Jahrhundert die Kirche Santa Maria Antiqua errichtete, entdeckten Archäologen Überreste eines Atriums aus Ziegelstein mit einem Portikus aus der Zeit des Domitian sowie eines nichtüberdachten Raumes, der zu einem weiteren mit *quadriportico* führte. Möglicherweise handelte es sich um den Eingang zur Domus Tiberiana, die Caligula hatte erbauen lassen. Andere halten die Funde für Überreste des Atheneums, einer Schule für höhere Studien. Etwas weiter südlich legte man die *Horrea Agrippiana* frei, Getreidespeicher, die Agrippa im Bereich des Velabrus hatte errichten lassen.

DER TEMPEL DES DIVUS JULIUS

Nachdem Cäsar 44 v. Chr. in der Kurie des Pompejus-Theaters ermordet worden war, fand eine große öffentliche Begräbnisfeier statt. Man brachte den Leichnam zum Forum Romanum und verbrannte ihn vor der Regia, in der Cäsar vermutlich in seiner Funktion als Pontifex Maximus residiert hatte. Die Säule, die man zu Ehren des Verstorbenen errichtete, ersetzte Augustus im Jahre 29 v. Chr. durch einen Tempel, der dem für gottgleich erklärten Cäsar geweiht war. Außerdem fanden ihm zu Ehren Spiele statt. Der Tempel, von dem kaum mehr als der Sockel einer Säule erhalten blieb, schloss den Platz nach Osten hin ab. Er besaß ein Podium, in dessen vorderem Teil – möglicherweise an der Stelle, an der man den Leichnam verbrannt hatte – ein runder Altar stand. Zu der Tribüne gelangte man über zwei

Seitentreppen. Sechs vermutlich korinthische Säulen erhoben sich vor der Cella, in der eine sternengekrönte Cäsarstatue stand. Das Symbol des Sterns ziert auch den äußeren Giebel und spielt offenkundig auf den Kometen an, der bei den ersten zu Cäsars Ehren veranstalteten Spielen am Himmel erschienen sein soll. Dem Podium gegenüber befand sich die Rostra ad Divi Julii, eine mit Schiffsschnäbeln aus der Seeschlacht von Aktium verzierte Rednertribüne.

36 oben *Der Kult der Dioskuren (der Zeussöhne Castor und Pollux) hatte sich bereits im 6. Jahrhundert v. Chr. in Rom verbreitet. Im 5. Jahrhundert baute man ihnen zu Ehren einen Tempel im Innern des Pomerius, wo Fremdkulte laut Gesetz verboten waren. Vom Castor-und-Pollux-Tempel blieben drei antike Säulen erhalten.*

37 oben *Lacus Iuturnae und Ara sacrificale. In der Nähe des Dioskurentempels entsprang eine alte Quelle, vielleicht mit heilender Wirkung, die der Quellgöttin Juturna und Schwester des Turnus geweiht war. Bereits im 2. Jahrhundert v. Chr. gab es hier ein Bassin, das unter Trajan zum letzten Mal sein Aussehen veränderte. In der Bildmitte liegt ein Sockel, der wohl eine Marmorgruppe der Dioskuren trug; davor steht ein Altarfuß, der sich im Innern der Quelle fand und auf einer Seite die göttlichen Zwillinge zeigt.*

DER AKTIUM-BOGEN

Aus verschiedenen Quellen und von einigen Darstellungen wissen wir, dass südlich des Tempels des Divus Julius zwei Bögen standen. Von einem der beiden blieben Reste erhalten. Es handelt sich um den Aktium-Bogen, den Augustus 29 v. Chr. errichten ließ, um seinen Sieg über Antonius und Kleopatra in der Seeschlacht von Aktium (31 v. Chr.) in Stein zu meißeln. Er sollte einen Triumphbogen ersetzen, den man erst wenig zuvor gebaut hatte, um an die erfolgreiche Schlacht von Naulochos gegen Sextus Pompeius (36 v. Chr.) zu erinnern. Einige Forscher glauben auch, dass hier der Arcus Particus stand, der die Rückgabe von Wappen feierte, welche die Parther in der Schlacht von Carrhe gegen Crassus im Jahre 53 v. Chr. erbeutet hatten. Der neue Bogen entsprach ganz und gar Augustus' Plan, alles zu entfernen, was auf dem Forum an die vorausgegangenen Bürgerkriege erinnerte. Einige Fragmente lassen erahnen, wie der Dekor des Bogens aussah: Es handelte sich um einen dreitorigen Bogen mit einer langen Widmungsinschrift. Nur der mittlere Durchgang besaß ein Gewölbe, die beiden äußeren hatten flache Dächer mit dreieckigen Giebeln. Im Innern befanden sich vielleicht die Tafeln mit dem Römischen Festkalender, die heute im Museo dei Conservatori aufbewahrt werden.

36 unten *Dem Tempel des Antoninus und der Faustina gegenüber entdeckte man Überreste des Tempels des Divus Julius, den Augustus 29 v. Chr. zu Ehren Cäsars errichten ließ. Vorne auf dem Podium befand sich ein mauerumschlossener Halbkreis mit einem Rundaltar. Dort wurde vermutlich Cäsars Leichnam verbrannt.*

36–37 *Südlich der Quelle stand auf einem hohen Podium ein Kiosk mit zwei Säulen, die einen Marmor-Tympanon trugen. Hier befand sich das Kultzentrum der Quellgöttin Juturna. Das Heiligtum entstand im 2. Jahrhundert, davor steht der Sockel eines Altars, den zwei Figuren (vielleicht Turnus und Juturna) zieren.*

Das Zentrum des Forums

Die Regia und das Haus der Vestalinnen

Hinter dem Tempel des Divus Julius stehen mehrere antike Gebäude, die zu einem Gesamtkomplex gehörten. Es handelt sich um die Regia, den Vestatempel und das Haus der Vestalinnen.

Die Regia war ursprünglich Teil des Königspalastes, den Numa Pompilius der Überlieferung zufolge errichten ließ. Im *templum*, einem geweihten Ort, residierten während der Republik der *rex sacrorum* und der *pontifex maximus*. Beide religiösen Ämter waren ein Erbe der Königszeit. Der Pontifex versah hier seine Aufgaben, darüber hinaus wurden an diesem Ort die Archive, der Kalender und die Annalen der Stadt aufbewahrt. Zwar baute man die Regia zwischen dem 7. Jahrhundert v. Chr. und dem Beginn der Republik allein dreimal mit veränderter Ausrichtung ganz neu auf, doch nahm man danach keine weiteren Eingriffe mehr an der Struktur vor. In seiner heutigen Form geht das Gebäude auf das Jahr 36 v. Chr. zurück. Der südliche Trakt gliederte sich in drei Räume, in denen die Heiligtümer des Mars und der *Ops Consiva* standen. Vor dem Marstempel erhob sich ein großer kreisförmiger Altar. Im Innern ruhte antiken Berichten zufolge der heilige Schild des Gottes, den dieser vom Himmel hatte fallen lassen. Elf am gleichen Ort lagernde Nachbildungen sollten den Diebstahl des kostbaren Stückes unmöglich machen. Die Räume öffneten sich zu einem trapezförmigen Hof mit doppeltem Laubengang hin. Die eigentliche Bleibe des Pontifex Maximus befand sich ursprünglich neben dem Haus der Vestalinnen.

Dieser Gebäudekomplex bestand aus dem Vestatempel und dem Wohnhaus der Priesterinnen. Die Vestalinnen hüteten den Herd des römischen Volkes, der bei den Römern als Symbol ihrer Einigkeit galt. Hier bewachte man auch die Penaten des römischen Volkes, von denen man glaubte, Äneas habe sie aus Troja nach Rom mitgebracht. Der Tempel erhob sich auf einem runden Marmorpodium mit einer Peristasis aus korinthischen Säulen und einem Spitzdach mit einer Öffnung in der Mitte. Im Innern brannte das heilige Feuer, das die sechs Vestalinnen stetig bewachen mussten. Die heute noch sichtbaren Reste stammen von der letzten Restaurierung, die Julia Donna, die Frau des Septimius Severus, im Jahre 191 durchführen ließ. Das ursprünglich eher kleine Haus der Vestalinnen wurde nach dem von Nero verursachten Brand im Jahre 64 wiederaufgebaut und vergrößert. Es umfasste nun auch die öffentliche Domus des Pontifex Maximus. Vom Mittelhof mit Laubengang und zahlreichen Statuen gingen verschiedene Räume ab, die in mehreren Stockwerken übereinander lagen. Im Erdgeschoss befanden sich ein im Osten und Westen ein Tablinum und ein Triklinium, im Süden lagen die Thermen, deren Heizung auch die übrigen Zimmer erwärmte. Im oberen Stock wohnten die Vestalinnen, in der zweiten Etage lebte die Dienerschaft.

38 oben Die Überreste östlich des Castor-und-Pollux-Tempels gehören zum Haus der Vestalinnen. Es gruppierte sich um einen Innenhof mit Laubengang auf vier Seiten, in dessen Zentrum mehrere Brunnen Wasser spendeten. Im Erdgeschoss entdeckte man Spuren eines Backofens, einer Küche und einer Mühle, im oberen Stockwerk lagen die Gemächer der Vestalinnen.

38 unten Unweit des Tempels des Divus Julius wurden Überreste der Regia, des vielleicht wichtigsten Gebäudes auf dem Forum freigelegt. Hier residierte der König zur Zeit der Monarchie; während der Republik versah dort der Pontifex Maximus sein Amt. Im Innern befand sich ein runder Altar, der zum alten Heiligtum des Mars gehörte.

39 oben links Hinter der Regia erkennt man noch den runden Vestatempel. Im Innern brannte das heilige Feuer der Göttin, das nie erlöschen durfte (nicht zufällig geriet das Gebäude mehrfach in Brand). In seiner heutigen Form geht das Heiligtum auf einen Umbau zurück, den Julia Domna, die Gemahlin des Septimius Severus, Ende des 2. Jahrhunderts veranlasste.

39 oben rechts und unten Im Hof des Hauses der Vestalinnen stehen Statuen der Vestalinnen, die man bei Ausgrabungen fand. Die Priesterinnen trugen weite Mäntel, einen langen weißen Schleier (*suffibulum*) und eine *infula*, eine Art Diadem aus sechs wollenen Schnüren.

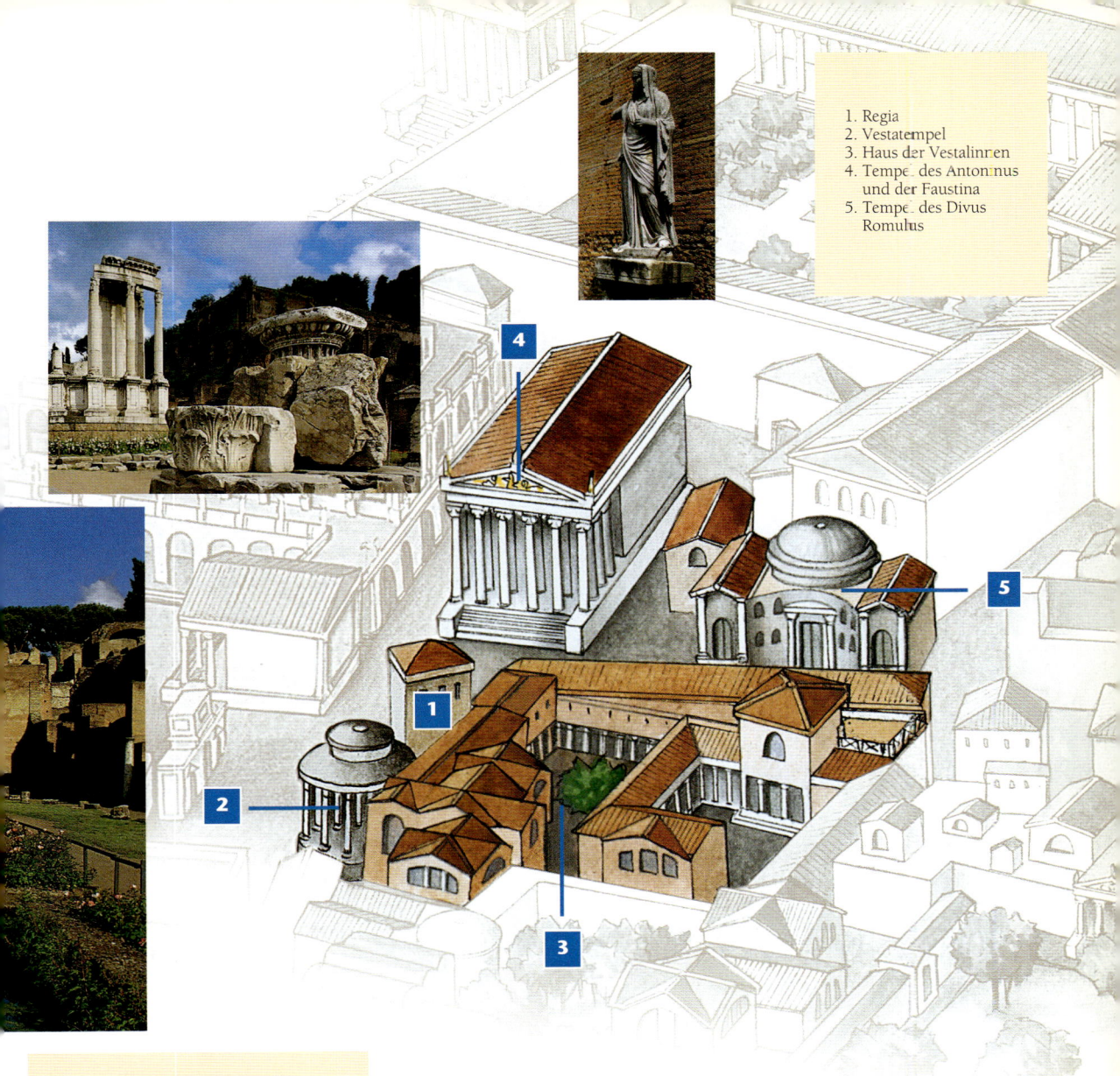

1. Regia
2. Vestatempel
3. Haus der Vestalinnen
4. Tempel des Antoninus und der Faustina
5. Tempel des Divus Romulus

DIE VESTALINNEN

Sechs Priesterinnen (die einzigen weiblichen Priester Roms) wachten über das heilige Feuer im Vestatempel, das nie verlöschen durfte, und hüteten einige Gegenstände von hoher sakraler Bedeutung, zum Beispiel ein Palladium, ein archaisches Standbild der Minerva, und die trojanischen Penaten. Bei den Vestalinnen handelte es sich um Töchter aus adligen Familien, die im Alter von sechs bis zehn Jahren den Dienst antraten. Sie mussten versprechen, bis zum 30. Lebensjahr die Jungfräulichkeit zu bewahren; danach durften sie heiraten. Brachen sie ihr Keuschheitsgelübte, so begrub man sie unweit der Porta Collina bei lebendigem Leibe (ihr Blut durfte nicht vergossen werden), ihr Liebhaber wurde im Komitium zu Tode gepeitscht. Natürlich genossen die Vestalinnen andererseits zahlreiche Privilegien. Als einzige Frauen unterstanden die Vestalinnen nicht der väterlichen Gewalt und konnten daher frei über ihr Vermögen verfügen. Außerhalb ihrer Residenz ging ihnen ein Liktor voran. Auch stand ihnen ein Platz bei allen Vorführungen und Spielen zu und sie durften einen eigenen Wagen lenken – eine Gunst, die sonst nur der Kaiserin zustand.

TEMPEL DES ANTONINUS UND DER FAUSTINA

Im Norden der Regia erhebt sich ein Tempel, der wegen seiner Umwandlung zur Kirche San Lorenzo in Miranda gut erhalten blieb. Antoninus Pius ließ ihn im Jahre 141 bauen. Auf einer Inschrift ist noch die Widmung für seine Gemahlin Faustina zu erkennen. Der Name des Kaisers wurde erst nach dessen Tod hinzugefügt. Sechs korinthische Säulen schmücken die Fassade des Tempels mit der großen Freitreppe und dem Altar im Mittelpunkt. Ursprünglich standen an den beiden Seiten außerdem Statuen. Der Fries ist mit Greifen und Pflanzen-

40–41 Neben dem Tempel des Divus Julius steht der Tempel des Antoninus und der Faustina. Das Gebäude blieb hervorragend erhalten, weil man es zwischen dem 7. und dem 8. Jahrhundert in die Kirche San Lorenzo in Miranda umwandelte.

40 unten Vor der Fassade des Tempels des Antoninus und der Faustina erhebt sich eine Vorhalle mit sechs Säulen aus Cipollino. Korinthische Kapitelle tragen den Architrav. Auf den Säulenschäften sind noch Einkerbungen zu erkennen. Vermutlich stammen sie von Seilen, mit denen man versuchte, die Säulen als Baumaterial zu transportieren.

motiven verziert. Die Cella war mit Marmorplatten verkleidet, doch ist heute nur noch der Untergrund aus Tuffgestein zu sehen, da man das Material im Mittelalter wie so häufig zum Bau anderer Gebäude verwendete.

41 Die Fassade des Tempels des Antoninus und der Faustina mit der modernen Treppe ist perfekt erhalten. Auf dem Architrav steht eine Inschrift, in welcher der Senat das Gebäude dem kaiserlichen Paar weiht. Tatsächlich hatte Antoninus den Tempel bereits im Jahre 141 für seine Gemahlin erbauen lassen.

DER RUNDTEMPEL DES DIVUS ROMULUS

In den Tempel des Divus Romulus gelangt man noch heute durch eine Bronzetür, zu der ursprünglich ein Rahmen aus Marmor gehörte. Die Tür befindet sich über dem ursprünglichen Bodenniveau, das Archäologen im 19. Jahrhundert freilegten. Zur Zeit des Augustus konnte man daher die Fundamente des Gebäudes sehen. Lange Zeit glaubte man, den Tempel gegenüber dem Haus der Vestalinnen habe Maxentius seinem Sohn Romulus gewidmet. Es handelt sich um einen Rundbau aus Backstein mit Kuppeldach und einer konkav geschwungenen Fassade mit vier Nischen, die einstmals Raum für Statuen boten. Das Eingangsportal aus Bronze mit den beiden Porphyrsäulen ist noch original erhalten. Rechts und links rahmen Säulen aus *Cipollino* (Zwiebelmarmor) zwei tiefe symmetrische Apsidenräume ein, die mit dem Hauptraum durch zwei offene Türen am Ende der Längsseiten verbunden waren. Viele Indizien sprechen dafür, dass es sich bei dem Hauptgebäude um den Tempel des Jupiter Stator, den Schutzherrn des Staates, handelte. Konstantin soll den antiken Kult dieses Gottes verboten haben, nachdem Maxentius den Tempel kurzzeitig dem Romulus geweiht hatte. Vermutlich standen in den beiden Seitenräumen die Statuen der Penaten, die man im 4. Jahrhundert von ihrem Standort entfernte.

DER ÖSTLICHE BEREICH DES FORUMS

DIE BASILIKA DES MAXENTIUS UND KONSTANTIN

Zu Beginn des 4. Jahrhunderts ließ Maxentius eine mächtige Basilika als Amts- und Gerichtsgebäude errichten. Sie diente als Sitz der Präfektur, die ab diesem Moment die gesamte Stadtverwaltung unter sich vereinigte. Der Bau ersetze einen älteren Komplex aus der Zeit des Flavius, die Horrea Piperataria, eine Lagerhalle für Pfeffer, Gewürze, Rausch- und Arzneimittel. Das große Mittelschiff endete im Westen mit einer Apsis. Acht 15 Meter hohe Säulen stützten drei riesige Kreuzgewölbe, während sich über den Seitenschiffen Tonnengewölbe mit Kassettendecken spannten. Vor dem ersten Eingang im Osten befand sich ein horizontales Vestibül, das der Basilika eine Ost-West-Ausrichtung gab. Konstantin ließ den Bau fertig stellen und änderte dabei auch die Orientierung. Ein zweiter Eingang wurde im Süden zur Via Sacra hin geschaffen. Hier bot eine Freitreppe durch einen Portikus mit vier korinthischen Säulen Einlass. Im Innern schuf man auf der gegenüberliegenden Seite eine weitere Apsis mit zahlreichen Statuen, die durch eine Kanzel abgeschlossen wurde. Auf diese Weise konnte man inkognito einer neuen Sorte von Verfahren folgen, die der Senatorenklasse vorbehalten war. Den Boden zierten geometrische Muster aus verschiedenfarbigem Marmor. Marmorplatten bedeckten auch die Innenwände und vermittelten einen Eindruck von der Macht und vom Wohlstand, die das Römische Reich zu jener Zeit prägten. Gleiches galt auch für die Statue von Kaiser Maxentius in der westlichen Apsis, die man nach dessen Tod durch eine noch größere aus Marmor und Bronze von Kaiser Konstantin ersetzte. Im Hof des Konservatorenpalasts auf dem Kapitol stehen noch heute die zwei Meter großen Füße und der Kopf dieser gewaltigen Skulptur.

42 oben Auf der Zeichnung der Basilika des Maxentius sind die beiden Seitenschiffe und das hohe Mittelschiff mit Kreuzgewölbe gut zu erkennen

42 Mitte Über den Ruinen des Tempels der Penaten und der Gewürzmagazine, der Horrea Piperataria, ließ Maxentius eine mächtige Basilika errichten, die Konstantin später vollendete. Sie beherbergte die Städtische Präfektur. Von der Basilika des Maxentius blieb das nördliche Seitenschiff hervorragend erhalten. Das große Gebäude besaß ursprünglich drei Schiffe. Riesige Säulen aus proconnesischem Marmor zierten das Hauptschiff. Sie gingen bis auf eine einzige verloren, die heute auf der Piazza Santa Maria Maggiore in Rom steht.

42 unten Die Basilika des Maxentius besitzt zwei Eingänge: Der ältere befand sich auf der Ostseite, der zweite aus dem späten 4. Jahrhundert dagegen auf der Südseite. Letzterer wirkte durch einen Vorbau aus vier Porphyrsäulen besonders monumental.

43 oben links Auf einer Achse mit dem Südeingang blieb eine große Apsis mit Kassettengewölbe erhalten. Ursprünglich teilte ein Gitter diesen Bereich ab, so dass Senatsmitglieder ungesehen Prozesse verfolgen konnten.

43 oben rechts Quadratische Konsolen, die in die tragenden Mauern eingefügt waren, stützten drei Kreuzgewölbe. Diese trugen das Dach des Mittelschiffs, während den Säulen unter den Konsolen eine überwiegend dekorative Funktion zukam. Über die Seitenschiffe spannten sich Tonnengewölbe mit Kassettendecken.

43 Mitte Auch die Basilika des Maxentius besaß die typische Struktur mit einer weiten offenen Halle, die Säulenreihen mit Architraven in drei Schiffe untergliederten. Die Zeichnung verdeutlicht den Höhenunterschied zwischen Hauptschiff und Seitenschiffen. Durch große Öffnungen (claristoria) im oberen Teil der Wände fiel Licht in den Innenraum.

43

Der Tempel der Venus und der Roma

44 oben links Ein großer Tempel, vielleicht der größte im antiken Rom, bildete den Abschluss des Forum Romanum. Hadrian ließ ihn im Jahre 135 erbauen. Das Heiligtum war dem Kult der Venus und der Göttin Roma geweiht. Es besaß zwei exakt symmetrische Cellae, von denen eine zum Tal des Kolosseums und die andere zum Forum hin ausgerichtet war. Letztere blieb gut erhalten. Sie war der Roma geweiht.

1. Tempel der Venus und der Roma
2. Titusbogen

Am Ende des Forum Romanum entstand auf der Velia der größte Tempel des antiken Rom. Hadrian ließ das Gebäude im Jahre 135 auf einer 100 mal 145 Meter großen Fläche errichten und soll es sogar selbst entworfen haben. Über den Resten des Atrium der neronischen Domus Aurea legte er zunächst eine mächtige künstliche Terrasse an. Der Tempel selbst war der Venus und der Göttin Roma geweiht und deshalb exakt symmetrisch angelegt. Er besaß zwei in entgegengesetzter Richtung angelegte *Cellae*, deren Wände aneinander grenzten. Der Haupteingang lag im Westen zum Forum Romanum hin. Hier befand sich die *Cella* der Göttin Roma, die auch heute noch gut erhalten ist. Zwei doppelte Kolonnaden mit Propyläen im Zentrum begrenzten den heiligen Bezirk im Norden und Süden. Der Tempel erhob sich über einem für die hadrianische Epoche typischen stufenförmigen Aufbau im hellenistischen Stil mit einer rings um das Gebäude verlaufenden Säulenreihe. Maxentius ließ das Innere im Jahre 307 nach einem Brand umbauen. Im hinteren Teil der *Cellae* kamen zwei Apsiden hinzu, in denen man Statuen der Göttinnen aufstellte. Außerdem fügte man Tonnengewölbe mit Kassettenstuckdecken hinzu, während an den Seitenwänden Porphyrsäulen Nischen für weitere Statuen abteilten. Auf dem Fußboden bildete farbiger Marmor geometrische Muster.

Der Titusbogen

44 oben rechts Zwei doppelte Kolonnaden mit Propyläen im Zentrum begrenzten den heiligen Bezirk im Norden und Süden des Tempels der Venus und der Roma. Rings um den Stylobat, die oberste Plattform, die den Tempel trug, zog sich ein Säulengang.

45 oben Auf der dem Kolosseum zugewandten Seite der Attika erinnerte eine Widmungsinschrift daran, dass der Senat den Titusbogen nach dem Tod des Herrschers im Jahre 81 errichtete. Vier Halbsäulen rahmen die Pfeiler des eintorigen Bogens mit hoher Attika ein.

Der Bogen, der auf dem Sattel zwischen Velia und Palatin steht, überdauerte die Jahrhunderte nahezu unbeschadet. Zu seinem Erhalt trug mit Sicherheit die Tatsache bei, dass er zur Festung Frangipane gehörte. Domitian ließ den eintorigen Bogen aus pentelischem Marmor zu Ehren seines Bruders Titus errichten, als man diesen nach seinem Tod im Jahre 81 für gottgleich erklärte. Vier kannelierte Halbsäulen rahmen die Außenseiten der beiden Pfeiler ein, die ihrerseits einen hohen Attikus mit Widmungsinschrift zieren.

Im Gewölbeschluss und auf dem Gewölbebogen sind der Genius des römischen Volkes, Roma sowie geflügelte Siegesgöttinnen dargestellt. Der Bogen sollte an den Sieg des Vespasian und seines Sohnes Titus über die Judäer im Jahre 71 erinnern. An den Seitenwänden des Durchgangs befindet sich das berühmte Siegesrelief mit zwei Szenen des Triumphzuges. Auf der Rückseite trägt in einer überraschenden Perspektive ein Adler Titus zum Himmel empor. Die Reliefs entsprechen ganz und gar dem neohellenistischen Stil der Zeit und dokumentieren den Versuch einer dreidimensionalen Darstellung mithilfe der Dimensionen Raum und Tiefe. Besonders eindrucksvoll ist in diesem Zusammenhang die Kurve, die der Triumphzug auf der südlichen Tafel beschreibt. Der Betrachter hat das Gefühl, dass er an der Seite der zum Teil von hinten gezeigten Personen selbst an dem Umzug teilnimmt. Zwar lässt sich der klassische Einfluss nicht verleugnen, doch scheint es, als habe sich der Schöpfer des Reliefs wirklich bemüht, eine neue Raumkonzeption umzusetzen.

45 unten Ein Großteil der Reliefs am Titusbogen blieb erhalten. Sie erinnern an die Siege des Kaisers über die Judäer. Über dem Architrav ist der Triumphzug aus dem Jahre 71 dargestellt; im Durchgang zeigen zwei Tafeln weitere Szenen dieses Ereignisses. Links (Foto) trägt eine Gruppe Kriegstrophäen auf den Schultern, darunter den Siebenarmigen Leuchter und die Silbertrompeten aus dem Tempel von Jerusalem. Rechts fährt Titus auf einer Quadriga, begleitet von der Göttin Roma.

DIE KAISERFOREN

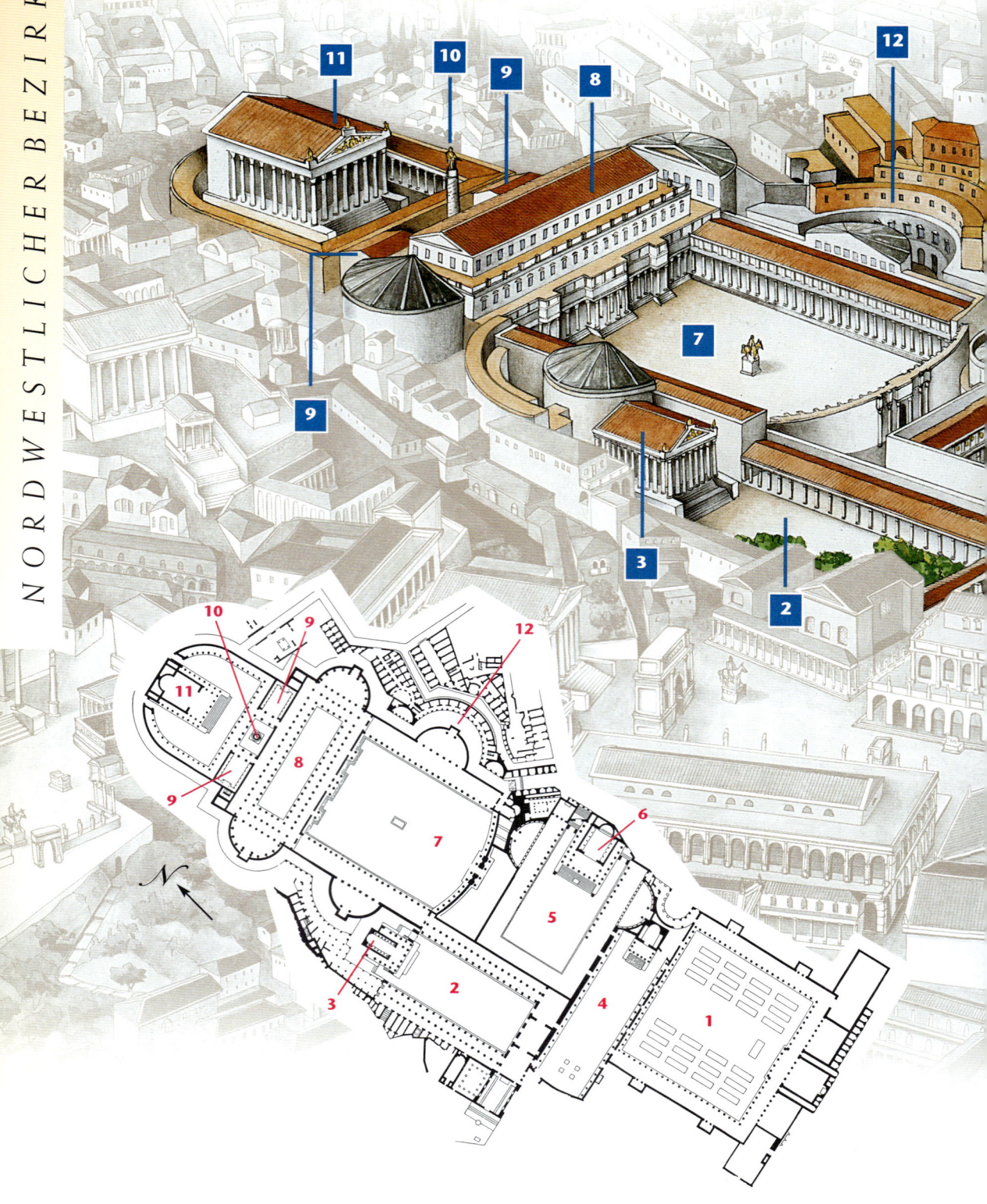

NORDWESTLICHER BEZIRK

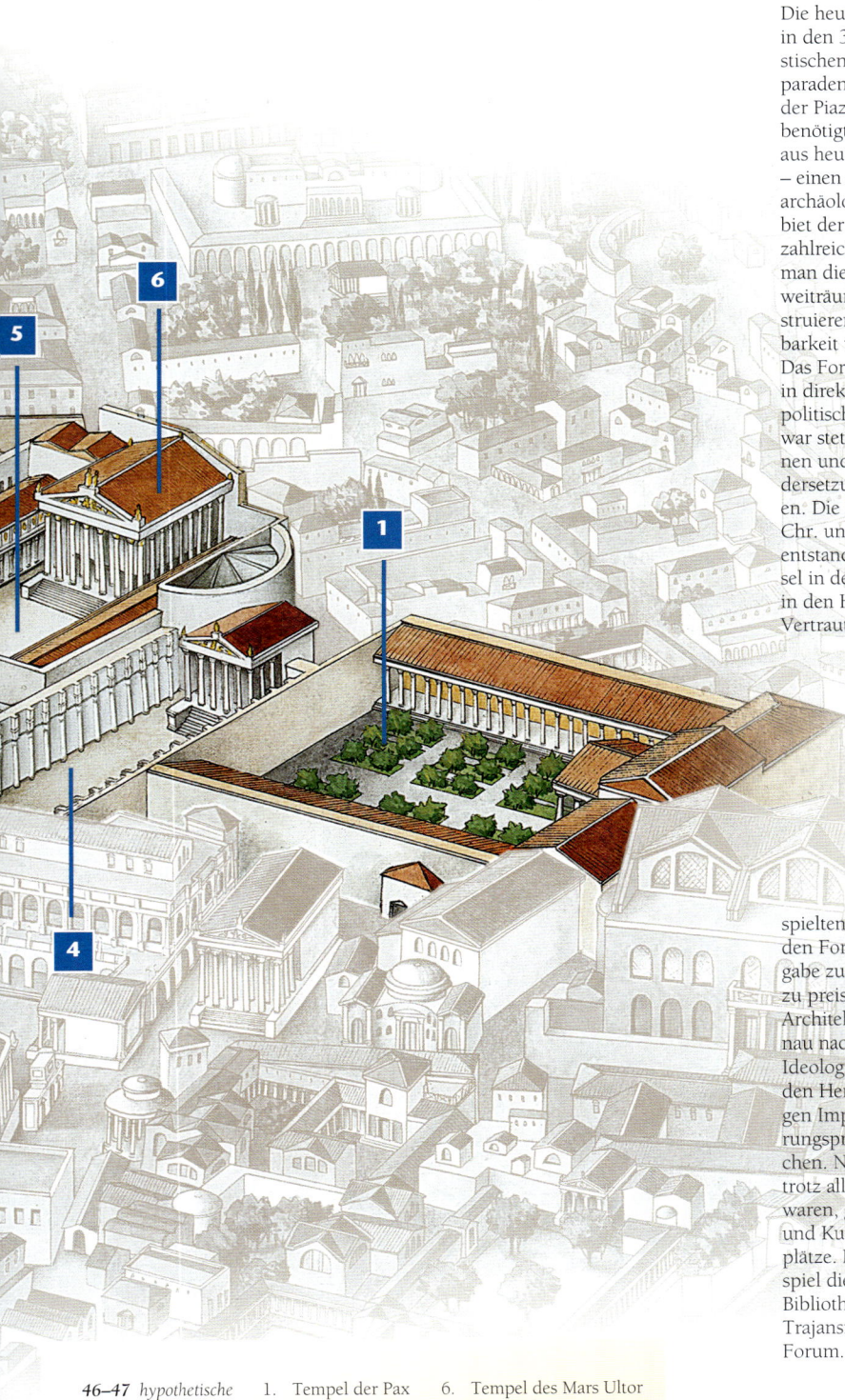

Die heutige Via die Fori Imperiali wurde in den 30er-Jahren während der faschistischen Ära erbaut, da man für Militärparaden zwischen dem Kolosseum und der Piazza Venezia eine breite Straße benötigte. Auf diese Weise teilte man – aus heutiger Sicht völlig unverständlich – einen der reichsten und wichtigsten archäologischen Bereiche Roms, das Gebiet der Kaiserforen, in zwei Teile. Dank zahlreicher Grabungskampagnen konnte man die komplexe Geschichte dieses weiträumigen Bezirks annähernd rekonstruieren, in dem einst Handel, Gerichtsbarkeit und Ämter angesiedelt waren. Das Forum Romanum, dessen Struktur in direktem Zusammenhang mit dem politischen System der Republik stand, war stets Schauplatz heftiger Diskussionen und parlamentarischer Auseinandersetzungen im Senat und den Komitien. Die Kaiserforen, die zwischen 50 v. Chr. und 115 n. Chr. in rascher Folge entstanden, spiegeln dagegen den Wechsel in der Staatsführung nieder, die nun in den Händen des Kaisers und seiner Vertrauten lag. Die politischen Kämpfe spielten sich an anderen Orten ab und den Foren kam mehr und mehr die Aufgabe zu, die Person desjenigen Kaisers zu preisen, der sie hatte errichten lassen. Architekten nahmen die Bebauung genau nach Plan vor, denn sie sollte die Ideologie der Kaiserzeit widerspiegeln, den Herrscher als mächtigen, großzügigen Imperator darstellen und sein Regierungsprogramm für jeden sichtbar machen. Neben den Gerichtsgebäuden, die trotz alledem noch zahlreich vertreten waren, gab es nun verstärkt Bildungs- und Kultureinrichtungen sowie Handelsplätze. Beispiele hierfür waren zum Beispiel die griechische und die lateinische Bibliothek, die Trajanssäule oder die Trajansmärkte auf dem gleichnamigen Forum.

46–47 hypothetische Rekonstruktion der Kaiserforen.

1. Tempel der Pax
2. Forum Cäsars
3. Tempel der Venus Genetrix
4. Forum des Nerva oder Forum Transitorium
5. Forum des Augustus
6. Tempel des Mars Ultor
7. Forum des Trajan
8. Basilica Ulpia
9. Bibliotheken
10. Trajanssäule
11. Trajansmarkt

Der Tempel der Pax

Zwischen 71 und 75 n. Chr. ließ Vespasian den Tempel der Friedensgöttin Pax errichten. Er stand an der Stelle des Macellum, des großen Marktes aus der Zeit der Römischen Republik, und sollte an den Sieg des Herrschers über die Hebräer erinnern. Es handelte sich um einen Gebäudekomplex mit einem großen offenen Platz, um den sich ein Laubengang mit zwei Exedren im Nordosten und zwei weiteren im Südwesten zog. südöstliche Sektor erhalten, weil hier im Jahre 527 auf Veranlassung von Papst Felix die Kirche Ss. Cosma e Damiano entstand. Gleichwohl ließ sich das Aussehen des Tempels relativ genau rekonstruieren, nachdem man die *Forma Urbis,* eines der kostbarsten Zeugnisse antiker Städteplanung, wieder entdeckt hatte. Diese Marmorplatte aus der Zeit der Severer zeigt die Stadt Rom im Maßstab 1:240. Das Original, auf das die Tafel sich bezieht, hatte Augustus anlässlich der Neuaufteilung Roms in 14 Bezirke in Auftrag gegeben. Noch heute sieht man die Befestigungslöcher der Platte, welche die die gesamte Südwand des Raumes neben dem Tempel der Pax ausfüllte. Man nimmt an, dass eine große gemalte Karte Italiens die gegenüberliegende Wand bedeckte. Möglicherweise war der Ort ursprünglich als Sitz der *Praefectura Urbis* gedacht, denn die Karten dienten auch zur Klärung von Katasterfragen. Im 5. Jahrhundert gab man das Gebäude auf, nachdem es mehrmals beschädigt worden war.

Die Fassade des Tempels befand sich an der rückwärtigen Seite dem monumentalen Eingang gegenüber. Besucher, die den Platz überquerten, konnten ihn nur an den im Vergleich größeren Säulen und dem Giebel erkennen. Der Tempel selbst bestand aus einem einfachen Atrium mit Apsis und einem vorgelagerten Säulengang. Auf jeder Seite gab es zwei weitere Atrien, das Erste zur Linken beherbergte die Forma Urbis, das Zweite eine der beiden Bibliotheken. In diesem Bereich bewahrte man vermutlich auch die in Jerusalem erbeuteten Kriegstrophäen auf – den Siebenarmigen Leuchter, den Tisch der Schaubrote und die Silbertrompeten –, die auf den Reliefs des Titusbogens zu sehen sind. Nur wenig blieb vom Tempel der Pax übrig, dessen Standort man erst ab der spätrömischen Zeit als Forum Pacis bezeichnete. Am besten ist der

Das Forum Cäsars

Cäsar kam als Erster auf die Idee, ein weiteres Forum in Rom zu errichten. Der von ihm geplante weiträumige Gebäudekomplex sollte sich an die neue Curia anschließen, die Cäsar selbst mit veränderter Ausrichtung hatte umbauen lassen. Der Diktator hatte die Absicht, ein neues politisches Zentrum entstehen zu lassen, das ihn selbst angemessen in den Blickpunkt rückte. Entsprechend erhob sich sein Reiterstandbild mitten auf dem Platz und fügte sich zugleich in eine Art »heiliger Achse« ein, die mit dem Tempel der Venus Genetrix endete, der Mutter des Äneas und mythischen Ahnfrau des Geschlechts der Julier. Cäsar vermittelte auf diese Weise die deutliche Botschaft, dass er in Rom neben der traditionellen Autorität des Senats eine neue Form der Individualherrschaft zu etablieren gedachte. Ein doppelter Säulenportikus, zu dem man direkt vom Argiletum im Südosten gelangte, begrenzte das lang gezogene Areal (150 x 75 Meter). Der Zugang zum Form befand sich in der Mitte des Clivus Argentarius, eines Weges, der an der südwestlichen Seite verlief. Auf der linken Seite des Eingangs sieht man einen großen halbrunden Saal, eine Latrina aus der Zeit des Trajan. Sie war mit doppeltem Boden (für das Heizungssystem) und einer Bank ausgestattet, die über die gesamte Länge der gebogenen Wand verlief. Im Innern des Forums lagen auf der Südwestseite mehrere zweistöckige *tabernae* aus Tuffstein und Travertin, in denen möglicherweise Goldschmiede ihrer Arbeit nachgingen. Am Ende des Säulengangs brachten Ausgrabungen ein Backsteingebäude mit zwei Säulenreihen zutage, die von Trajan begonnene und von Konstantin vollendete Basilica Argentaria. Ebenfalls entdeckte Graffiti – einige mit Versen aus der Äneas – können Besucher heute hinter durchsichtigen Schutztafeln im Innern des Gebäudes bewundern. Sie legen die Vermutung nahe, dass sich hier eine in den Quellen erwähnte Schule befand.

49 unten Zu den wenigen erhaltenen Resten des Cäsar-Forums gehören einige Säulen des Tempels der Venus Genetrix, der Mutter des Äneas und mythischer Ahnfrau der Julier. Auch fand man Teile eines Säulengangs, der um den zentralen Platz verlief, und einige Pflastersteine.

49 rechts Das Forum Cäsars bedeckte eine lang gezogene, 160 x 75 Meter große Fläche, um die auf drei Seiten ein doppelter, überdachter Säulenportikus verlief. Die kurze Seite im Westen begrenzte der Tempel der Venus Genetrix.

48 In einem Atrium des Tempels der Pax fand man die Forma Urbis, eines der wertvollsten Zeugnisse der römischen Stadtbaugeschichte. Es handelt sich um einige Fragmente eines großen Marmorplans im Maßstab 1:240 aus der Epoche der Severer, der die Ausdehnung Roms zur Zeit des Augustus zeigt.

48–49 Da immer mehr Menschen in Rom lebten und Handel trieben, baute Cäsar im Jahre 46 v. Chr. ein neues Forum. Die Gebäude gruppierten sich um einen zentralen Platz, auf dem sich das Reiterstandbild des Kaisers erhob. Im Hintergrund stand der Tempel der Venus Genetrix.

DER TEMPEL DER VENUS GENETRIX

In der Nacht, bevor Cäsar in der Schlacht bei Pharsalos gegen Pompejus kämpfte, schwor er, im Falle eines Sieges einen Tempel zu Ehren der Venus zu errichten. Der Peripteros in italischer Tradition mit acht Säulen an der Vorder- und neun an der Längsseite wurde im Jahre 46 v. Chr. schließlich tatsächlich am Ende des Forums errichtet, und zwar in einer Position, die nach hellenistischem Vorbild Heiligtümern gottgleicher Herrscher vorbehalten war. Der Tempel erhob sich auf einem hohen, ursprünglich mit Marmor verkleideten Podium, das man über zwei kleine Seitentreppen betrat. Eine Freitreppe führte von hier aus zur Kolonnade und weiter in die Cella. Im Innern zierten zwei gelbe Säulenreihen die Wände; im Hintergrund öffnete sich eine Apsis mit der Venusstatue, einem Werk des berühmten Akresilaos. Ein behauener Fries mit Eroten, die mit Kriegstrophäen spielten, zierte außerdem die Cella. Teile von ihm befinden sich heute im Konservatorenpalast. Cäsar ließ verschiedene Kunstwerke in dem Tempel aufstellen, unter anderem eine Statue der Kleopatra, Gemälde des Timomachus von Byzanz, Gemmen und andere Objekte. Sueton berichtet in seiner Cäsarbiografie, dass der Diktator eines Tages sogar von einem Sessel in der Mitte des Podiums aus den Senat in diesem Tempel empfangen habe. Diese unbedeutende Episode veranschaulicht, wie Cäsar sich bereits auf eine Stufe mit den Göttern stellte.

Das Forum des Nerva

Zwei verkröpfte Säulen, die so genannten »Colonacce«, zeigen an, wo sich das antike Forum des Nerva einst befand. Die Säulen sind noch mit der Wand verbunden und tragen eine Attika mit einem Relief der Minerva. Das Forum des Nerva wurde auch Forum Transitorium genannt, weil es zwischen dem Augustus-Forum und dem Cäsar-Forum lag. Domitian ließ es anlegen, Nerva vollendete es im Jahre 97. Er ersetzte den ersten Abschnitt des Argiletum, jener Straße, die zur Zeit der Römischen Republik vom Forum zu den Wohnvierteln der Vorstadt führte. Das lang gestreckte Nerva-Forum wurde – ähnlich wie die Foren des Cäsar und des Augustus – am Ende von einem Tempel begrenzt, der in diesem Falle der Minerva geweiht war. In geringem Abstand zur Einfriedungsmauer verlief eine Kolonnade um das Forum (für einen regelrechten Säulengang mangelte es an Platz). Vom Tempel der Minerva, der von Domitian besonders verehrten Schutzgöttin des Handwerks, wurden nur Reste des ursprünglichen Kernbereichs freigelegt, unter denen die Cloaca Maxima verlief. Der größte Teil ruht noch unter der heutigen Via dei Fori Imperiali. Hinter dem Forum befand sich eine große, hufeisenförmige Exedra, eine der Subura zugewandte halbrunde Erweiterung der Kolonnade.

Im Jahre 1996 fanden Ausgrabungen im Bereich des Argiletums hinter der Curia statt. Dabei stellte sich heraus, dass die Straße bereits ab der Mitte des 1. Jahrhunderts, also vor dem Bau des monumentalen Nerva-Forums, eine Kolonnade besessen hatte, über der später jene des Forums entstanden war.

50 oben links Die beiden von der Straße aus sichtbaren Säulen des Minerva-Tempels waren fester Bestandteil des Stadtbildes und heißen seit dem Mittelalter »Colonnacce«. Nicht nur der Sockel, sondern auch der Architrav, die Attika und Teile der Mauer blieben unweit der Via Cavour erhalten.

50 oben rechts Der Fries, der über den „Colonnacce" verläuft, zeigt typisch weibliche Arbeiten, denn Minerva war die Göttin des Handwerks.

50 Mitte rechts Die Kaiserforen entstanden kurz hintereinander zwischen 50 v. Chr. und 115 n. Chr. Obgleich sie keinem Gesamtplan folgten, fügen sie sich organisch ineinander. Sie sind für Besucher nur teilweise zugänglich, da die Via dei Fori Imperiali sie auf einigen Abschnitten verdeckt.

50 unten rechts Auf der säulengestützten Attika prangt eine Skulptur der Minerva, der Göttin des Handwerks.

Das Forum des Augustus

Bereits 42 v. Chr. entschloss sich Augustus, ein Forum zu errichten. Ähnlich wie Cäsar hatte er vor der Schlacht von Philippi gegen die Cäsarmörder Brutus und Cassius einen entsprechenden Schwur abgelegt. Die Arbeiten waren jedoch erst im Jahre 2 v. Chr. beendet. Augustus vertraute den Ankauf des Geländes Privatleuten an; den Bau selbst finanzierte er mit Hilfe von Kriegsbeute. Viel Platz stand gleichwohl nicht zur Verfügung. Das Forum, das nicht lange nach dem Cäsar-Forum erbaut wurde, sollte neuen Raum für Gerichtsverhandlungen und Geschäfte schaffen, vor allem aber der ten an die zweistöckige Säulenhalle, die an zwei Seiten des Platzes entlanglief. Zwischen den Halbsäulen aus Cipollino befanden sich Nischen für Marmorstatuen historischer Persönlichkeiten und mythischer Gestalten: Áneas mit Anchises und Askanios, die Ahnherren der Gens Julia standen auf der einen Seite, auf der anderen Romulus mit den Summi Viri, den bedeutendsten Männern der Republik. Den oberen Teil des Portikus zierten auf der Außenseite wechselweise Köpfe des Jupiter Amun und Karyatiden (Kopien der Figuren am Erechtaion in Athen), welche besiegte Völker verkörperten. In der Mitte des Platzes erhob sich das große Standbild des Augustus auf dem vierspännigen Triumphwagen. Eine weitere Kolossalstatue des Imperators thronte in einem quadratischen Saal am Ende der nördlichen Säulenhalle. Hier hingen auch zwei berühmte Bilder des Malers Apelles, die Alexander den Großen zeigten.

Eine geschickte Raumkonzeption und Ikonografie gliederten das Areal bis ins kleinste Detail. Die Anordnung der Statuen verdeutlichte, dass Augustus die Geschichte der Republik mit jener der Julier zu verbinden trachtete, um das Kaiserreich als logische und glanzvolle Fortsetzung der Republik zu legitimieren.

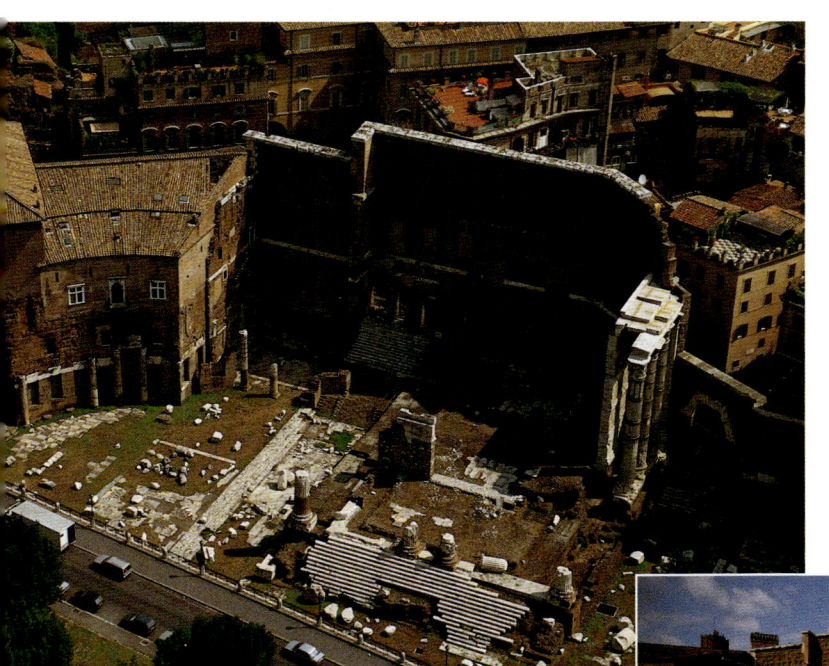

Der Mars-Ultor-Tempel

Der Marstempel auf dem Forum des Augustus stand in analoger Position zum Venustempel auf dem Cäsar-Forum. Eine große zentrale Freitreppe mit einem Altar im Mittelpunkt führte zum Podium empor. Durch eine Säulenreihe (acht auf der Vorderseite und eine doppelte Reihe mit je acht auf beider Seiten) gelangte man in die Cella. Im Innern waren Säulen auf zwei Ebenen an die Wand gebaut, dazwischen boten Nischen Raum für Statuen. In der Apsis befanden sich die beiden Kultstatuen, Mars und seine Gemahlin Venus. Hier bewahrte man vermutlich auch die berühmten Feldzeichen auf, welche die Parther dem Kaiser zurückerstattet hatten.

Person des Kaisers huldigen. Die Gliederung des Raumes folgte diesem Prinzip und auch der Dekor wurde so gewählt, dass Augustus als siegreicher Friedensfürst und Bewahrer der überkommenen Tradition (*mos maiorum*) erschien. Eine 33 Meter hohe Mauer aus Peperin schloss sich um das Areal und grenzte es gegen die dicht besiedelte Subura ab. Zwei Freitreppen glichen den Höhenunterschied zwischen diesem Viertel und dem Bereich der darunter liegenden Foren aus. Durch zwei Eingänge neben dem Podium eines dem Gott Mars Ultor geweihten Tempels führten sie ins Innere des Augustus-Forums. Auf der linken und rechten Seite des Heiligtums öffneten sich zwei breite Exedren; sie grenz-

51 links *Augustus begann im Jahre 42 v. Chr. nach der Schlacht gegen die Cäsarmörder Brutus und Cassius mit dem Bau seines Forums. Es wurde jedoch erst 2 v. Chr. vollendet. Eine hohe Mauer aus Peperin umschloss den zentralen Platz. Im hinteren Teil erhob sich der Tempel des Mars Ultor, des Rächenden Mars. Zur Rechten und Linken des Tempels grenzten zwei Exedren an die zweistöckige Säulenhalle.*

51 rechts *Der Tempel des Mars setzte eine von Cäsar auf seinem Forum begonnene Tradition fort. Augustus stellte sich dadurch in die Nachfolge des Diktators. Der Tempel überragte den Platz. Eine lange Freitreppe führte zum Podium und zur Cella.*

Der Tempel fügte sich einerseits ganz eindeutig in die römische Tradition ein; andererseits inspirierte er sich offensichtlich an Modellen der klassisch griechischen Antike. Wir wissen heute, dass der Senat sich mehrfach im Tempel versammelte, um wichtige Entscheidungen – zum Beispiel über eine mögliche Kriegserklärung oder die Wahrung des Friedens – zu treffen.

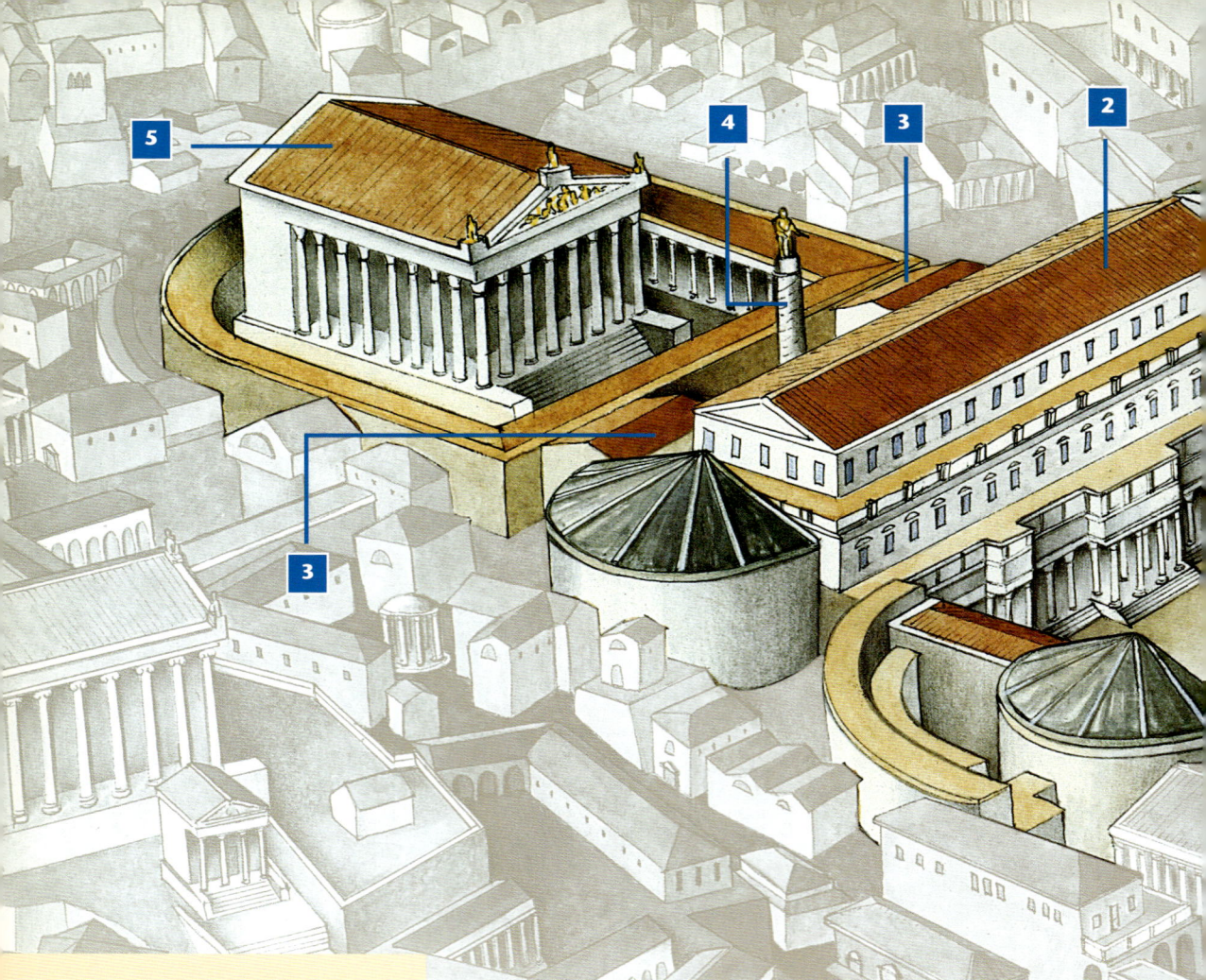

Das Forum des Trajan

Als letztes der großen Kaiserforen wurde das Trajans-Forum zwischen 107 (dem endgültigen Sieg über die Daker) und 113 erbaut, um das Zentrum Roms zu erweitern und es zu verschönern. Die Größe und das ausgewogene Verhältnis der Bauten zueinander beeindruckten im Laufe der Jahrhunderte zahllose Besucher der Stadt. Die Verantwortung für das Projekt trug der berühmte Architekt Apollodorus von Damaskus. Er führte auch den großen Schnitt durch den Sattel zwischen Kapitol und Quirinal durch, der in dem bereits dicht bebauten Gebiet Platz für ein neues Forum schuf. Die Trajanssäule erinnert noch heute an die ursprüngliche Höhe des Sattels.

Die Bauten der Anlage stehen auf leicht erhöhten Terrassen. Vom Augustus-Forum gelangte man durch einen eintorigen Bogen mit einer Attika und Wänden mit Halbsäulen auf den etwa 300 Meter langen Platz. Auf beiden Seiten verlief eine Säulenhalle mit zwei Freitreppen und zahlreichen Statuen. Auf der hohen Attika alternierten Skulpturen gefangener Daker und Schilde mit Menschenköpfen. Hinter dem Portikus öffneten sich von einer Seite zur anderen zwei große halbrunde Exedren. Das Reiterstandbild des Kaisers beherrschte den Platz, während im Hintergrund die mächtige Fassade der Basilica Ulpia die Blicke auf sich zog. Trajan hatte offenkundig das Forum des Augustus als Vorbild gewählt und stellte sich damit zugleich politisch in die Nachfolge dieses Kaisers. Die Basilica Ulpia ging indes über ältere Modelle hinaus, spiegelte sich in ihr doch das militärpolitische Konzept des Kaisers deutlich wider: Die Anordnung der Gebäude erinnerte an die Struktur eines Heereslagers mit großem freien Platz (dem Forums-Platz), Basilika (der Basilica Ulpia), Heiligtum der Feldzeichen (der Trajanssäule) und einem Aufbewahrungsort für Militärdokumente (den beiden Bibliotheken). Aus verschiedenen Quellen wissen wir, dass das Forum eine Vielzahl von Aufgaben erfüllte. Hier wurden Gesetze verkündet und die Kaiser verteilten die *congiaria* (Geldzuwendungen an das Volk). Auch befanden sich auf dem Forum Schulen und Bibliotheken.

1. Trajans-Forum
2. Basilica Ulpia
3. Bibliotheken
4. Trajanssäule
5. Tempel des Divus Trajanus
6. Trajansmärkte

52–53 Das Trajansforum unterscheidet sich von den anderen Foren durch seine Größe und die ungewöhnliche Anlage mit der Basilica Ulpia, den Bibliotheken, der Säule und dem Tempel. Oberhalb des Platzes lag der Markt auf einer halbrunden Terrasse.

53 Das Forum des Trajan entstand nach dem siegreichen Feldzug gegen die Daker. Der berühmte Architekt Apollodor von Damaskus plante das letzte und monumentalste der Kaiserforen. Er teilte den Sattel zwischen Kapitol und Quirinal. Die Trajanssäule erinnert an die ursprüngliche Höhe des Hügels.

DIE TRAJANSSÄULE

„*Senatus populusque Romanus
Imp(eratori) Caesari divi Nervae f(ilio) Nervae
Traiano Aug(usto) Germ(anico) Dacico Pontif(ici)
Maximo trib(unicia) pot(estate) XVII, Imp(erator)
VI co(n)s(ul) VI p(ater) p(atriae)
ad declarandum quantae altitudinis mons et locus
tantis operibus sit egestus*".

Im Jahre 113 wurde die fast 40 Meter hohe Trajanssäule zwischen den beiden Atrien aufgestellt. Sie bestand ursprünglich aus 18 großen Trommeln aus Carrara-Marmor, gekrönt von einem dorischen Kapitell und der Statue des Kaisers. Die Reliefs des Sockels zeigten dakische Waffen und an den Kanten Adler mit Girlanden aus Eichenlaub. In der Basis befand sich die goldene Urne mit der Asche des Imperators.

Eine schmale Wendeltreppe führte im Innern nach oben bis zu einer Plattform. Außen verlief ein fast zwei Meter breiter, spiralförmiger Relieffries spiralförmig um die Säule. Anhand zahlreicher Szenen schilderte er die verschiedenen Phasen der beiden siegreichen Feldzüge Trajans gegen die Daker. Der Fries dokumentierte zum einen die Ereignisse, zum anderen pries er die Taten des Kaisers. Von den Terrassen der nahe gelegenen Gebäude aus konnte man früher auch die oberen Abschnitte gut sehen. Allerdings war es in der Antike nicht möglich, ihn fortlaufend über die gesamte Länge zu betrachten und so besaß der Fries zu jener Zeit vor allem eine symbolische Funktion, die sich nicht in erster Linie am Publikum orientierte. Eine Kopie des Reliefbandes zeigt heute das Museo della Civiltà Romana. Der Schöpfer des Frieses, bekannt als „Meister der Bauvorhaben des Trajan", hatte wohl als Einziger ein Gesamtbild vor Augen, als er sein Kunstwerk schuf. Es verbindet römische Erzähltradition (insbesondere die Kunst, fortlaufende Geschichten anhand von exemplarischen Szenen darzustellen) mit hellenistischen Elementen (vor allem Landschaftsbilder und die Kombination verschiedener räumlicher Ebenen). Die Statue des Trajan, die den oberen Abschluss der Säule bildete, ging verloren. Sixtus V. ließ hier im 16. Jahrhundert eine Skulptur des heiligen Petrus aufstellen.

Hadrian fügte dem Trajans-Forum um das Jahr 121 einen Tempel hinzu, der dem für gottgleich erklärten Herrscher und seiner Frau Plotina geweiht war. Wahrscheinlich war dieser Tempel von Anfang an geplant, wurde jedoch zunächst nicht gebaut, weil der Herrscher zu früh verstarb. Von dem Heiligtum blieben nur wenige Fragmente erhalten. Diese lassen jedoch die Größe des Gebäudes erahnen, dessen Säulen sich 20 Meter hoch in den Himmel reckten.

54 oben Kaiser Trajan ließ zwischen den beiden Bibliotheken eine hohe Säule errichten, die an seine Kriege gegen die Daker erinnerte. Außerdem diente sie als Grabmonument, denn in ihrer Basis befand sich die goldene Urne mit der Asche des Herrschers.

55 oben Auch der Kaiser selbst taucht auf der Säule mehrfach auf: Hier präsentieren Soldaten dem Herrscher und seinen Generälen zwei Köpfe dakischer Führer. Kleine Öffnungen erhellen das Innere der Säule mit der Wendeltreppe aus Marmor. Den oberen Abschluss bildete die Statue des Kaisers; seit 1587 steht hier ein Standbild des heiligen Petrus.

54 unten Die Säule bietet Forschern eine schier unerschöpfliche Fülle an Informationen über Geschichte und Sitten im Römischen Reich, zeigt aber auch Waffen und Rüstungen der Römer und der von ihnen besiegten Daker.

54–55 Der lange Relieffries der Trajanssäule erzählt anhand beispielhafter Episoden wie Märschen, dem Bau von Feldlagern, Schlachten und Belagerungen die Geschichte der Dakischen Kriege. Dieser Ausschnitt zeigt Soldaten beim Überqueren der Donau.

55 Mitte und rechts Ein langer Relieffries verläuft spiralförmig um die Trajanssäule. Er beschreibt detailliert die verschiedenen Phasen der Dakischen Kriege. Auch in der Antike konnte man das Werk nicht als Ganzes betrachten. Von den Terrassen der Bibliotheken und der Basilica Ulpia bot sich jedoch ein Blick auf Abschnitte im oberen Bereich.

55 unten Die Trajanssäule steht auf einer hohen, mit Waffen und Rüstungen verzierten Basis. Im Innern befanden sich zwei Räume; im nördlichen stand auf einer Marmorbank die Urne mit der Asche des Kaisers.

Die Trajanischen Märkte

Im Osten des Forums errichtete Apollodorus auf unterschiedlich hohen Substruktionen eine Reihe von Backsteinbauten, die so genannten Trajanischen Märkte. Sie dienten als Lagerhallen für Lebensmittelvorräte und als Verkaufsfläche. Der Gebäudekomplex, der bereits kurz vor dem eigentlichen Forum entstand, sollte zugleich den Schnitt durch den Quirinal verdecken und ihn abstützen. Um den zur Verfügung stehenden Raum bestmöglich auszunutzen und ein homogenes Ensemble zu schaffen, baute man nur eine einzige monumentale Fassade. Sie bestand aus einer großen, halbrunden Exedra mit einer Kolonnade, die sich an den Portikus des davor liegenden Platzes anschloss. An den Seiten erhoben sich zwei kleinere Exedren mit Halbkuppeln. Durch acht Fensteröffnungen auf der linken und drei auf der rechten Seite fiel auf beiden Stockwerken Licht ins Innere. Möglicherweise dienten die Exedren als Auditorien oder Atrien, in denen man Vorlesungen abhielt. Jenseits der Exedra öffneten sich elf überdachte *tabernae,* die direkt an die Felswand gebaut waren. Unter den Räumen des Erdgeschosses verlief ein ebenfalls gewölbeüberdachter Korridor mit Fensteröffnungen und weiteren zehn *tabernae.* Im Norden lag über der linken Exedra des unteren Stockwerks eine zusätzliche Exedra. Auf der dritten Ebene gab es zur antiken Via Biberatica hin nochmals *tabernae.* Der Name dieser Straße leitete sich vielleicht von den an sie grenzenden *thermopolia* ab. Auf der anderen Straßenseite erhob sich ein großes rechteckiges Gebäude mit sechs Kreuzgewölben, die auf Widerlagern aus Travertin ruhten. An den beiden Längsseiten verliefen Ladenreihen und im Obergeschoss grenzten *tabernae* an einen langen Korridor. Vermutlich handelte es sich um ein großes Vorratslager, das vielleicht mit den Räumen im Südteil des Gebäudes verbunden war. Sie könnten Sitz der Marktverwaltung gewesen sein.

56 oben Auf dem Trajans-Forum gab es im Unterschied zu den anderen Foren auch einen Handelsplatz auf einer großen, terrassenförmig angelegten Fläche. Eine monumentale Exedra aus Backstein bildete die Fassade; im unteren Teil öffneten sich elf tabernae zum Platz hin. Oberlichter erhellten das Innere des dahinter liegenden Korridors mit Gewölbedecke.

56 unten Auf der dritten Ebene des halbkreisförmigen Trajansmarktes befand sich eine Terrasse mit mehreren tabernae, deren Eingang an der Via Biberatica lag. Der Name der Straße bezog sich vielleicht auf die nahe gelegenen thermopolia (Lokale).

57 oben rechts Noch heute kann man die inneren Korridore des Gebäudekomplexes besichtigen, von denen die unterschiedlichsten Läden abzweigten.

57 unten rechts Zu beiden Seiten der großen Exedra befanden sich zwei halbrunde, mit Halbkuppeln überdachte Säle. Der nördliche (Foto) besaß eine Fassade mit fünf großen Fenstern. Es handelte sich wohl um Atrien oder Vorlesungssäle.

56–57 Die Trajansmärkte zogen sich halbkreisförmig über mehrere, beim Schnitt durch den Quirinal angelegte Ebenen mit insgesamt 200 Läden. Auf halber Höhe bildete die Via Biberatica die Hauptversorgungsachse.

DER CAMPUS MARTIUS

NORDWESTLICHER BEZIRK

Der Campus Martius umfasste ursprünglich ein relativ großes Areal zwischen Kapitol, Tiber, Quirinal und Pincio. Unter Augustus wurde der Bezirk umstrukturiert und erhielt die Bezeichnung Regio IX (Circus Flaminius), im Unterschied zur Regio VII (Via Lata), zu der er ursprünglich gehört hatte. Im Laufe der Jahrhunderte wohnten immer mehr Menschen in diesem Gebiet. Noch heute kann man die Strukturen antiker Straßen, Plätze und ganzer Viertel deutlich erkennen. Die Piazza Navona zum Beispiel passte sich der Form des antiken Stadions des Domitian an, die Piazza di Grotta Pinta jener des Pompejus-Theaters.

Das ursprüngliche Areal des Campus Martius lässt sich annähernd rekonstruieren, zumindest ab jenem Zeitpunkt, als es den Tarquiniern als Ager Regium gehörte, bis zu dem Moment, da es nach ihrer Vertreibung zum Eigentum des römischen Volkes erklärt wurde. Der Campus Martius war zunächst wenig mehr als eine große freie, an einigen Stellen sumpfige Fläche, auf der Pferde- und Wagenrennen sowie Militärübungen stattfanden (daher der Name des Kriegsgottes Mars für das Gebiet). Hier befanden sich auch das Diribitorium und die Saepta, in denen sich die männlichen Bürger Roms zur Wahl versammelten. Wichtige politische Entscheidungen wurden zunächst in den Zenturiatskomitien getroffen, die auf einer römischen Heereseinheit, der Zenturie, basierten. Nach der Einteilung des römischen Volkes in Stadtbezirke *(tribus)* entstand als neues gesetzgebendes Organ die *comitia tributa*.

Zu den ältesten bekannten Gebäuden gehört das Terentum oder Tarentum, das am äußersten Westrand auf der Höhe des heutigen Ponte Vittorio Emanuele lag. Es handelte sich vermutlich um eine Art Solfatare, einen Ort, an dem Schwefeldämpfe durch Bodenspalten drangen. Aus diesem Grund glaubte man, hier läge der Eingang zur Unterwelt und errichtete ein Heiligtum, das der Proserpina und der Dite geweiht war. In der Nähe befand sich außerdem ein Platz für Wagenrennen *(trigaria,* die *triga* war ein dreispänniger Wagen aus der archaischen Zeit). Im Zentrum stand ein bedeutender Marstempel. In diesem Bereich entdeckte man unter anderem den berühmten Domitius-Sarkophag mit Reliefs, die den Zensus (die Zugehörigkeit jedes Bürgers zu einer Klasse, einem Bezirk oder einer Heereseinheit) zeigen. Teile des kostbaren Objekts bewahren der Louvre und die Münchener Glyptothek auf. Der Marstempel bildete zusammen mit einer Reihe von anderen Gebäuden im Bereich der heutigen Piazza Venezia und der Via del Corso einen homogenen Gesamtkomplex. Dazu gehörte unter anderem die Villa Publica, in der alle fünf Jahre der Zensus des römischen Volkes und die Musterung der Bürger stattfanden, sowie die Saepta, ein über 300 Meter langer Platz, auf dem sich die Komitien versammelten.

Ab dem 2. Jahrhundert v. Chr. wirkte der Campus Martius durch eine Reihe von Neubauten noch monumentaler als

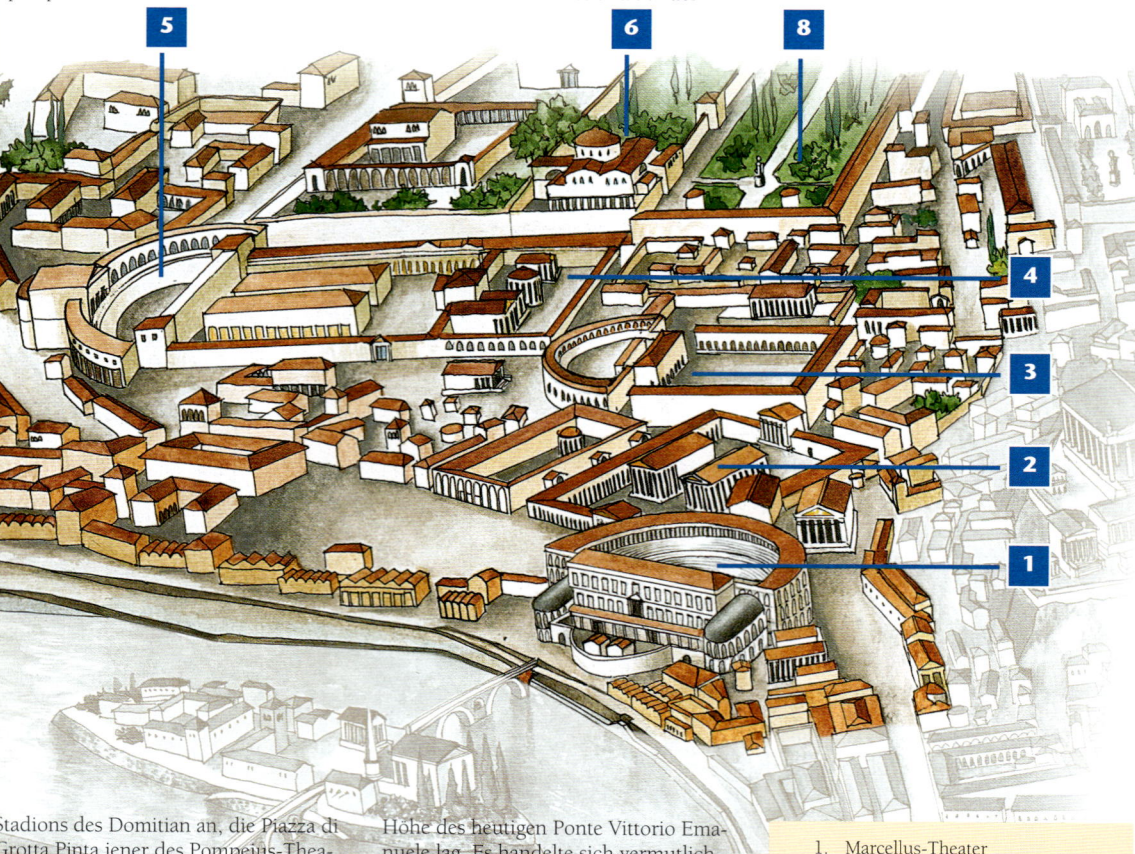

1. Marcellus-Theater
2. Portikus der Oktavia
3. Theater des Balbus
4. Area Sacra am Largo Argentina
5. Pompejus-Theater
6. Agrippa-Thermen
7. Pantheon
8. Saepta
9. Stadion des Domitian
10. Nero-Thermen
11. Hadrianeum
12. Säule des Mark Aurel
13. Säule des Antoninus Pius
14. Horologium
15. Ara Pacis
16. Augustus Mausoleum

zuvor. Kurz hintereinander entstanden mehrere Gebäude mit überwiegend repräsentativer Funktion. Architekten, Bildhauer und griechische Maler verschönerten den Bereich mit ihren Werken. Aus dieser Zeit stammen die Portiken der Oktavia, des Metellus und des Pompejus sowie die Tempel der Juno Regina, der Diana, des Herkules und der Musen. Cäsar veranlasste den Bau zahlreicher Monumente, darunter den des Marcellus-Theaters. Er plante sogar, den Tiber umzuleiten, um Raum zu gewinnen. Zur Zeit des Augustus wurden diese städtebaulichen Maßnahmen dank der Initiative des Agrippa fortgesetzt, doch konzentrierte man sich nunmehr auf den mittleren Bereich des Marsfeldes. Hier fügten die Architekten geschickt weitere Bauten zwischen die bereits existierenden ein, die man ihrerseits restaurierte. Nach der Vollendung des Marcellus-Theaters nahmen die Bauherren die Agrippa-Thermen, das Pantheon, die neuen Saepta Julia und die Ara Pacis in Angriff. Augustus gab auch sein eigenes Mausoleum in Auftrag und setzte damit eine Tradition fort, nach der siegreiche Feldherren sich in diesem Bereich der Stadt bestatten lassen durften. Um die Thermen mit Wasser zu versorgen, baute man die Aqua Virgo und strukturierte die Verwaltung der Gewässer und Aquädukte neu. Nach dem großen Brand, den Nero im Jahre 80 entfacht hatte, veränderten Stadion und Odeon des Domitian und der Porticus Minucia Frumentaria ein letztes Mal das Erscheinungsbild des Campus Martius. Antoninus und seine Nachfahren brachten die Arbeiten im nördlichen Sektor (bei den heutigen Straßen Via Coronari, Via San Agostino und Via delle Coppelle) zum Abschluss. Hier erhoben sich nunmehr die Säulen des Antoninus Pius und des Mark Aurel sowie der Tempel der Matidia und das Hadrianeum. Diese Bauwerke waren allerdings anders ausgerichtet als die zuvor gebauten, denn sie folgten dem Verlauf der Via Flaminia.

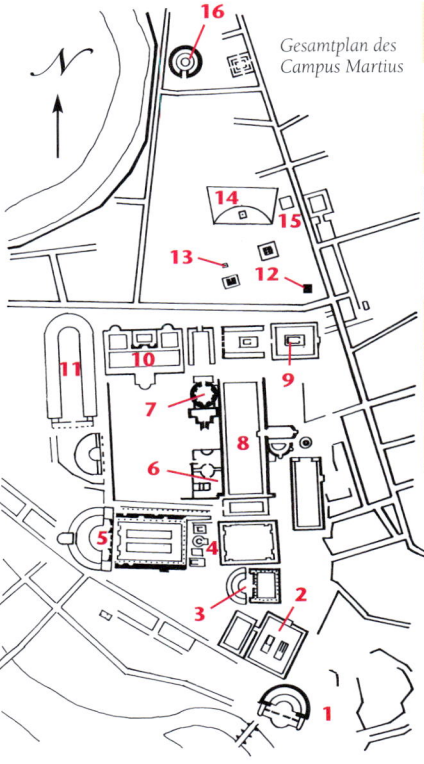

Gesamtplan des Campus Martius

Der Südteil des Campus Martius

Der Portikus der Oktavia

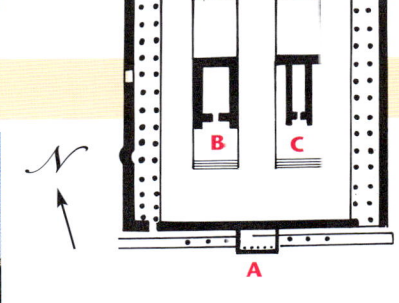

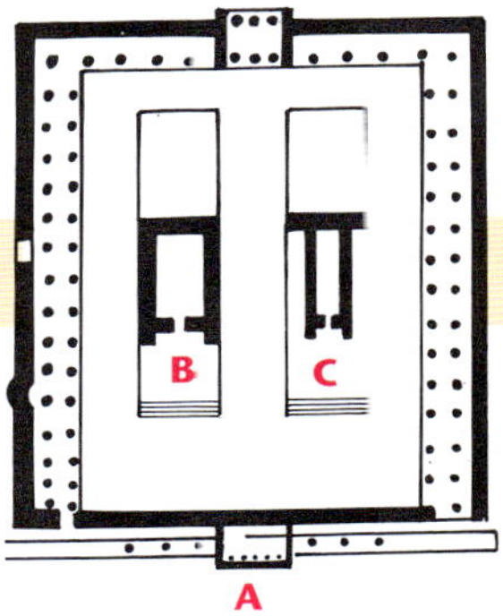

A. Haupteingang
B. Tempel der Juno Regina
C. Tempel des Jupiter Stator

Ursprünglich begrenzten die Portiken des Oktavian, des Philippus und der Oktavia den östlichen Bereich des Circus Flaminius. Vom Portikus der Oktavia blieben Reste erhalten, die an der Via del Portico d'Ottavia liegen. Augustus ließ das Gebäude zwischen 33 und 23 v. Chr. an Stelle des Metellus-Portikus errichten, den der Zensor Cäcilius Metellus Macedonicus um 131 v. Chr. erbaut hatte. Der neue Portikus war Oktavia, der Schwester des Kaisers, gewidmet und bestand aus einem rechteckigen Tempelbezirk, um den auf einem niedrigem Podium eine doppelte Kolonnade verlief. Der Haupteingang befand sich auf der Stirnseite unweit des Tiber. Der große vorspringende Propylon besaß zwei identische Seiten mit je vier kannelierten korinthischen Säulen zwischen vorgezogenen Mauern (Anten), einen hohen Architrav und zwei Backsteinbögen. Auf der hinteren Seite erhoben sich die apsisförmige Curia Octaviae und eine Bibliothek. Auf dem Gelände standen der Tempel der Juno Regina (von ihm sind noch Reste in der Via di Sant Angelo di Pescheria erhalten) und der Tempel des Jupiter Stator. Letzterer, ein von dem berühmten griechischen Architekten Hermodoros von Salamina erbauter Peripteros, bestand als erster römischer Tempel vollständig aus Marmor. Das Heiligtum der Juno Regina befand sich etwas weiter westlich. Es handelte sich vermutlich ursprünglich um einen Peripteros griechischen Typs, den man später in einen Prostylos umwandelte (Vitr. De arch. III, 2, 5) Zahlreiche Kunstwerke zierten den Portikus, viele hatte man als Kriegsbeute aus der griechischen Welt nach Rom gebracht. Dies galt zum Beispiel für die 34 Bronzestatuen des Lysippos, die Alexander den Großen und seine Offiziere darstellten. Die heute noch vorhandenen Überreste stammen aus der Zeit der Severer, die den Komplex restaurierten.

59 *Der Portikus der Oktavia, der Schwester des Augustus, begrenzte den Circus Flaminius. Der Kaiser ließ ihn Mitte des 1. Jahrhunderts v. Chr. errichten. Eine doppelte Säulenhalle zog sich um den rechteckigen Tempelbezirk.*

Von dem monumentalen Torbau blieben Reste erhalten, die auf die Zeit der Severer zurückgehen.

DAS MARCELLUS-THEATER

60 oben *Das 13 v. Chr. eröffnete Theater war Marcellus, dem früh verstorbenen Neffen und Erben des Augustus geweiht. Dank seiner Fassade gehört es zu den besser erhaltenen Theatern Roms. Im 13. Jahrhundert diente es als Festung, ab dem 16. Jahrhundert hieß es Palazzo Savelli (später Orsini und Caetani).*

Cäsar begann mit dem Bau des Theaters, das Augustus im Jahre 13 v. Chr. vollendete. Er widmete es Marcellus, seinem designierten, aber früh verstorbenen Nachfolger. Für die verschiedenen Teile des Monuments verwendete man unterschiedliche Techniken und Materialien. Der Zuschauerraum war mit Travertin verkleidet, die Außenmauern und die Deambulatorien bestanden aus Tuffsteinquadern, die inneren Partien errichtete man in Zementfüllbauweise und die Wände als *opus reticulatum*. Das Theater war ursprünglich über 30 Meter hoch und setzte sich aus drei Arkadengeschossen unterschiedlicher Ordnung mit je 41 von Pfeilern eingerahmten Arkaden zusammen. Das erste Stockwerk war dorisch, das zweite ionisch und die nicht erhaltene Attika korinthisch. Die verschiedenen Ordnungen dienten mehr der Ästhetik denn der Statik, da hier die Bögen das Gebäude weitgehend trugen. Zwischen den Bogenöffnungen brachte man Theatermasken aus Marmor an. Vom Gebäudeinneren ist heute nur noch wenig zu sehen. Wir wissen, dass die Bühne die Form einer tiefen Exedra hatte, auf der kleine Altare standen. Sie ersetzten vielleicht die Tempel der Diana und der Pietas, die dem Theater hatten weichen müssen. Zu beiden Seiten öffneten sich zwei Apsiden.
Das Theater, eines der drei größten im antiken Rom, bot bei Aufführungen bis zu 20 000 Zuschauern Raum. Diese nahmen ihre Plätze gemäß einer strengen, von Augustus festgelegten Hierarchie

60–61 *Auf dieser Zeichnung sind die drei Ordnungen (dorisch, ionisch, korinthisch) gut zu erkennen, die die Fassade des Marcellus-Theaters kennzeichneten. Der Aufriss zeigt die Treppen, über die man zu den Rängen gelangte. Vom Orchesterraum und der Bühne blieb nichts erhalten.*

Die Tempel des Apollo Sosianus und des Bellona

ein. Im am weitesten von der Bühne entfernten Teil saßen Frauen, Nicht-Römer und Sklaven, während männliche römische Bürger das Geschehen aus nächster Nähe verfolgen konnten. Der Zuschauerraum des Theaters spiegelte somit die römische Gesellschaftsstruktur exakt wider.

Heute ist vom Marcellus-Theater nur noch ein Teil der äußeren Fassade erhalten. Im 13. Jahrhundert diente es vorübergehend als Festung; im 16. Jahrhundert baute Baldassare Peruzzi es zu einem Renaissancepalast um.

Bereits vor dem Bau des Marcellus-Theaters standen in der Nähe zwei Tempel. Das weiter westlich gelegene Heiligtum des Apollo Sosianus hatten die Tarquinier 431 v. Chr. vermutlich an der Stelle eines Altars errichtet, der dem Apollo Alexikakos, dem Übel abwendenden Apollo, geweiht war. Anlass des Tempelbaus war der Ausbruch einer Pestepidemie, gegen die man sich von Apollo Medicus Schutz und Hilfe erhoffte. C. Sosius, ein ehemaliger Statthalter des Cäsar, ließ das Heiligtum im Jahre 34 v. Chr. von Grund auf erneuern. Er verlegte die Stätte überdies nach Norden in die Nähe der Porticus Octaviae, weil sie die Arbeiten am Theater behinderte. Sosius nahm einige Veränderungen vor: Seitentreppen ersetzten zum Beispiel die Freitreppe, die zum Podium emporführte. Bei den korinthischen Säulen des Pseudoperipteros (sechs an der Vorderseite und je drei an den Längsseiten) alternierten breite und schmale Kannelüren. Die sieben Halbsäulen an den Innenwänden bestanden, wie während der Republik üblich, aus Travertinstuck, der billiger war als Marmor. Die Cella bot Raum für verschiedene Werke bekannter griechischer Künstler, darunter ein Apoll mit Leier, eine Artemis, eine Latona sowie neun Musen. Den Giebel zierten Skulpturen aus dem 5. Jahrhundert v. Chr., die aus einem griechischen Tempel stammten, unter anderem Amazonen, die in Anwesenheit von Athene gegen Herkules und Theseus kämpfen.

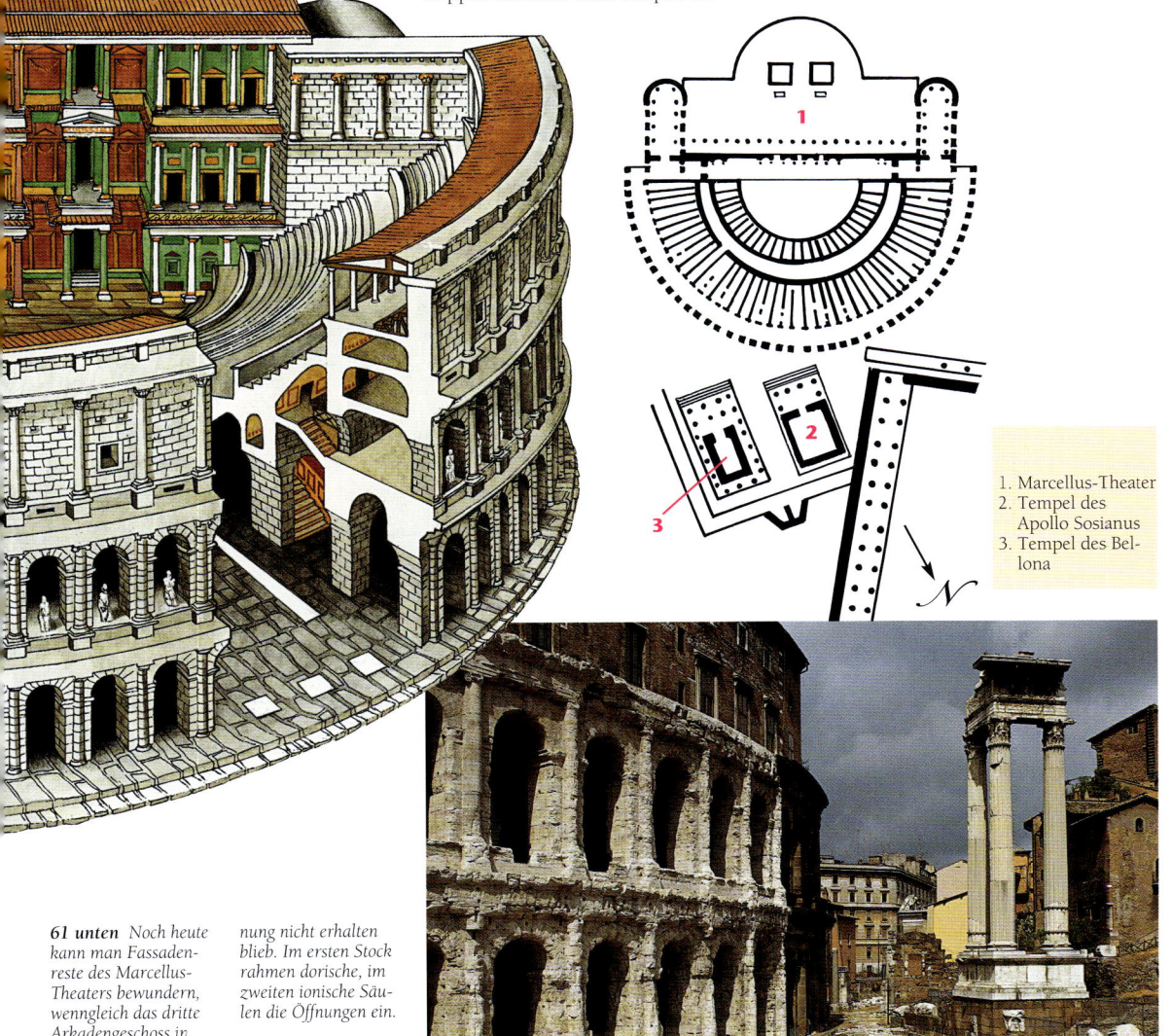

1. Marcellus-Theater
2. Tempel des Apollo Sosianus
3. Tempel des Bellona

61 unten Noch heute kann man Fassadenreste des Marcellus-Theaters bewundern, wenngleich das dritte Arkadengeschoss in korinthischer Ordnung nicht erhalten blieb. Im ersten Stock rahmen dorische, im zweiten ionische Säulen die Öffnungen ein.

DER MITTLERE BEREICH DES CAMPUS MARTIUS

62 unten Ein lang gezogener Säulengang, der in den Pronaos des Pantheons mündete, füllte ursprünglich die freie Fläche vor dem Tempel aus. Hinter dem Pantheon stand die Basilisca Neptuni, links davon lagen die Saepta.

63 oben links Zwischen der Via flurida, der Via Torre Argentina und dem Largo Argentina befand sich eine bedeutende Kultstätte mit vier Tempeln aus republikanischer Zeit (A, B, C, D). Sie wurden zwischen dem ausgehenden 4. und dem beginnenden 2. Jahrhundert v. Chr. erbaut. Als Letzter entstand Tempel B (Abbildung), der vermutlich der Fortuna Huiusca Diei geweiht war. Eine Kolonnade mit korinthischen Säulen verlief um den Rundtempel mit Cella, Podium und Freitreppe im Osten.

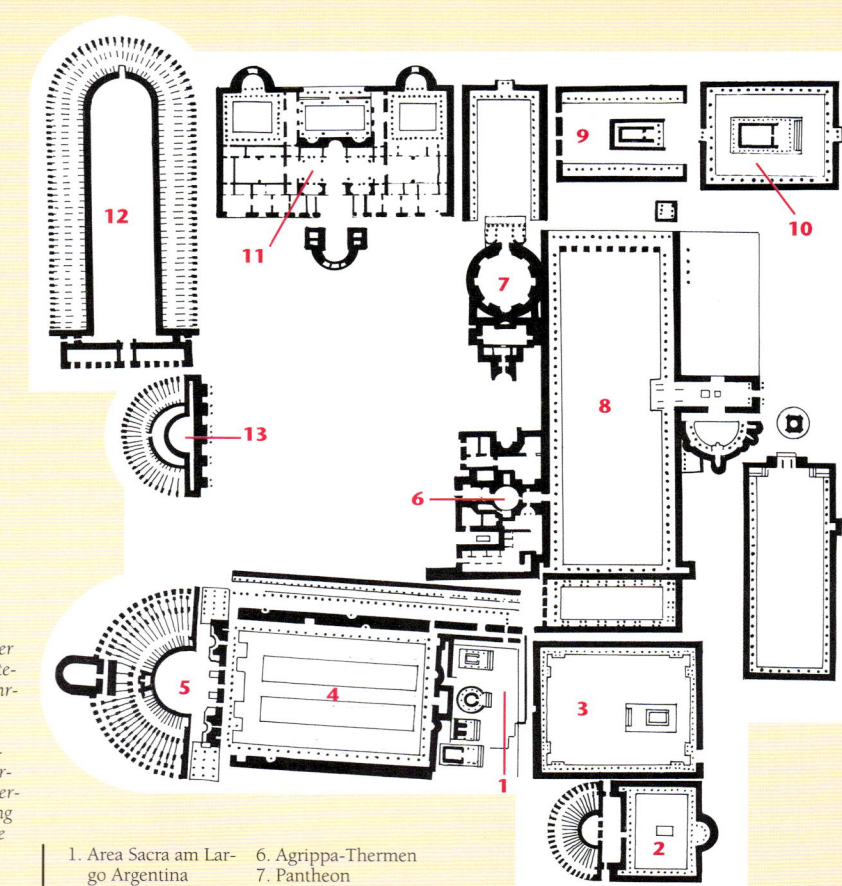

63 oben rechts Als erstes Theater aus Stein errichtete man im 1. Jahrhundert v. Chr. das mächtige Pompejus-Theater. Der mit herrlichen Statuen verzierte Säulengang hinter der Bühne war mit 180 x 135 Metern außergewöhnlich groß. Hier wurde Julius Cäsar an den Iden des Mars im Jahre 44 v. Chr. ermordet.

1. Area Sacra am Largo Argentina
2. Balbus-Theater
3. Porticus Minucia Frumentaria
4. Porticus des Pompejus
5. Pompejus-Theater
6. Agrippa-Thermen
7. Pantheon
8. Saepta
9. Tempel der Matidia
10. Hadrianeum
11. Nero-Thermen
12. Stadion des Domitian
13. Odeon des Domitian

DIE AREA SACRA AM LARGO ARGENTINA

Der Name Area Sacra am Largo Argentina bezeichnet einen Gebäudekomplex zwischen den heutigen Straßen Via Florida, Via Torre Argentina und Lago Argentina, der zwischen 1926 und 1928 freigelegt und sofort als bedeutende Kultstätte identifiziert wurde. Neben dem Haktostylum (dem Portikus der hundert Säulen) und den Agrippa-Thermen befanden sich in diesem Bereich des Campus Martius auch vier Tempel aus republikanischer Zeit. Die Archäologen benannten sie mit den ersten vier Buchstaben des Alphabets. Die heute noch sichtbaren Bodenplatten aus Travertin gehen auf das Jahr 80 zurück, sie ersetzten eine ältere Pflasterung aus Tuffstein aus dem 2. Jahrhundert v. Chr., unter der – noch einen Meter tiefer – eine weitere lag. Auf diesem Niveau hatte man die Tempel A, C und D errichtet. Als man, vermutlich nach einem Brand, den Tuffstein verlegte, wurden auch die drei Tempel miteinander verbunden. Erst später kam das vierte Heiligtum (D) hinzu, um eine freie Fläche auszufüllen. Die heute noch sichtbaren Reste stammen überwiegend aus der Zeit nach dem Umbau, den Domitian durchführen ließ. Tempel C, ein Peripteros, entstand im 4. oder beginnenden 3. Jahrhundert v. Chr. und war wahrscheinlich der Feronia geweiht. Mitte des 3. Jahrhunderts kam der nördlichste der Tempel (A) hinzu. Vielleicht ließ Lutatius Catulus das Heiligtum der Juturna oder der Juno Curtis nach der Schlacht gegen die Karthager errichten und nahm später noch einige grundlegende Veränderungen vor. In seiner heutigen Form präsentiert er sich als Peripteros mit Tuffsteinsäulen und korinthischen Travertinkapitellen. Tempel D, der größte der Gruppe, geht auf den Beginn des 2. Jahrhunderts v. Chr. zurück. Er erhebt sich im Osten des Areals. Wissenschaftler vermuten, dass er den Laren, den römischen Schutzgöttern, geweiht war, doch ist diese Hypothese noch nicht bewiesen. In der späten republikanischen Zeit wurde der Tempel erneuert und ganz mit Travertin verkleidet. Als Letzten erbaute man Tempel B, einen Rundtempel mit einer Treppe, über die man zum Podium gelangte. Die korinthischen Säulen bestehen aus Tuffstein, die Sockel und Kapitelle hingegen aus Travertin. Man geht davon aus, dass ein Römer, der ebenfalls Lutatius Catulus hieß, die Stätte nach der Schlacht bei Vercellae (Vercelli) gegen die Kimbern der Fortuna Huiusca Diei (Fortuna jenes Tages) weihte.

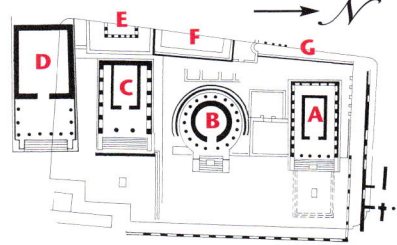

Plan der Area Sacra am Largo Argentina
A. Tempel der Juturna
B. Tempel der Fortuna Huiusca Diei
C. Tempel der Ferona
D. Tempel der Laren
E. Latrina Publica
F. Curia der Portiken des Pompejus
G. Latrina

DAS THEATER DES BALBUS

Das Theater des Balbus war die kleinste der drei Bühnen auf dem Campus Martius. Der Bankier Cornelius Balbus, ein Freund des Augustus, stiftete es im Jahre 13 v. Chr. Das Theater, dessen Überreste man unter dem Palazzo Mattei-Paganica entdeckte, bot Raum für etwas mehr als 11 000 Besucher. Hinter der Bühne befand sich eine große quadratische Halle, die so genannte Crypta Balbi, um die sich ein Säulenportikus zog. Eine große Exedra bildete den östlichen Abschluss. Aus einer Grabinschrift wissen wir, dass unter dem Portikus auch Geschäfte getätigt wurden, zum Beispiel verkauften Händler hier hochwertige Bronzeobjekte. Im Mittelalter benutzten die Seiler (ital. *funari*) die Krypta, auf sie bezieht sich der Name der benachbarten Kirche Santa Caterina dei Funari.

DAS THEATER UND DER PORTIKUS DES POMPEJUS

Das Theater des Pompejus war die erste fest gemauerte Spielstätte der Stadt Rom. Die Arbeiten an diesem großen Komplex begannen um 61 v. Chr. auf einem Gelände, das vermutlich bereits dem Pompejus gehörte. Als dieser 55 v. Chr. zum zweiten Mal Konsul war, fand die feierliche Eröffnung mit prächtigen Spielen statt. Der Zuschauerraum, die *cavea*, hatte einen Durchmesser von 150 Metern und bot 18 000 Besuchern Raum. Oberhalb der Cavea erhob sich ein der Göttin Venus geweihter Tempel. Eine derartige Verbindung zwischen Kultstätten und Theatern war in der römischen Welt weit verbreitet. Hinter der Bühne erhob sich ein mächtiger Portikus (180 mal 135 Meter), den Atticus, ein Freund des Cicero, mit Statuen der berühmtesten griechischen Schauspieler verschönert hatte. Die dargestellten Themen hingen mit dem Theater oder der Venus zusammen. Auch auf der Bühne selbst gab es Kunstgegenstände, zwei der wieder gefundenen Skulpturen gehören heute zu Sammlung des Louvre. In der Mitte des Portikus befanden sich zwei Platanenhaine mit Brunnen.
Auf der gegenüberliegenden Seite erhob sich hinter dem Rundtempel des Largo Argentina eine große rechteckige Exedra, die der Senat als Versammlungsort nutzte. Sie war mit einer Statue des Pompejus verziert. Genau an dieser Stelle wurde Julius Cäsar im Jahre 44 v. Chr. ermordet. Wegen dieses Ereignisses mauerte man die Curia im Jahre 32 v. Chr. zu und wandelte sie in eine *latrina* um. Das Theater selbst überdauerte die Zeiten; die Häuser, die im Laufe der Jahrhunderte an der Piazza di Grotta Pinta entstanden, folgten genau seiner inneren Rundung. Der Palazzo Righetti erhebt sich zum Beispiel exakt an der Stelle des Tempels der Venus Victrix.

DIE AGRIPPA-THERMEN

Die Agrippa-Thermen waren die ältesten der Römischen Republik. Ursprünglich befanden sie sich in Privatbesitz; später machte ein Testament sie für die Öffentlichkeit zugänglich. Agrippa, der Schwiegersohn des Augustus, hatte sie zwischen 25 und 19 v. Chr. zwischen dem Pantheon und dem Theater des Pompejus nördlich des Largo Argentina (heute Via di Santa Chiara und Corso Vittorio Emanuele) errichten lassen. Der Komplex umfasste eine 120 mal 80 bis 100 Meter große Fläche und war nach dem Muster der ältesten antiken Bäder angeordnet: Die Räume gruppierten sich unregelmäßig um einen zentralen runden Saal von 25 Metern Durchmesser. Wir wissen, dass berühmte griechische Künstler die Thermen mit ihren Werken verschönerten. Zum Beispiel stand hier der berühmte Apokyomenos des Lysippos, die Statue eines Athleten, der sich mit einem Hautschabeeisen reinigt. Wie diese Skulptur aussah, ist uns dank einer Kopie aus dem Jahre 50 bekannt. Im Osten lag das Stagnum Agrippae, ein künstlicher See, der höchstwahrscheinlich als Schwimmbecken der Thermen diente und aus der Aqua Virgo gespeist wurde. Insgesamt handelte es sich um eine große Freizeitanlage, die das Theaterviertel ergänzen sollte. Erhalten blieb nur ein Teil der Mauern des Rundsaales, der in dieser Form allerdings auf eine Restaurierung aus der Zeit der Severer zurückgeht. Heute verläuft hier die Via dell'Arco della Ciambella (Nr. 9 u. 15).

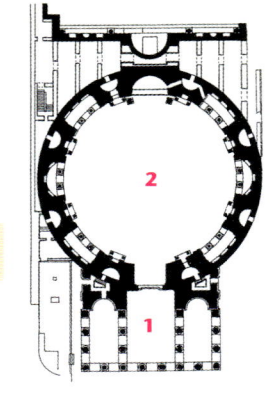

1. Pronaos
2. Cella

64 oben rechts Der Pantheon besteht aus einem tiefen Pronaos, der sich in drei horizontale Schiffe gliedert, und aus einer großen runden Cella mit zahlreichen Nischen sowie kreisförmigen und rechteckigen Öffnungen.

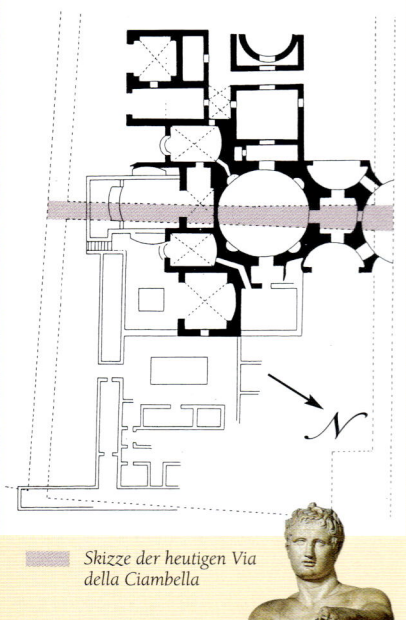

Skizze der heutigen Via della Ciambella

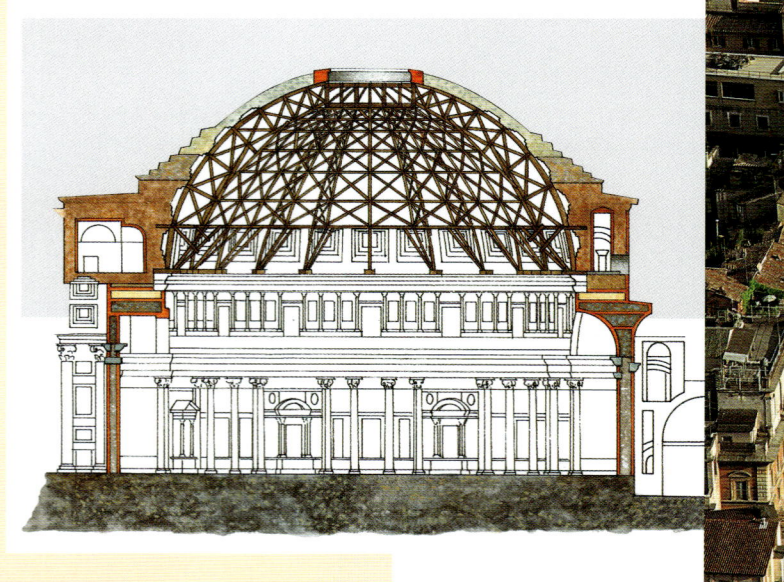

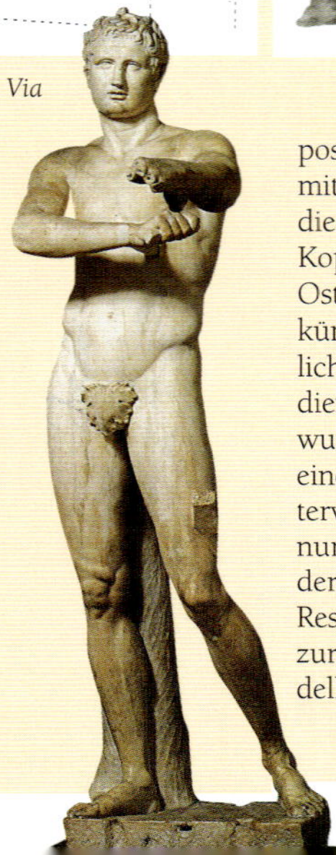

64 unten Herrliche Statuen griechischer Künstler oder Kopien berühmter Originale zierten nicht nur Portiken, sondern auch Thermen. Häufig griffen sie passende Motive auf, so zum Beispiel der Apoxiomenos des Lysippos.

DER PANTHEON

Unter Hadrian kehrte Rom noch einmal zum klassizistischen Stil zurück, der zuvor unter Augustus die Politik und die künstlerischen Ausdrucksformen geprägt hatte. Allerdings versuchte man diesmal, griechische und römische Modelle zu einer neuartigen Synthese zu verschmelzen. Hadrian, dessen Regierungszeit eher als Epoche der Konsolidierung denn als Phase der Expansion in die Geschichte einging, berief sich auch im Bereich der Kunst auf bewährte Modelle, für die er im Übrigen ein großes persönliches Interesse zeigte. Er versuchte unter anderem, eine allen Regionen des gewaltigen Imperiums gemeinsame kulturelle Identität zu schaffen, um den Zusammenhalt der verschiedenen Teile auf diese Weise zu stärken. Für dieses Ansinnen eignete sich der Klassizismus hervorragend,

64 Mitte und rechts Der Pantheon lässt sich als selbsttragende Struktur definieren. Die 16 Nischen in den Wänden leiten Druck ab und sind untereinander durch Entlastungsbögen verbunden. Die halbkugelförmige Kuppel wird nach oben hin immer leichter. Gussmörtel mit Tuff- und Ziegelstein wechselt hier mit solchem, in dem kleine Stücke von Vulkangestein enthalten sind. Auch die Kassetten im Gewölbe verringern das Gewicht erheblich.

zumal man ihm angesichts der mittlerweile weiterentwickelten Architektur mit ganz neuen Techniken Gestalt verleihen konnte. Der Wiederaufbau des Pantheons fügt sich exakt in dieses Bild. Den ursprünglichen Komplex hatte Agrippa im Jahre 27 v. Chr. zwischen den Agrippa-Thermen und der Thermen des Nero erbauen lassen. Dies belegt eine Inschrift Hadrians (M. Agrippa L. F. Cos tertium fecit). Der Bau war allen Gottheiten geweiht, vor allem jedoch dem Mars und der Venus, den Schutzpatronen der Gens Julia. Hadrian nahm tief greifende Veränderungen an dem bestehenden Gebäude vor, denn er modifizierte nicht nur dessen Ausrichtung (die Fassade wurde um 180° nach Norden gewendet), sondern verleh ihm auch sein bis heute erhaltenes Aussehen. Der Pantheon erhielt einen großen Pronaos mit Säulengang, über dem ein Giebel prangte. Ein hohes Gewölbe krönte die runde Cella. Vor dem Gebäude dehnte sich ein weiträumiger Platz mit Arkaden aus, dessen Bodenniveau etwa einen Meter unter dem heutigen lag. Zeitgenossen des Hadrian bot sich demnach ein ganz anderes Bild, wenn sie den Platz überqueren. Den Rundbau hinter dem Pronaos konnten sie zum Beispiel nicht vollständig sehen, die Vorhalle fügte sich dagegen hervorragend in die umstehenden Portiken ein. Erst wenn man den Pronaos durchschritten hatte, konnte man die dahinter befindliche Struktur erkennen, sodass das kreisförmige Innere in deutlichem und überraschenden Kontrast zur Außenansicht stand. Der

64–65 Der Pantheon gehört zu den bemerkenswertesten Gebäuden der Stadt Rom. Er blieb hervorragend erhalten, weil Papst Bonifaz IV. ihn im Jahre 609 in die Kirche Santa Maria ad Martyres umwandelte. Noch heute können Besucher deshalb die Merkmale des mächtigen Bauwerks gut erkennen.

65 oben links Im Innern fügt die Kuppel sich als perfekte Halbkugel harmonisch in den zylindrischen Raum ein. Alle Oberflächen sind gebogen und von runden und eckigen Nischen durchbrochen. Konzentrische Kassettenreihen, die rings um die Lichtöffnung verlaufen, zieren das Gewölbe.

65 oben rechts Agrippa errichtete das ursprüngliche Gebäude im Jahre 17 v. Chr. und weihte es allen Göttern. In seiner jetzigen Form geht das Monument auf einen von Hadrian vorgenommenen Umbau zurück, der das Aussehen stark veränderte. Vor dem Tempel steht ein tiefer Pronaos mit einem giebelverzierten Säulengang. Dahinter erhebt sich die runde Cella mit der hohen Kuppel.

Pronaos entsprach in etwa dem ersten Tempel des Agrippa. Hinter der Fassade mit acht Säulen aus grauem Granit erhoben sich zwei weitere Reihen mit vier Säulen, welche die Halle in drei Schiffe gliederten. Ein Adler mit Krone zierte ursprünglich den Giebel. Ein Ziegelsteingebäude mit zwei Seitentreppen, über die man zum Gewölbe gelangte, verband die Vorhalle mit der Cella. Diese betrat man durch eine mächtige Bronzetür. Über dem Rundbau, einem Zylinder aus Gussmauerwerk mit einem Durchmesser von 150 römischen Fuß (etwa 44 Meter), wölbte sich eine halbkugelförmige Kuppel, die sich geometrisch perfekt in die Zylinderstruktur einfügte. Das Gebäude wirkte dadurch außergewöhnlich ausgewogen und harmonisch. Im Innern sind alle Oberflächen gebogen; die Mauer besteht aus drei übereinander gesetzten Teilen. An der Basis alternieren runde und rechteckige Nischen. Vor der mittleren Exedra erheben sich zwei Säulen, zwischen den Exedren stehen acht Ädikulen, kleine, von Säulen eingefasste Kapellen, die wechselweise einen dreieckigen oder halbrunden Giebel stützen. Auf der zweiten Ebene rahmen korinthische Pilaster und Lesenen (senkrechte, flache Mauerstreifen) blinde Fenster ein. Darüber schließt die Kuppel die halbrunde Oberfläche ab. Eine sechs Meter dicke Mauer in Gussbauweise, die nach oben hin immer leichter wird, stützt die Kuppel aus Vulkangestein ab. Sie wurde in einem Stück über einer riesigen Holzverschalung gegossen und besteht aus fünf konzentrischen Kassettenreihen, die um die neun Meter große kreisrunde Lichtöffnung verlaufen. Es handelt sich um ein unter technischen Gesichtspunkten innovatives, weil selbsttragendes Gebäude, das ganz auf dem Fundament und der Basis ruht, während Nischen und Bögen den Druck ableiten. Im Jahre 609 schenkte Kaiser Phokas Papst Bonifaz IV. den Pantheon. Dieser wandelte ihn in die Kirche Santa Maria ad Martyres um und sicherte damit, ohne es zu ahnen, den Erhalt des Bauwerks bis in unsere Tage.

Die Saepta

Die Saepta Julia, die antiken Wahllokale, nahmen einen 310 mal 120 Meter großen, rechteckigen Platz mit Säulengang ein, der im Osten des Pantheons lag. Cäsar hatte den Komplex im Jahre 54 v. Chr. erbauen lassen, um damit die republikanischen Saepta zu ersetzen. Erst Agrippa vollendete die Anlage im Jahre 27 v. Chr. Eine Mauer umgab das Areal (Saepta bedeutet „eingefasst"); im Innern wurde es durch corsie untergliedert. Die Wähler gaben ihre Stimmen innerhalb der jeweiligen Zenturie ab, wobei das Stimmrecht sich an die Höhe des Vermögens knüpfte. Letzteres legte auch fest, in welcher Einheit ein römischer Bürger zu kämpfen hatte und in welcher Form er sich am politischen Leben beteiligen durfte. Jede Zenturie gab eine Stimme ab. Ab dem 2. Jahrhundert v. Chr. veränderte sich das System stark. Insbesondere nahm die Bedeutung des Einzelnen gegenüber der politischen Gruppe und den Massen ab, welche die herrschenden Oligarchien für ihre Zwecke instrumentalisierten. Mit der Einführung des Prinzipats verloren auch die Komitien an Gewicht, bis sie bloße Formalitäten darstellten. Nun benötigte man die Saepta nicht mehr, die lediglich als großer, von Portiken gesäumter Platz mit Statuenschmuck erhalten blieben. Während der Kaiserzeit fand hier regelmäßig ein Kunst- und Antiquitätenmarkt statt.

Der Tempel der Matida

Nach dem Tode seiner Schwiegermutter Matida im Jahre 119 erhob Hadrian sie zur Göttin und weihte ihr diesen Tempel. Er stand unweit der Piazza Capranica und war vermutlich ziemlich groß. Allein die Säulen hatten einen Durchmesser von 1,70 Metern und waren mindestens 17 Meter hoch. Leider vermittelt nur die Darstellung auf einer Münze einen Eindruck davon, wie der Tempel wahrscheinlich einmal aussah.

Der Tempel des Hadrian

Antoninus Pius ließ den Tempel des Hadrian im Jahre 145 östlich des Heiligtums der Matidia errichten und weihte ihn dem für gottgleich erklärten Imperator. Später nahm die Börse den Platz ein, an dem der Tempel einmal gestanden hatte (Piazza di Pietra). Zu ihr gehören noch elf korinthische Säulen des ursprünglichen Gebäudes. Für den Peripteros waren Reihen à 13 Säulen auf den Längsseiten und je acht Säulen auf den Breitseiten vorgesehen. Über eine Treppe gelangte man auf das vier Meter hohe Podium aus Peperin, das Ausgrabungen freigelegt haben. In der Cella schmückten Halbsäulen die Wände, ein Tonnengewölbe mit Kassettenreihen bildete das Dach. Die Sockel der Säulen hatte man mit allegorischen Darstellungen der römischen Provinzen verziert; sie befinden sich heute im Nationalmuseum von Neapel und im Konservatorenpalast in Rom.

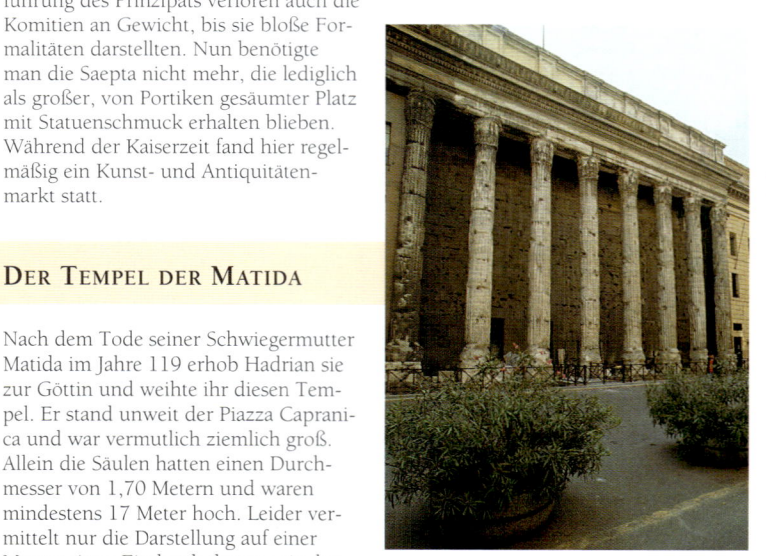

Tempel des Hadrian

Heute erkennbare Strukturelemente

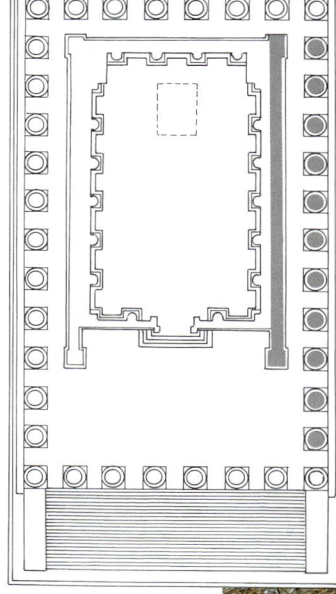

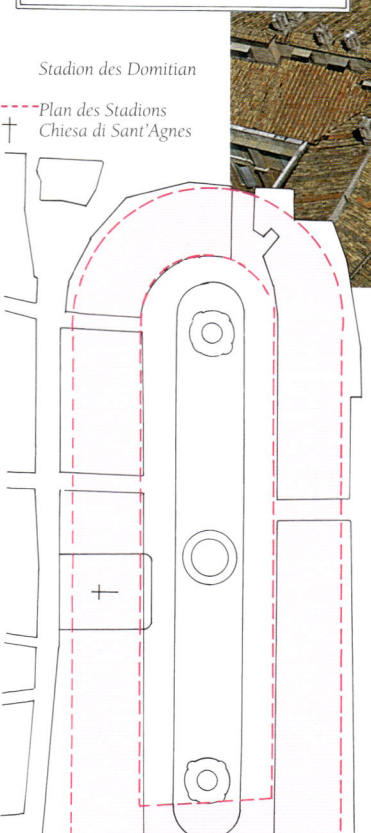

Stadion des Domitian

Plan des Stadions
Chiesa di Sant'Agnes

66 unten links Im Hof des Konservatorenpalasts auf dem Kapitol sind einige Reliefs aus dem Tempel des Hadrian ausgestellt. Sie zeigen verschiedene römische Provinzen sowie Trophäen.

66 Mitte In der Cella des Hadrian-Tempels schmückten Halbsäulen die Wände. Ihre Sockel waren mit allegorischen Darstellungen römischer Provinzen und Trophäen verziert. Sie befinden sich heute im Palazzo dei Conservatori.

Das Odeon des Domitian

Die heutige Piazza Navona, ein fantastisches Beispiel städtebaulicher Kontinuität, erstreckt sich dort, wo einst das Stadion des Domitian lag. Die lang gezogene, rechteckige Form mit der leichten Rundung im nördlichen Teil blieb in der Tat über die Jahrhunderte perfekt erhalten. Bereits im Jahre 86 ließ Domitian das Stadion errichten, in dem Athletenwettkämpfe zu Ehren von Jupiter Capitolinum stattfanden. Forscher haben errechnet, dass die Anlage Raum für rund 30 000 Zuschauer bot. Die freie Arena war 275 Meter lang; die Fassade zeichnete sich durch eine Reihe von Arkaden aus, die auf Travertinpfeilern mit ionischen Halbsäulen ruhten. Den oberen Umgang der *cavea* zierten vielleicht korinthische Halbsäulen. Über zwei breite Eingänge an den Längsseiten gelangten die Zuschauer auf die Ränge. In der Mitte der gebogenen Nordseite befand sich ein Säulenportikus mit einem weiteren Eingang. Hinter dem Stadion lag das Odeon des Domitian. Der Kaiser hatte das kleine überdachte Theater für etwa 10 000 Zuschauer in direktem Zusammenhang mit der Sportstätte bauen lassen. Beide Einrichtungen dienten dem *certamen Capitolium,* das Odeon bot darüber hinaus Musikveranstaltungen und Dichterwettbewerbe.

66 unten rechts Die Zeichnung macht deutlich, dass sich die Piazza Navona nahezu perfekt der Form des Stadions angepasst hat. Sie erstreckt sich an der Stelle der einstigen Arena; die Häuser stehen dort, wo einst die Zuschauerränge lagen. Der Obelisk im Zentrum stammt hingegen aus dem Circus des Maxentius.

66–67 Das Stadion, dessen Überreste an der heutigen Piazza Navona liegen, wurde im Jahre 85 von Domitian erbaut. Hier fand das *certamen Capitolium* statt, ein Athletenwettkampf, den man alljährlich zu Ehren von Jupiter Capitolinus veranstaltete. Das 275 Meter lange Stadion fasste 30 000 Zuschauer.

Die Nero-Thermen

Die Nero-Thermen entstanden im Jahre 62 im mittleren Teil des Campus Martius zwischen dem Stadion des Domitian und dem Pantheon. Alexander Severus restaurierte den Komplex im Jahre 227 und benannte ihn in Thermae Alexandrinae um. Der Grundriss des Gebäudes lässt sich anhand einiger Zeichnungen aus der Renaissance rekonstruieren. Es handelte sich um eine große Anlage mit Räumen, die sich symmetrisch um eine zentrale Achse gruppierten. Diese Raumkonzeption war völlig neu, wirkte aber auf alle nachfolgenden Thermen modellbildend. Einige Überreste blieben unter dem Palazzo Madama erhalten.

66 oben rechts Vom Tempel des Hadrian aus dem Jahre 145 sind noch Teile der Kolonnade erhalten, die sich einst rings um die Cella zog. Es handelte sich um einen Peripteros mit 13 Säulen auf den Längsseiten und acht auf den Breitseiten.

67 rechts Unter der Piazza kann man noch Reste des Stadions sehen, darunter die Pfeiler und Mauern, welche die Ränge der cavea trugen, sowie eine Reihe von Ziegelsteinräumen mit Treppen, die zu den oberen Bereichen führten.

Der nördliche Teil des Campus Martius

Die Mark-Aurel-Säule

Im Zentrum der Piazza Colonna steht eine Säule, die der Senat zwischen 180 und 196 errichten ließ, um an die Feldzüge von Mark Aurel gegen die Germanen und die Sarmaten zu erinnern. Das Monument setzte sich aus einem 100 Fuß (ca. 30 Meter) hohen, ringsum verzierten Schaft und einem hohen Sockel zusammen. Dieser ruhte wiederum auf einer Plattform, welche drei Meter über der Via Flaminia lag. Das antike Bodenniveau war 3,86 Meter tiefer als das der heutigen Straße.

Der Säulenfries fasste die beiden wichtigsten Feldzüge des Herrschers aus den Jahren 172-173 und 174-175 ins Bild. Auf halber Höhe trennte eine Siegesgöttin die verschiedenen Szenen voneinander.

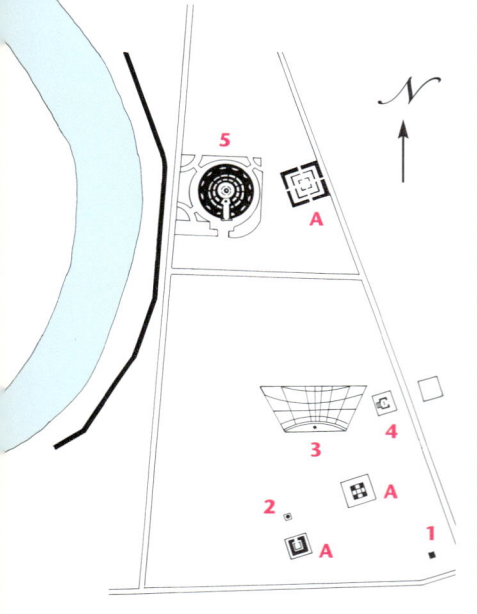

1. Mark-Aurel-Säule
2. Antoninus-Pius-Säule
3. Horologium
4. Ara Pacis
5. Mausoleum des Augustus
A. Ustrina

Die Ustrina (Krematorien) besaßen eine Einfassungsmauer aus Marmor und einen freien Platz im Zentrum. Hier wurden die Leichname des Kaisers und seiner Angehörigen eingeäschert.

Die Erzählung beginnt mit der Überquerung der Donau bei Carnuntum. Diese ausführlich illustrierte Episode trug entscheidend zum Sieg über die Germanen und die Sarmaten bei und stellte außerdem bewusst einen Bezug zu den Dakerkriegen auf der Trajanssäule her. Der erste Teil berichtet zum Beispiel von einem Blitzeinschlag, der auf wundersame Weise eine feindliche Kriegsmaschine zerstört, und von heftigem Regen, der die feindlichen Quaden fortreißt, während er den Durst der Römer stillt. Ein ikonografischer Vergleich mit der Trajans-Säule verdeutlichte, dass der Schöpfer der Mark-Aurel-Säule neue technische Lösungen fand: Der Fries selbst ist breiter, die dargestellten Personen drängen sich weniger dicht. Sie heben sich deutlicher vom Grund ab und sind daher besser zu erkennen. Trotz einer Tendenz zur Vereinfachung wollte der Künstler den Szenen offenkundig ein gewisses Pathos verleihen und versuchte, die Gedankenwelt seiner Zeit widerzuspiegeln und ihrem kompositorischen Ideal zu entsprechen. Obgleich letzteres eine gewisse Schematisierung verlangte, ist das qualitative Niveau des Frieses hoch. Der zumeist frontal dargestellte Kaiser verkörpert den Menschen als Handlungsträger der Geschichte.

68 *Die Mark-Aurel-Säule zeichnet sich durch einen hohen, rundum verzierten Schaft aus. Wie bei der Trajans-Säule stellt der Fries zwei bedeutende Feldzüge dar, die eine Siegesgöttin in der Mitte voneinander trennt. Die Trajans-Säule diente zwar eindeutig als Vorbild, doch unterscheidet ihr Stil vom dem der Nachfolgerin. Der Fries ist höher, die Figuren heben sich deutlicher vom Hintergrund ab. Die Darstellung ist pathetisch und vereinfachend zugleich.*

In Rom hatte das Historienrelief zu diesem Zeitpunkt längst präzise ikonografische Schemata geschaffen und seine höchste Vollendung in der Trajanssäule gefunden. Fast zwangsläufig nahm die Erzählung der Mark-Aurel-Säule daher bestimmte Motive auf. Andererseits inspirierte sich der Stil der Reliefs immer weniger an hellenistischen Vorbildern und griff stattdessen typisch römische Szenerien auf. Darin ähnelten er der Triumphmalerei, die seit der republikanischen Epoche die Feldzüge siegreicher Generäle illustrierte. Die lehrhaften und volkstümlichen Bilder unterschieden sich gleichwohl grundlegend von den Darstellungen auf den Ehrensäulen. Noch deutlicher als der Trajanssäule kam der Mark-Aurel-Säule die Funktion einer tragenden Achse zu, deren Abschluss und Höhepunkt die Statue des Kaisers bildete. Die Basis ist deutlich erhöht, um das Aufwärtsstreben der Säule zu betonen. Diese ruht auf einem hohen Sockel, über dem der horizontale Fries seinen Ausgang nimmt.

Tatsächlich entstand die Säule in einem Moment, da die Kunst endgültig mit den von Augustus aufgestellten, an den Regeln der Klassik orientierten Normen brach. Im 3. und 4. Jahrhunderts reifte dieser Stil allmählich und ging dann in die mittelalterliche Kunst über, in der sich verschiedene kulturelle Strömungen mischten. Zunächst jedoch setzte sich ein ganz und gar römischer Stil mit expressionistischen Tendenzen durch, der im Laufe des 3. Jahrhunderts zu voller Blüte gelangte.

68–69 *Auf der Piazza Colonna erinnert eine Säule an Feldzüge gegen die Germanen und Sarmaten. Wie die Trajans-Säule sollte auch dieses Monument den Kaiser – hier Mark Aurel – und seine Taten ehren.*

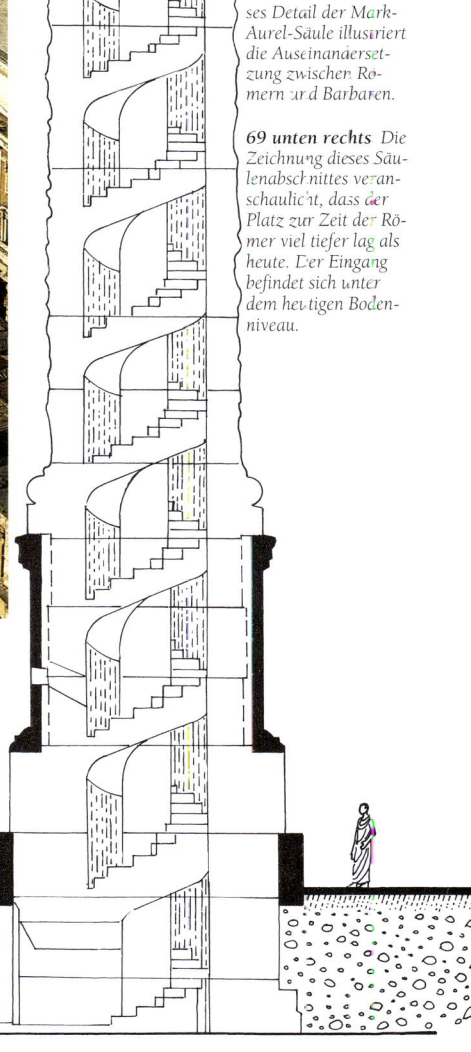

69 oben rechts *Dieses Detail der Mark-Aurel-Säule illustriert die Auseinandersetzung zwischen Römern und Barbaren.*

69 unten rechts *Die Zeichnung dieses Säulenabschnittes veranschaulicht, dass der Platz zur Zeit der Römer viel tiefer lag als heute. Der Eingang befindet sich unter dem heutigen Bodenniveau.*

DIE SÄULE DES ANTONINUS PIUS, DAS HOROLOGIUM, DER OBELISK DER PIAZZA MONTECITORIO

In der Via degli Uffici del Vicario entdeckte man ein Ustrinum (ein eingefriedetes Krematorium, wo die Kaiser und ihre Familienangehörigen eingeäschert wurden). Ihm gegenüber legten die Archäologen Reste der Säule des Antoninus Pius frei, welche die Römer zu Ehren des im Jahre 161 verstorbenen Kaisers errichtet hatten. Über die eigentliche, vermutlich korinthische Säule wissen wir nur wenig. Umso bedeutender ist dagegen der verzierte Sockel, der sich heute im Vatikanischen Museum befindet. Eine Seite zeigt die Apotheose des Imperators und seiner Frau Faustina, die ein geflügelter Genius gen Himmel trägt. Roma und Mars wohnen der Szene bei, letzterer trägt in den Händen den Obelisken des nahe gelegenen Horologiums. Auf den anderen Seiten finden sich zwei nahezu identische Reliefs, jedoch in einem ganz anderen, erzählerischen Stil. Sie fassen eine *decursio* – den rituellen Ritt um den Scheiterhaufen – und die Militärparade ins Bild, welche die Trauerfeierlichkeiten abschloss. Auf der Piazza Montecitorio steht heute ein Obelisk, der einst Psammetich II. (594-589 v. Chr.) gehörte und aus dem großen Tempel von Heliopolis stammte. Er gelangte im Jahre 30 v. Chr. nach Rom. Augustus verwendete ihn als Zeiger einer großen Sonnenuhr, die er im Jahre 10 v. Chr. aufstellen ließ. Das Horologium des Mathematikers Novius Facundus nahm ein weiträumiges Areal gegenüber der Ara Pacis zwischen der heutigen Piazza San Lorenzo und der Piazza del Parlamento ein. Auf einem Travertinpflaster konnte man griechische Buchstaben und Tierkreiszeichen aus Bronze erkennen; der Schatten des Obelisken gab die jeweilige Stunde, den Tag und den Monat an.

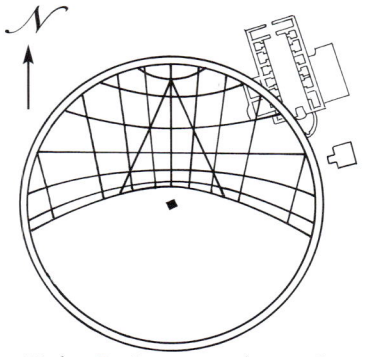

70 oben Der Zeiger des Horologiums des Augustus war unweit der heutigen Piazza del Parlamento in den Boden eingelassen und warf seinen Schatten auf große Bronzebuchstaben.

70 Mitte und links Nach dem Tod von Kaiser Antoninus Pius im Jahre 106 stellte man ihm zu Ehren in der Nähe seines Krematoriums eine Säule auf. Im Vatikan befindet sich der dazugehörige reliefverzierte Marmorsockel. Eine Seite zeigt die Apotheose des Kaisers und seiner Frau Faustina, die geflügelte Genien gen Himmel tragen; die andere fasst den Ritt um den Scheiterhaufen ins Bild.

70 Mitte rechts Symmetrisch zum Haupteingang der Ara Pacis befanden sich rechts und links zwei allegorische Darstellungen der Göttin Roma und der Terra mater (Abbildungen). Letztere erscheint als sitzende Frau mit zwei Kindern; die Luft wird durch einen Schwan und das Wasser durch ein Seeungeheuer neben der Tellus (der Erdgöttin) dargestellt.

70 unten Einige Fragmente der Säule des Antoninus Pius benutzte man, um den ägyptischen Obelisken an der Piazza Montecitorio zu restaurieren. Augustus hatte den Obelisken aus Heliopolis nach Rom bringen lassen, wo er als Zeiger einer Sonnenuhr diente.

71 oben Eine lange Reihe von Figuren verläuft auf den Außenseiten der Ara Pacis. Die Südseite zeigt wichtige Mitglieder der kaiserlichen Familie.

Die Ara Pacis

Bereits im Jahre 1568 entdeckte man unter dem Palazzo Peretti (heute Almagià) einige behauene Blöcke. 1879 identifizierte der Archäologe F. von Duhn das Monument als Ara Pacis. Im Jahre 1903 begannen die ersten regelrechten Ausgrabungen, die Teile des Altars und verschiedene andere Funde freilegten. Diese Arbeiten kamen zwischen 1937 und 1938 zum Abschluss. Man ging daran, den nun nicht mehr nach Westen, sondern nach Süden ausgerichteten Altar in einem Pavillon neben dem Mausoleum des Augustus zu rekonstruieren. Wie kaum ein anderes Monument verkörpert die Ara Pacis die Politik und Persönlichkeit von Kaiser Augustus. Sie stand in enger Verbindung mit dem Ort, an dem Tiberius im Jahre 14 die Ara Providentiae aufstellen ließ.

Der Senat hatte den Bau der Ara Pacis im Jahre 13 v. Chr. beschlossen; vier Jahre später ließ Augustus das Monument weihen, das als Symbol des Einvernehmens zwischen den beiden herrschenden Kräften, dem Kaiser und dem Senat, galt. Ganz offenkundig sollte es darüber hinaus die *pietas augustae* preisen, der Rom nach offizieller Darstellung den lange herbeigesehnten, dauerhaften Frieden verdankte. Die Ara Pacis besteht aus einer monumentalen rechteckigen Einfriedungsmauer auf einem hohen Sockel, zu der man über eine Treppe gelangt. Der Haupteingang befand sich an der Via Flaminia, außerdem gab es noch einen weiteren Zugang. Der Komplex nahm die Struktur des antiken *templum* auf, an den auch der Innendekor – eine mit Akanthusranken verzierte Palisade – erinnert. Der eigentliche Altar erhebt sich im Innern der Einfriedungsmauer auf einem Podium mit drei rings herum verlaufenden Stufen. Er ist mit Szenen der alljährlichen Opferzeremonie, den *Suovetaurilia* verziert. Erhalten blieben Darstellungen der Vestalinnen und des Pontifex Maximus sowie Bilder von Priestern und Opferdienern mit Tieren (Schwein, Schaf und Stier). Auch die gesamte Einfriedungsmauer ist reich mit allegorischen Reliefs verziert. Im unteren Teil symbolisieren Akanthusranken den Stammbaum der kaiserlichen Familie, die weiter oben präsentiert wird. An den Seiten der Eingänge befinden sich vier Tafeln, davon zwei mit mythologischen und zwei mit allegorischen Sujets. Sie zeigen den Lupercal, die Grotte, in der die Wölfin Romulus und Remus gesäugt haben soll, Äneas mit zwei Opferdienern *(camilli)*, der den Penaten eine weiße Sau darbringt, die römische Erdgöttin Tellus als Frau mit zwei Kindern sowie eine weitere, kaum noch erkennbare Frauengestalt, möglicherweise die Göttin Roma. Zwischen den vier Szenen besteht ein ideologischer Zusammenhang, denn Äneas sowie Romulus und Remus galten als Begründer und Garanten des römischen Erfolges und Wohlstands. Auf der Süd- und der Nordseite laufen in einer Art Prozession historische Gestalten entlang, die sich – mit Ausnahme der Priester – fast alle als Mitglieder der kaiserlichen Familie identifizieren lassen. Es handelt sich um die Gens Julia, welche das römische Volk Schritt für Schritt bis zur Pax Augusta geführt hat. Von besonderer Bedeutung war die der Stadt zugewandte Südseite und nicht zufällig ist hier Augustus selbst dargestellt. Auch wenn sich verschiedene Stile mischen, lässt sich der Bezug zur griechischen Kunst nicht verleugnen. Während die Prozession eher auf die klassische Epoche (den Parthenon-Fries) rekurriert, orientieren sich der Pflanzendekor und die Reliefs mit Äneas und der Terra mater am hellenistischen Zeitalter. Der Altar selbst schöpft hingegen deutlicher aus der typisch römischen Tradition.

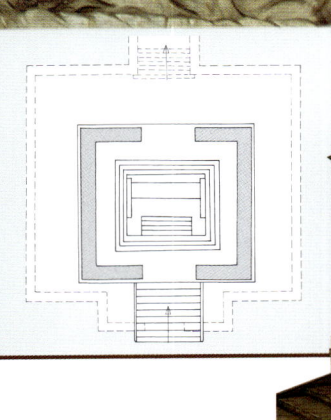

71 unten Die Ara Pacis gehört zu den schönsten und wichtigsten Monumenten des Augusteischen Zeitalters. Der 13 v. Chr. beschlossene Altar zeichnet sich durch eine Einfriedungsmauer aus Marmor aus, die einen provisorischen *templum* darstellt. Im Innern erhebt sich der eigentliche Altar. Allegorische Reliefs und historische Darstellungen zieren den Komplex.

Das Mausoleum des Augustus

Betrat man Rom über die Via Flaminia, so lagen Mausoleum, Horologium und Ara Pacis auf einer Linie. Augustus ließ das Mausoleum im Jahre 29 v. Chr. nach dem Vorbild hellenistischer Herrschergräber, vielleicht sogar direkt nach dem Modell des Grabes von Alexander dem Großen erbauen. Der Name Mausoleum bezog sich auf die Begräbnisstätte des Griechen Mausolos von Karien (376-353 v. Chr.) und bezeichnete seit dessen Tod Gräber bedeutender Dynastien. Auch die Rundgräber römischer Fürsten, die wichtige Familien seit dem 2. Jahrhundert v. Chr. verwendeten (man denke an das Monument für Cäcilia Metella an der Via Appia Antica), wirkten vermutlich stilbildend.

Im Laufe der Jahrhunderte baute man das Mausoleum mehrfach um und verwendete es für die unterschiedlichsten Zwecke. Im 17. Jahrhundert benutzte die Familie der Colonna es zum Beispiel als Festung; später diente es als Travertinsteinbruch, Weingarten, Theater, Garten und schließlich Konzertsaal, in dem sogar Toscanini dirigierte. 1936 begann man, die Überreste freizulegen und die erhaltenen Strukturen zu untersuchen. Gleichwohl lässt sich das ursprüngliche Aussehen des Komplexes nicht ohne ein gewisses Maß an Spekulation rekonstruieren. Eine etwa zwölf Meter hohe Mauer aus Travertin bildete die äußere Einfriedung der Anlage. Im Süden befand sich ein Eingang mit zwei Obelisken. Hier hatte man die berühmte Autobiografie des Kaisers, die *res gestae divi Augusti*, angebracht. Das geistige und politische Vermächtnis wurde in zahlreichen Kopien überall im Reich verteilt. Eine dieser Abschriften entdeckte man im Monumentum Ancyrarum in Ankara. Eine moderne Reproduktion kann man an der Seitenwand des Pavillons der Ara Pacis studieren. Dort heißt es: „Ich restaurierte das Kapitol und das Theater des Pompejus, beides Arbeiten mit hohem Kostenaufwand, ohne meinen Namen dort eingravieren zu lassen. Ich restaurierte die Aquädukte, an denen die Zeit viele Schäden angerichtet hatte, und verdoppelte die Wassermenge des Aquäduktes Aqua Marcia, indem ich eine neue Quelle in ihn einspeiste. Ich vervollständigte das Forum Cäsars, die Basilika aus der Zeit der Dioskuren sowie den Tempel des Saturn, Bauwerke, die mein Vater fast vollendet hatte. Nachdem ein Feuer die genannte Basilika zerstört hatte, begann ich sie zu erneuern und vergrößerte sie dabei. Ich weihte sie meinen Söhnen....Nachdem der Senat mich kraft seines Willens zum 6. Mal zum Konsul gewählt hatte, restaurierte ich in der Stadt 82 Tempel der Götter....Als ich zum 7. Mal Konsul war restaurierte ich die Via Flaminia zwischen Rom und Rimini sowie alle Brücken...."

Die innere Struktur, ein komplexer zylindrischer Bau von 87 Metern Durchmesser, bestand aus einer Reihe konzentrischer Räume, die größtenteils nicht betretbar waren. Der erste Ring aus Tuffstein war etwa 4,35 Meter dick und zeichnete sich durch eine Reihe von mit Erde gefüllten Nischen aus. Der zweite und der dritte Ring waren als *opus reticulatum* angelegt und durch kurze Mauersegmente miteinander verbunden, die unzugängliche Kammern schufen. Eine letzte, fünf Meter dicke Mauer setzte sich nach außen fort. Von hier aus führte ein Gang, der sich rings um die ebenfalls kreisförmige Cella zog, ins Zentrum des gesamten Komplexes. In sie gelangte man durch einen Eingang, der auf einer Achse mit dem äußeren Portal lag. Drei

72 Ursprünglich standen vor dem Eingang zum Mausoleum des Augustus vermutlich zwei Obelisken. Außerdem prangte hier die Autobiografie des Herrschers, die res gestae divi Augusti.

auf der Innenwand angebrachte Nischen bargen die sterblichen Überreste von Familienmitgliedern des Kaisers, darunter Marcellus, Oktavia, Agrippa, Lucius und Gaius Cäsar. Im Zentrum ragte ein großer Pfeiler mit einer Kammer empor, in der die Asche des Kaisers ruhte. Er trug die von außen sichtbare Statue des Augustus, welche die genaue Position des Schreins angab. Vermutlich waren Dach und direkte Umgebung des Mausoleums üppig begrünt.

72–73 Augustus wollte sich ein großes kreisförmiges Mausoleum nach dem Vorbild hellenistischer Herrschergräber errichten lassen. Die komplexe Struktur umfasste einen äußeren Mauerring und einen mehrstöckigen zylindrischen Mittelbau mit konzentrischen Mauern und einem großen Pfeiler im Mittelpunkt, auf dem die Bronzestatue des Kaisers stand.

Plan des Augustus-Mausoleums
1. Eingang
2. Obelisken
3. Eingang zur Grabkammer
4. Nischen
5. Grab des Augustus

Forum Boarium und Forum Holitorium

NORDWESTLICHER BEZIRK

1. Forum Boarium
2. Forum Holitorium
3. Pons Aemilius
4. Pons Sublicius
5. Tempel des Portunus
6. Ara Maxima
7. Santa Maria in Cosmedin (Stadion Annonae)
8. Tempel des Herkules Viktor
9. Area Sacra bei Sant'Ombrono
10. Bogen der Bankiers
11. Janusbogen

74 Zum Bezirk des Forum Holitorium gehört der Pons Aemilius aus dem 2. Jahrhundert v. Chr., auch Ponte Rotto (kaputte Brücke) genannt. Zusammen mit dem Pons Sublicius bildete er die Hauptübergänge über den Tiber. Der Ponte Rotto wurde in zwei Phasen erbaut: 179 v. Chr. entstanden die Pfeiler; 142 v. Chr. ließen die beiden Zensoren jenes Jahres, Lucius Mummius und Scipio Aemilianus, die Bögen hinzufügen. Die heutige Arkade stammt aus dem 16. Jahrhundert.

Das Areal zwischen Tiber, Kapitol, Aventin und Palatin war für die Stadt Rom seit jeher von großer Wichtigkeit. Der Überlieferung zufolge machten bereits die Etruskerkönige das Sumpfgebiet urbar. Das Forum Boarium, der antike Viehmarkt, und das Forum Holitorium, der Gemüse- und Kräutermarkt, lagen nicht weit vom Tiber in einer Zone, in der die Griechen schon im 8. Jahrhundert v. Chr. Handel getrieben hatten. Funde aus dieser Zeit scheinen in diesem Zusammenhang verschiedene Sagen zu bestätigen, die sich um Euandros,

75 oben rechts Das heutige Erscheinungsbild des Portunus-Tempels geht auf einen Umbau aus dem 1. Jahrhundert v. Chr. zurück. Das rechteckige Gebäude steht auf einem Podium. Vier ionische Säulen zieren die Fassade; die Cella besteht aus Stuck und Travertin.

Herkules und Äneas ranken. Zwei wichtige Verkehrswege kreuzten sich in der Nähe der Foren, zum einen der Tiber selbst, auf dem Schiffe bis nach Orte fuhren, zum anderen eine Straße, die Kampanien mit Etrurien verband. Über die Via Salaria, die antike Salzstraße, gelangte das kostbare Gut von Salinen an der Tibermündung nach Rom. Diesem Handelsweg kam ebenfalls bereits seit dem Archaikum eine hohe Bedeutung zu. Erst unter den Etruskern begann man das Gebiet der beiden Foren umfassend zu erschließen. Vermutlich ordnete Servius Tullius den Tiberhafen neu. Dieser umfasste das Gebiet zwischen der Chiesa di San Nicola in Carcere und dem Tempel des Portunus, nicht weit entfernt vom heutigen Palazzo dell'Anagrafe. Das Heiligtum des Portunus, das häufig fälschlich als Tempel der Fortuna Virilis bezeichnet wird, stand in direkter Beziehung zum Hafen. Es war dem Gott

Der Rundtempel des Hercules Victor

Portunus, dem Schutzpatron der Seefahrer und Häfen geweiht. Das außergewöhnlich gut erhaltene Bauwerk wurde im 6. Jahrhundert errichtet und im 1. Jahrhundert v. Chr. restauriert. Der rechteckige Pseudoperipteros, ein ionischer Tetrastylos (Tempel mit Einraumcella und Vorhalle mit vier Frontsäulen), war mit Stuck verkleidet. Rings um ihn zog sich eine Mauer, die den heiligen Bezirk eingrenzte. Aus Stuck bestand auch der mit Kandelabern und Girlanden verzierte Fries; das Gebälk war mit Löwenköpfen geschmückt.

In der Nähe des Hafens huldigten die Römer alten Kulten, die sich auf die Welt des Handels bezogen. Hier entstand Mitte des 6. Jahrhunderts v. Chr. ein Area Sacra bei Sant'Ombrono genannter Bezirk mit den Heiligtümern der Mater Matuta und der Fortuna.

Im Laufe des 4. Jahrhunderts v. Chr. restaurierte man viele der bereits existierenden Kultstätten. Eine Phase intensiver Bautätigkeit begann aber erst im 3. Jahrhundert v. Chr., nachdem die Römer den Mittelmeerraum erobert hatten. Sie dämmten den Tiber ein und konstruierten ein neues Verteidigungssystem, das Teile von Trastevere einschloss. Im Zuge dieser Arbeiten wurden auch die Tempel des Forum Boarium und die Ara Maxima neu erbaut. Der Altar des Herkules geht auf die erste Hälfte des 2. Jahrhunderts v. Chr. zurück. Er stand nicht weit von der heutigen Kirche Santa Maria in Cosmedin entfernt, in deren Vorhalle die große Steinmaske der Bocca della Verità, des „Mundes der Wahrheit", hängt. Früher mussten jene ihre Hand in den Mund der Maske legen, die einen Eid abzulegen hatten. Wer einen Meineid schwor, verlor angeblich sofort die Hand. Der Legende zufolge errichteten die Arkadier, die auf dem Palatin siedelten, den Altar zu Ehren des Herkules, weil dieser den Giganten Cacus besiegt hatte.

Lange Zeit hielt man den Rundtempel neben der »Bocca della Verità« fälschlich für ein Heiligtum der Vesta, weil er dem Rundbau auf dem Forum Romanum ähnelte. Dank einer Inschrift konnte man die Kultstätte jedoch als Tempel des Herkules Viktor (des siegreichen Herkules) identifizieren. Er trägt auch den Beinamen Herkules Olivarius und war als solcher Schutzpatron der römischen Ölhändler (*olearii*). Der Kaufmann M. Octavius Herrenus, der es vermutlich durch den Handel mit Öl zu großem Reichtum gebracht hatte, ließ das Bauwerk Ende des 2. Jahrhunderts v. Chr. errichten. Er beauftragte den griechischen Architekten Hermodorus von Salamis mit der Planung des Gebäudes. In jüngerer Zeit wurde der Tempel restauriert und erstrahlt nun wieder in altem Glanz. Es handelt sich im Übrigen um den ältesten erhaltenen Tempel Roms, der fast vollständig aus Marmor besteht. Er ruht auf einem runden Sockel mit Stufen und 20 korinthischen Säulen. Dahinter liegt die Cella, die außen mit Marmor und innen mit Travertin verkleidet ist. Der Eingang befindet sich im Osten. Der berühmte griechische Künstler Scopas Minor schuf die Herkulesstatue. Dies belegt eine Inschrift am Fuße der Skulptur. Leider blieb der obere Teil des Monuments, das man später zur Kirche umwandelte, nicht erhalten. Die Überreste der Fresken im Inneren gehen auf das 15. Jahrhundert zurück.

75 unten rechts Der Rundtempel, der sich unweit vom Heiligtum des Portunus erhebt, war dem Herkules Viktor oder Herkules Olivarius geweiht. Die Cella ruht auf einem Podium, umgeben von 20 Säulen. Es handelt sich um den ältesten erhaltenen Marmortempel Roms.

75 unten links In der Vorhalle der Kirche Santa Maria in Cosmedin hängt die berühmte „Bocca della Verità", eine Marmorscheibe in Form einer Maske.

DIE AREA SACRA BEI SANT'OMBRONO

Drei Tempel von S. Nicola in Carcere

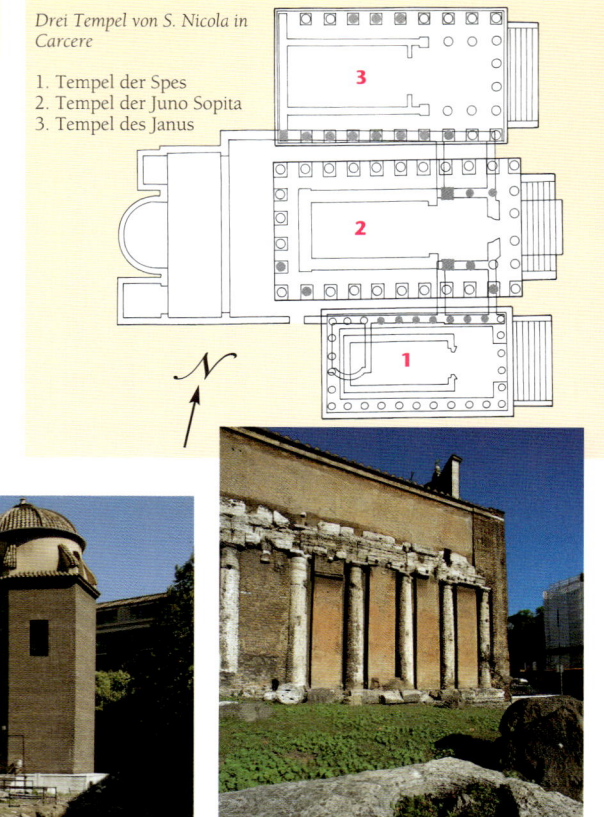

1. Tempel der Spes
2. Tempel der Juno Sopita
3. Tempel des Janus

76 links Unweit der Kirche Sant'Ombrono erstreckt sich ein bedeutender heiliger Bezirk, den der Überlieferung nach Servius Tullius erbaute. Es handelt sich um einen großen quadratischen Tempel mit zweigeteilter Cella, der der Mater Matuta, der Schutzpatronin der Seefahrer, geweiht war. Der Tempel wurde nach der Vertreibung der Tarquinier zerstört. In der Folge errichtete man an seiner Stelle zwei benachbarte, jedoch getrennte Tempel, einen jeden mit eigener Cella. Der eine huldigte der Fortuna, der andere der Mater Matuta.

In den 30er-Jahren entdeckten Archäologen im Bereich des antiken Forum Boarium ein viereckiges Areal aus Tuffstein mit Überresten zweier Cellae, zwei großen Altären, einer unterirdischen Kammer, Brunnen und Pflastersteinen. Der Fund legte die Vermutung nahe, dass es sich hier um eine bedeutende antike Kultstätte handelte. Unter der Apsis der Kirche Sant'Ombrono förderte man Teile eines archaischen Tempels zutage, den man auf die Mitte des 6. Jahrhunderts v. Chr. datierte. Bereits gegen Ende des 7. Jahrhunderts v. Chr. existierte hier wohl ein Altar, der vermutlich der Mater Matuta geweiht war und mit einem Kult zu Ehren des Flusshandels in Verbindung stand. Dem Mythos zufolge erreichten die thebanische Göttin Leukothea und ihr Sohn Portunus mit Hilfe der Najaden das Tiberufer. Die Schutzpatronin der Seefahrer trug von nun an den Namen Mater Matuta. Vermutlich ließ Servius Tullius den quadratischen Tempel errichten. Dieser stand auf einem hohen, etwa zwölf Meter breiten Podium aus Tuffstein. Über eine Freitreppe im Zentrum gelangte man in den Pronaos mit zwei Säulen und von dort in ein zweigeteilte Cella. In der zweiten Hälfte des 6. Jahrhunderts brannte der Tempel ab und wurde sogleich wieder aufgebaut, allerdings mit geringen Veränderungen. Auf diese Zeit gehen zum Beispiel die meisten Terrakottaarbeiten und die Täfelungen zurück, die sich heute im Antiquarium Comunale di Palazzo Caffarelli befinden. Vor dem Tempel stand ein Altar aus Tuffstein. Nach der Vertreibung der Tarquinier wurde der Tempel Ende des 6. Jahrhunderts zerstört. Zu Beginn des 5. Jahrhunderts ersetzte man ihn durch zwei benachbarte, jedoch voneinander getrennte Kultstätten. Die westliche Cella war nun der Fortuna, die östliche der Mater Matuta geweiht. Auch diese beiden Heiligtümer fielen im Jahre 213 v. Chr. einem Brand zum Opfer und wurden Ende des Jahrhunderts abermals errichtet. Zur Zeit der Severer eröffnete man rings um die Gebäude einige Ladenlokale. In der Mitte des Areals entdeckte man Spuren eines Bogens. Vermutlich handelte es sich um die Porta Trionfale, jenes Tor, durch das die Triumphzüge die Stadt betraten. Ab dem 6. Jahrhundert diente der heidnische Tempel als christliche Kultstätte und wurde dann im 18. Jahrhundert schließlich zu den Kirchen Sant'Ombrono und Sant'Antonio umgewandelt.

DAS GEBIET UM SAN NICOLA IN CARCERE

Das Gebiet um San Nicola in Carcere entspricht dem antiken Kräutermarkt, dem Forum Holitorium. Hier errichteten die Römer während der Republik drei zum Kapitol hin ausgerichtete Tempel, deren Überreste Bestandteil der Kirche sind.
Der südliche Tempel ist der älteste und kleinste der drei. Man erbaute ihn während des Ersten Punischen Krieges und weihte ihn vermutlich der Göttin der Hoffnung (Spes). Zu dem mehrfach restaurierten Heiligtum, einem dorischen Peripteros, gehörte eine Freitreppe, die zum Podium emporführte. Hier standen Travertinsäulen mit einer Verkleidung, die Marmor vortäuschte. Sechs der Säulen gehören heute noch zur linken Außenwand der Kirche.
Der mittlere Tempel entstand wahrscheinlich als Letzter. Der 30 mal 15 Meter große ionische Peripteros zeichnete sich durch eine doppelte Säulenreihe an der Hinterseite und eine dreifache an der Vorderseite aus. Auf der Treppe, die zum Podium führte, erhob sich ein Al-

tar. Einige Reste des Tempels sind noch unter der Kirche unweit der Apsis zu sehen. Vermutlich huldigte der Tempel der Iuno Sospita, der Schutzpatronin der Geburt. Der nördliche Tempel auf der rechten Seite der Chiesa di San Nicola blieb am besten erhalten. Zu dem ionischen Peripteros ohne rückwärtige Säulenstellung gehörten eine dreifache Säulenreihe an der Fassade und je eine Kolonnade an den Längsseiten. Von diesen blieben zwei auf der einen und sieben auf der anderen Seite erhalten. Das 26 mal 15 Meter große Heiligtum stand auf einem Podium aus Travertinblöcken mit einer Freitreppe.

C. Duilius, ein siegreicher Feldherr, ließ ihn während der Republik zur Zeit des Ersten Punischen Krieges erbauen und weihte ihn wohl dem Janus. Unter Hadrian wurde die Stätte mehrfach umgebaut.

77 unten Pflanzendekor zieht sich rings um den Bankiers-Bogen. Im unteren Bereich verläuft ein Fries, der Stieropfer zeigt, darüber befindet sich ein größeres Relief, das vermutlich Kaiser Caracalla darstellt. Auf der Außenseite des Bogens (Abbildung) führen Soldaten einen gefangenen Barbaren ab.

77 oben rechts Auf der Ostseite des Forums erhebt sich ein großer Ehrenbogen mit Durchgängen auf allen Seiten. Konstans II. ließ den Janusbogen im 4. Jahrhundert zu Ehren von Kaiser Konstantin errichten.

76 rechts Drei Tempel der republikanischen Epoche sind heute Bestandteile der Kirche San Nicola in Carcere. Der südliche, der älteste und kleinste, war der Spes (Hoffnung) geweiht.

Der mittlere, zuletzt erbaute, huldigte der Juno Sospita (Abbildung). Der ionische Peripteros im nördlichen Bereich diente als Kultstätte für Janus.

77 oben links Auf der Piazza di San Giorgio in Velabro steht ein Bogen, der als Eingang zum Forum diente. Viehhändler und Bankiers ließen ihn im Jahre 203 zu Ehren von Septimius Severus errichten und reich mit Reliefs verzieren.

Der Bogen der Bankiers

Auf der Piazza San Giorgio in Velabro steht ein Bogen, den Viehhändler und Bankiers, die *argentarii*, im Jahre 203 zu Ehren von Septimius Severus errichten ließen. Vermutlich diente der sieben Meter hohe Bogen als monumentales Eingangsportal zum Forum Boarium. Auf den zwei steinernen Pfeilern ruht ein Marmorarchitrav, der ursprünglich mit Statuen verziert war. Relieftafeln zierten einst die Pfeiler, eingerahmt von Pflanzenornamenten und Feldzeichen. Im Durchgang blieben Friese mit Siegesgöttinnen und Adlern erhalten; im unteren Teil sieht man ein Stieropfer, darüber Opfergeräte. Die großflächigen Tafeln zeigen eine männliche stehende Gestalt, vermutlich Kaiser Caracalla bei einem Opferritus; daneben befand sich wahrscheinlich ein Bild von Geta, das später gelöscht wurde. Auf der gegenüberliegenden Seite prangen Septimius Severus und seine Frau Julia Domna; den Architrav schmücken Herkules mit Löwenfell und Keule sowie ein Genius.

Der Janusbogen

An der Ostseite des Forum Boarium steht ein großer Bogen mit Durchgängen an allen vier Seiten. Der Janusbogen wurde im 4. Jahrhundert zu Ehren von Kaiser Konstantin errichtet. Vier marmorverkleidete Pfeiler stützen ein Kreuzgewölbe. Außen boten zwei Reihen mit jeweils drei Nischen Raum für Statuen. Den oberen Abschluss der Nischen bildeten halbkreisförmige Muscheln. Zwei sitzende Figuren, Roma und Juno, und zwei stehende Gestalten, Minerva und Ceres, zieren den Bogenscheitel. Darüber befand sich vermutlich eine Attika. Fragmente von Inschriften blieben in der nahe gelegenen Chiesa di San Giorgio in Velabro erhalten.

Die Tiberinsel

Die Legende nach warfen die Römer nach der Vertreibung der Tarquinier das Korn vom Marsfeld in den Tiber, weil es zum Besitz der Etruskerkönige gehört hatte. Auf diese Weise versuchte man den Ursprung der Tiberinsel zu erklären, die jedoch zweifellos deutlich älter ist. Einer anderen Überlieferung zufolge sandten die Römer während einer Pestepidemie einige Botschafter zum Heiligtum des Äskulap in Epidauros, um dort Hilfe zu erbitten. Zurück kehrten sie mit einer Schlange, dem Symbol des Gottes.

Als die Römer das Tier freiließen, stürzte es sich in den Fluss und schwamm bis zur Insel, wo man dem Äskulap einen Tempel weihte. Die heutige Kirche San Bartolomeo erhebt sich genau dort, wo einst das Heiligtum des Gottes stand. Von diesem blieb jedoch nichts erhalten. Der mittelalterliche Brunnen in der Mitte der Freitreppe könnte die heilige Quelle markieren und lange Zeit glaubte man auch, die 14 Säulen im Inneren der Kirche seien Bestandteil des antiken Tempels gewesen. Genau wie der Tempel von Epidauros besaß auch das Heiligtum auf der Tiberinsel Laubengänge, un-

ter denen man Kranke beherbergte. Stets diente die Insel als Stätte für Sanatorien und Krankenhäuser; noch heute befindet sich hier das 1548 erbaute Ospedale Fatebenefratelli.

Der Pons Fabricius verband die Tiberinsel mit dem Campus Martius; der Pons Cestius führte über den Fluss nach Trastevere. Ganz zu Anfang ersetzten vermutlich Fährboote oder Holzlatten die Brücken. Eine Inschrift belegt, dass Lucius Fabricius die nach ihm benannte Brücke im Jahre 62 v. Chr. erbauen ließ. Sie war 62 Meter lang und bestand aus zwei großen Bögen, die auf einem zentralen Pfeiler ruhten. Im Innern des Pfeilers öffnete sich ein kleiner Bogen, der den Druck der Fluten bei Hochwasser ableitete. Der Pons Cestius aus dem Jahre 46 v. Chr. war ursprünglich 50 Meter lang. Aus dem großen Mittelbogen gab es je einen kleineren an jeder Seite. Im 19. Jahrhundert wurde die Brücke vollständig restauriert. Eine Inschrift, die an eine Sanierung aus dem 4. Jahrhundert erinnert, befindet sich heute am rechten Geländer der Brücke.

78 In der Mitte einer Flussschleife liegt die Tiberinsel. Dieser Bereich war für die Stadtgeschichte Roms seit jeher von größter strategischer Bedeutung, denn nur an dieser Stelle konnte man den Tiber überqueren.

79 links Der Pons Fabricius aus dem Jahre 62 v. Chr. war 62 Meter lang. Die beiden großen Bögen und der Mittelpfeiler mit der kleinen Bogenöffnung blieben erhalten. Letztere leitete bei Hochwasser den Druck ab.

DER BEREICH DES VATIKANS. DER AGER VATICANUS

Der Ager Vaticanus liegt zwischen den vatikanischen Hügeln und dem Tiber. Dieses Gebiet gehörte ursprünglich nicht zur Stadt, sondern galt als Vorort. Hier reihten sich verschiedene Siedlungen und Gräber entlang der Straße aneinander. Außerdem befanden sich in diesem Bereich das mächtige Mausoleum von Kaiser Hadrian und die so genannte Meta Romuli, ein pyramidenförmiges Grab, das an die Gruft des Cestius erinnerte. Archäologen entdeckten unweit der Villa della Farnesina auch Überreste der Villa des Agrippa sowie die Villa der Agrippina, zu der einstmals auch der Circus des Caligula gehörte.

Unter dem Ospedale dello Santo Spirito (Corsia Sistina Nr. 3) fand man Überreste der Horti Agrippina, deren älteste Teile aus dem 1. Jahrhundert v. Chr. stammten.

Die Villa der Agrippina, der Ehefrau des Germanicus und Mutter des Caligula, war überaus reich verziert. Farbige Bodenmosaiken und ein Bassin mit Meeresszenerie befinden sich heute im Palazzo Massimo. Im Bereich der nahe gelegenen Piazza San Pietro und der Basilica Vaticana stand einst ein Heiligtum der Fruchtbarkeitsgöttin Kybele. An dieser Stelle errichtete Caligula auf einem weiträumigen, ursprünglich privaten Areal den nach ihm benannten Circus, den Nero später erweitern ließ. Die gebogene Seite lag nach Westen zu, die Carceres befanden sich dagegen im Osten. Im Zentrum erhob sich ein etwa 25 Meter hoher Obelisk ohne Hieroglyphen. Um ihn von Ägypten nach Rom zu transportieren, musste man eigens ein Schiff in der entsprechenden Größe bauen. Claudius ließ es später vor seinem Hafen in Fiumicino versenken, wo es als Fundament einer Mole diente. Seit dem 16. Jahrhundert steht der Obelisk auf dem Petersplatz. Ab dem 3. Jahrhundert benutzte man den Circus nicht mehr für Spiele. In einem abgegrenzten Bereich konstruierte man stattdessen ein kuppelüberdachtes Mausoleum, das ab dem 5. oder 6. Jahrhundert als Kirche Verwendung fand. Unter der Basilika des heiligen Petrus befindet sich eine mit dem rechten Schiff verbundene Nekropole. Offenkundig wurden hier auch Christen begraben. Zwischen dem 2. und dem 4. Jahrhundert ließen reiche Freigelassene die zumeist rechteckigen Grabbauten anlegen, die häufig auf beiden Seiten Nischen besaßen. Gemälde und Stuck bedeckten das Mauerwerk, die Wände und Böden zierten hingegen Mosaiken. Im Norden lag ein kleiner, sieben mal vier Meter großer Platz, um den sich mehrere Mausoleen gruppierten. Hier befand sich der Überlieferung zufolge das Grab des heiligen Petrus. Im 2. Jahrhundert errichtete man über der einfachen Gruft ein Denkmal, den so genannten Tropaion des Gaius. Es handelte sich um eine Ädikula mit zwei übereinander gesetzten Nischen. Eine Travertinplatte bedeckte die untere Nische, vor der zwei Säulen standen. Konstantin ließ die Ädikula im Jahre 313 in ein neues Monument, das Martyrium, eingliedern und machte letzteres zum Mittelpunkt des Presbyteriums seiner neuen Basilika. Die Basilika des heiligen Petrus entstand demnach aus dem Wunsch heraus, die Grabstätte des Apostels zu heiligen. Um Platz für die Kirche zu schaffen, musste man den Hügel an einer Seite abtragen und ihn nach Norden hin durchschneiden. Die fünfschiffige Hallenbasilika zeichnete sich durch Reihen mit jeweils 24 Säulen, ein langes schmales Querschiff und eine Apsis am Ende aus. 36 Zentimeter unterhalb der Mitte des Querschiffes erhob sich das Grabmal des heiligen Petrus. An dieser Stelle baute man in der Folge eine weitere monumentale Ädikula mit einem Baldachin, der auf vier Säulen aus parischem Marmor ruhte. Da die Basilika ausschließlich die Funktion einer Grabkirche hatte, fehlte der Altar. Im 6. Jahrhundert erhöhte man den Boden des Presbyteriums und stellte zwei Reihen mit jeweils sechs gewundenen Säulen davor auf. Das Gebäude blieb bis zum 15. Jahrhundert unverändert. Dann begannen unter Papst Nikolaus V. Restaurierungs- und Umbauarbeiten, weil die Basilika einzustürzen drohte.

Plan der Vatikanischen Nekropole

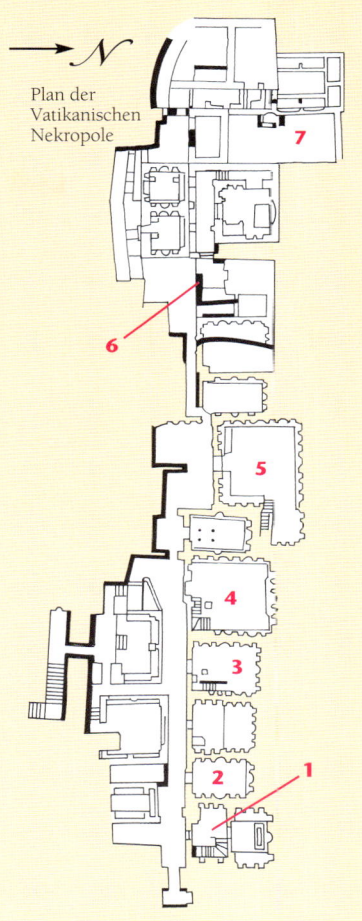

NORDWESTLICHER BEZIRK

1. Reich verziertes und bemaltes Mausoleum
2. Mausoleum des Tullius Zethus mit Stuckdekor
3. Mausoleum des Tyrannus und des Urban. Freigelassene unter Hadrian
4. Mausoleum der Freigelassenen der Tullier und Caetennier
5. Mausoleum der Valerier mit Stuckdekor
6. Mausoleum der Julier mit Mosaik Jesu Christi auf dem Sonnenwagen
7. Grab des heiligen Petrus (Tropaion des Gaius)

DAS MAUSOLEUM DES HADRIAN

NORDWESTLICHER BEZIRK

A. Mausoleum des Hadrian
B. Pons Aelius

Römische Mauern

80 Im Jahre 134 ließ Hadrian ein mächtiges Grabmal errichten, das vom Mausoleum des Augustus inspiriert war. Fast alle Mitglieder der antoninischen Dynastie fanden hier ihre letzte Ruhestatt. Um das Mausoleum des Hadrian mit dem Marsfeld zu verbinden, baute man eine neue Brücke, den Pons Aelius, der heute Ponte Sant'Angelo heißt.

81 Die Luftaufnahme macht die Struktur des Mausoleums anschaulich. Ein mächtiger Zylinder ruht auf einer quadratischen Basis. Darüber befindet sich ein Tumulus, den einst eine von Hadrian gelenkte Bronzequadriga krönte.

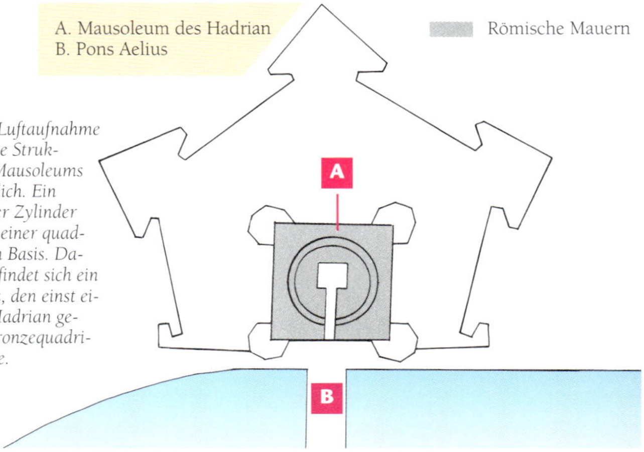

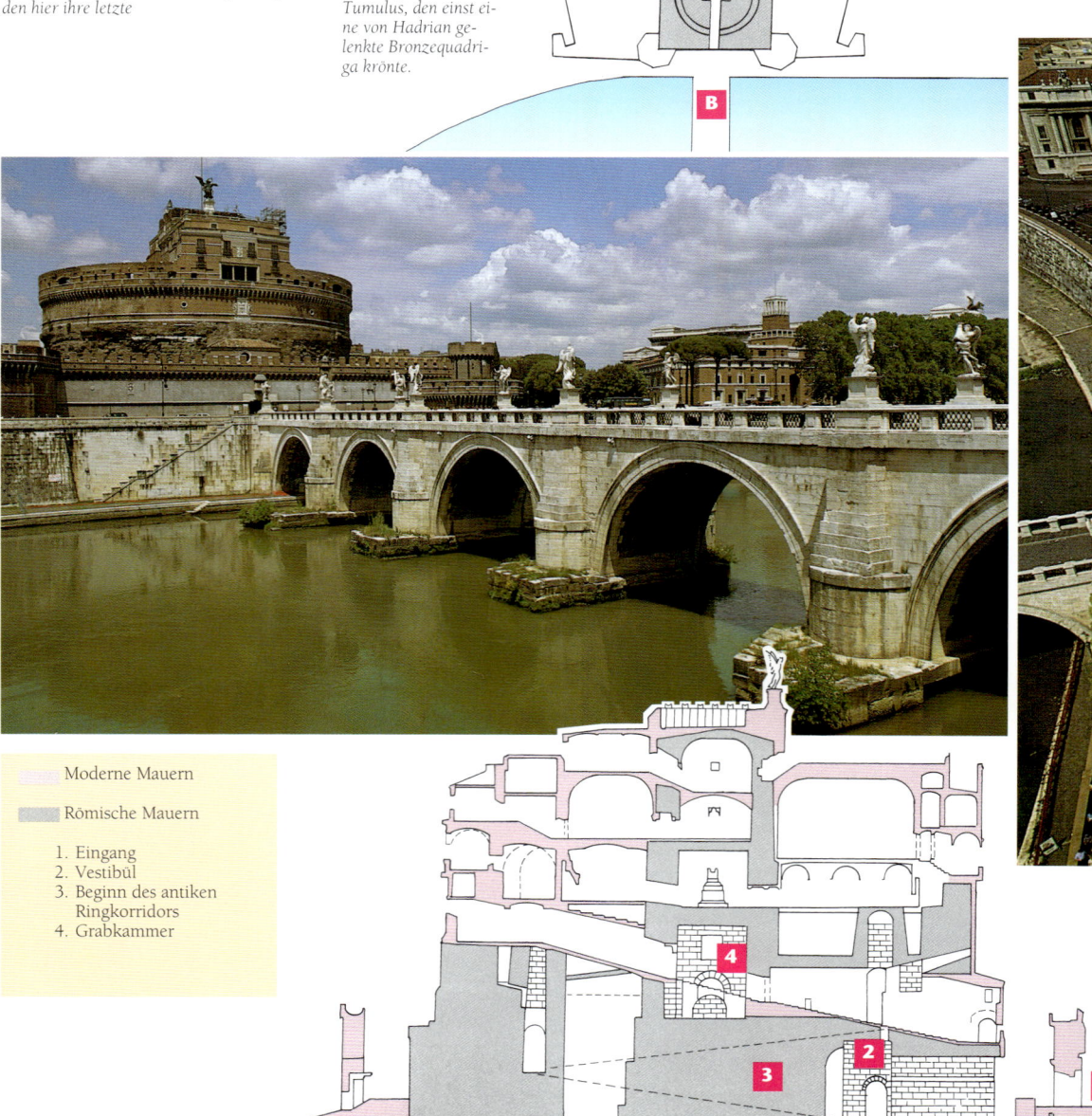

Moderne Mauern

Römische Mauern

1. Eingang
2. Vestibül
3. Beginn des antiken Ringkorridors
4. Grabkammer

Im Jahre 123 gab Kaiser Hadrian in den Horti der Domitia den Bau des Familiengrabes der Antoniner in Auftrag, das erst elf Jahre später eingeweiht wurde. Um das Mausoleum mit dem Campus Martius zu verbinden, musste man eigens eine neue Brücke, den Pons Aelius (heute Ponte Sant'Angelo), errichten. Als Vorbild für das Monument diente das Mausoleum des Augustus. Die Grabstätte ruht auf einer 15 Meter hohen, quadratischen Ziegelsteinbasis mit je 89 Metern Seitenlänge. Die strahlenförmigen Räume im Innern sind mit einem Gewölbe überdacht. Darüber erhebt sich ein riesiger Zylinder von 64 Metern Durchmesser und 21 Metern Höhe, den ein Tumulus mit einer vom Kaiser gelenkten Bronzequadriga krönte. Die Außenmauer war mit Marmorplatten verkleidet; am Unterbau wiesen Inschriften darauf hin, wer im Inneren begraben lag. Flache, senkrechte Mauerstreifen untergliederten die Oberfläche. Sie schloss mit einem Fries ab, auf dem Stierschädel und Girlanden dargestellt waren. Bronzestatuen schmückten die vier Ecken des Unterbaus, während auf einer äußeren Einfassung vermutlich Pfauen aus vergoldeter Bronze saßen, die sich heute im Vatikanischen Museum (Cortile della Pigna) befinden. Der jetzige Eingang liegt drei Meter über dem ursprünglichen mit drei Bögen, der nicht erhalten blieb. An einen kurzen Gang schließt sich ein quadratisches Vestibül mit einer halbrunden Nische in der hinteren Wand an. Vermutlich bot sie einst Raum für eine Statue Kaiser Hadrians (der Kopf ist ebenfalls im Vatikan zu sehen). Eine spiralförmige Rampe mit vier senkrechten Lichtschächten führte zur Grabkammer im Zentrum des Gebäudes. Das quadratische Auditorium war ursprünglich mit Marmor ausgekleidet. In den Nischen mit Rundbögen standen die Urnen mit den sterblichen Überresten des Kaisers, seiner Frau Sabina und aller übrigen antoninischen und severischen Kaiser bis zu Caracalla. Die Überreste der Herrscher, die zwischen Augustus und Nero regiert hatten, ruhten im Mausoleum des Augustus; die Asche des Trajan bewahrte man im Sockel der nach ihm benannten Ehrensäule auf. Über der Grabkammer und auf einer Achse mit ihr lagen zwei, vielleicht sogar drei weitere Räume. Im Jahre 403 ließ Kaiser Honorius das Mausoleum befestigen und baute es zu einer Bastion der Aurelianischen Mauer um. Im Jahre 537 hielt das Bauwerk dem Ansturm der Goten unter Witigis stand, brach jedoch nach einem neuerlichen Angriff unter Teutila zusammen. Ab dem 10. Jahrhundert diente die Engelsburg nacheinander als Festung, Gefängnis und Zufluchtsort. Hierhin zogen sich unter anderem Gregor VII., Cola di Rienzo und Klemens VII. zurück. Lange Zeit war die Engelsburg die wichtigste Festung Roms. Zwischen dem 10. und dem 14. Jahrhundert stand sie im Besitz bedeutender Familien, unter Nikolaus III. ging sie in päpstlichen Besitz über.

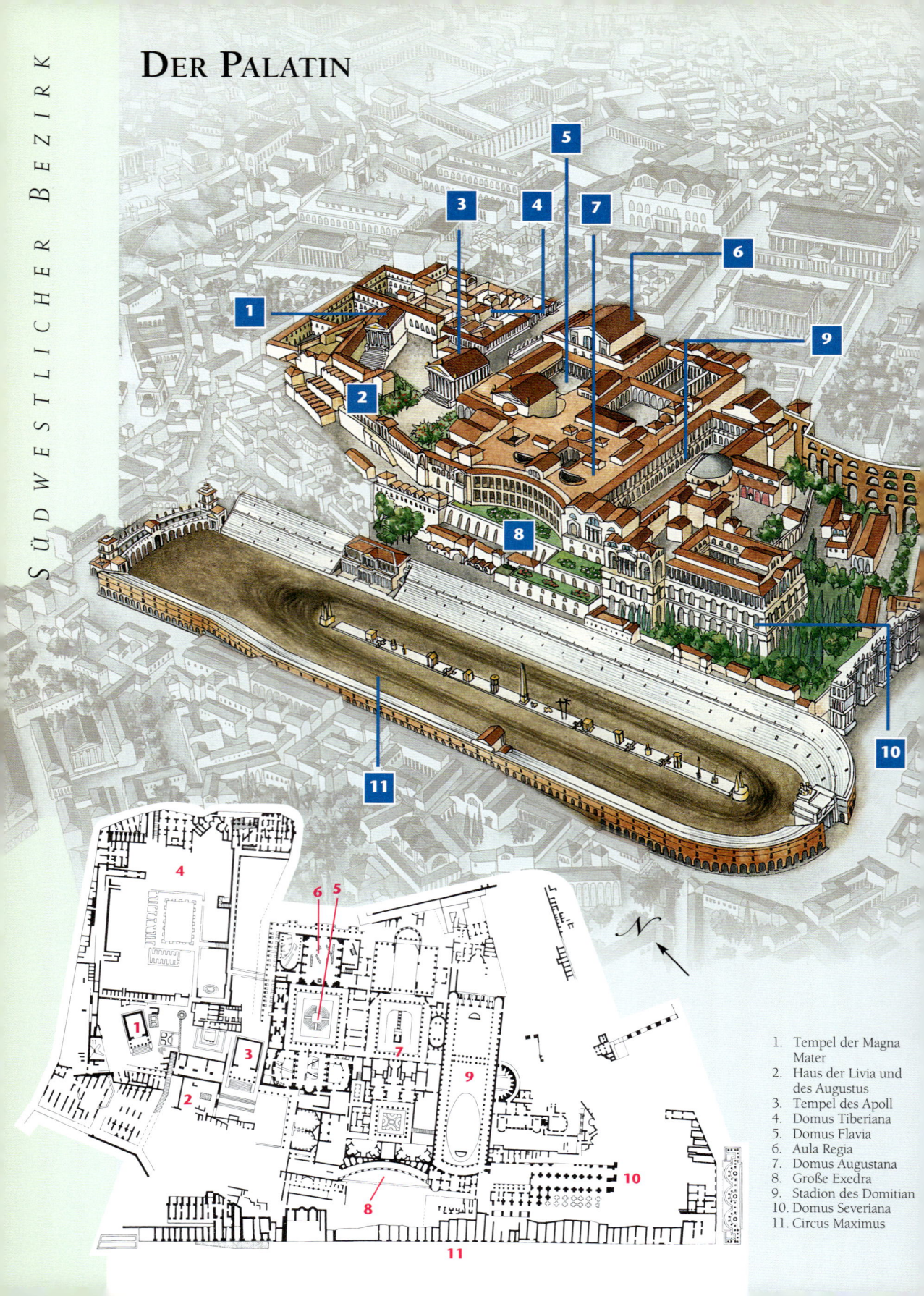

DER PALATIN

SÜDWESTLICHER BEZIRK

1. Tempel der Magna Mater
2. Haus der Livia und des Augustus
3. Tempel des Apoll
4. Domus Tiberiana
5. Domus Flavia
6. Aula Regia
7. Domus Augustana
8. Große Exedra
9. Stadion des Domitian
10. Domus Severiana
11. Circus Maximus

82–83 Noch heute sind auf dem Palatin Reste der herrlichen Residenzen zu sehen, die einst den gesamten Hügel bedeckten. Dazu gehörten die Häuser des Augustus und der Livia, die Domus Tiberiana, die Domus Augustana und Flavia sowie die Domus Severiana.

83 Der Palatin liegt unweit vom Tiber und in zentraler Position zu den übrigen Hügeln Roms. Es verwundert daher kaum, dass die ersten Völker, die hier siedelten, ihre Häuser ausgerechnet auf dieser Anhöhe errichteten.

Der Legende zufolge siedelten auf dem Palatin zunächst Griechen, die Arkadien unter der Führung von Euandros verlassen hatten. Als Äneas hier nach langer Reise aus Troja ankam, soll Eurandros ihn willkommen geheißen haben. Lange Zeit hielt man diese und andere Erzählungen der griechischen Sagenwelt für reine Erfindungen. In Wirklichkeit scheinen archäologische Funde einige der Episoden zu bestätigen. Auf dem Hügel entdeckte man Reste einer Siedlung aus dem 9. Jahrhundert v. Chr., die somit deutlich vor der Ankunft des Romulus existiert hatte. In der Folge entstand etwa zeitgleich mit der legendären Gründung Roms im 8. Jahrhundert ein regelrechtes Hüttendorf. Die Römer identifizierten die Behausung im Südosten des Hügels als Wohnstatt des Romulus (Casa Romuli). Dort, wo Augustus später seine Residenz errichten ließ, sind noch Spuren eisenzeitlicher Hütten auf dem Tuffstein zu erkennen. Der Standort erwies sich als überaus geeignet für den Bau einer menschlichen Siedlung. Alten Quellen zufolge (Pl. Nat. Hist. 3,5,66) gelangte man durch drei Tore in die von einer Mauerring umschlossene Stadt. Die Porta Mugonia öffnete sich zur Via Sacra hin, die Porta Romana oder Romanula befand sich unweit der Via Nova und das dritte Tor lag bei den Scalae Caci in der Nähe des späteren Forum Boarium. Mit Sicherheit galt das Gebiet von Anfang an als heiliger Bezirk. Dies belegen verschiedene, zum Teil uralte Kultstätten. Unter anderem feierte man hier die Lupercalia, die mit dem Wappentier der Stadt und dem Lupercal in Verbindung standen. In dieser Grotte am Fuße des Palatin hatte die Wölfin angeblich Romulus und Remus gesäugt. Eine Prozession von Priestern in Ziegenfellen zog von dort aus rings um den Hügel und peitschte jeden aus, der sich auf der Straße zeigte. Tatsächlich handelte es sich dabei wohl um einen Fruchtbarkeitsritus. Im Jahre 294 v. Chr. ließ Postumius Megellus auf dem Gipfel des Hügels ein Heiligtum für die Siegesgöttin errichten. Es ersetzte vermutlich eine ältere Kultstätte der Göttin. Nicht weit davon stand der Tempel der Magna Mater. Aufgrund seiner historischen, religiösen und strategischen Bedeutung erfreute sich der Palatin bei der herrschenden Klasse großer Beliebtheit.

Während der Republik ließen sich berühmte Persönlichkeiten hier ihre Villen erbauen, darunter Lutatius Catulus, Marcus Livius Drusus, Clodius, Titus Annius Milo, Cicero und sein Bruder Quintus sowie Mark Anton, Silla Messalla Corvinus und Quintus Hortensius Hortalus. Augustus, der hier geboren war, wollte sich ebenfalls auf dem Palatin niederlassen. Er kaufte zu diesem Zweck verschiedene Gebäude an, darunter das Haus des großen Rhetors Hortensius. Natürlich stand sein Entschluss wie stets im Dienste der Politik: Der Imperator wollte auf diese Weise das Bewusstsein der Römer für ihre Herkunft und ihre Ursprünge stärken und sie dem *mos maiorum*, der überkommenen Tradition, näher bringen. Dem Vorbild des Augustus folgten andere Kaiser, die ebenfalls auf dem Palatin residierten. Tiberius errichtete seinen Palast, die Domus Tiberiana, im Nordwesten des Hügels, dort, wo sich heute die Farnesischen Gärten erstrecken. Caligula erweiterte den Bau bis zum Forum hin. Nero strukturierte das gesamte Gebiet neu und ließ die Domus Transitoria anlegen. Im Jahre 64 konnte der Kaiser nach einem Brand die Domus Aurea in Angriff nehmen, die sich vom Esquilin bis zur Velia und dem Palatin ausdehnte. Domitian baute den Palatin ein letztes Mal vollständig um. Sein Architekt Rabirius konstruierte im Gebiet zwischen dem Cermalus und dem Gipfel eine riesige Residenz, die man schließlich mit dem Namen des Areals – Palatium – gleichsetzte. Von diesem Inbegriff des Herrscherhauses leitet sich das Wort Palast (ital. Palazzo) ab. Ein Aquädukt, die Aqua Claudia, versorgte den gewaltigen Komplex und seine Gärten mit Wasser. Das Gelände zwischen dem Forum und der Domus wirkte nun wie eine Art monumentales Vestibül der kaiserlichen Residenz. Septimius Severus fügte Thermen hinzu, die auf einem eigens errichteten, von Arkaden gestützten Plateau quasi in der Luft hingen und sich direkt zum Circus Maximus hin öffneten. Auf diese Weise konnte die kaiserliche Familie vom heimischen Badezimmer aus den Spielen beiwohnen. Als letzten Beweis imperialer Größe fügte man das Septizodium ein, um Besucher zu beeindrucken, die über die Via Appia nach Rom kamen. In der gleichen Zone befanden sich auch einige Bildungsstätten wie die Schola Praeconum und das Pädagogium. Nach dem Bau des Heliogabal-Tempels begann der Niedergang des Palatins. Im Mittelalter residierten hier Odoaker und Theoderich. Nach und nach entstanden immer mehr Kirchen und Klöster.

Der westliche Palatin

Der Tempel der Magna Mater

Nach dem Zweiten Punischen Krieg fürchteten die Römer, die Götter seien ihnen nicht mehr wohlgesinnt. Deshalb bauten sie im Jahre 191 v. Chr. den Tempel der Magna Mater, ein Heiligtum für die Fruchtbarkeitsgöttin Kybele. Dank einer schönen Statue der sitzenden Göttin konnte man den Tempel mit dem hohen Podium eindeutig identifizieren. Die Skulptur befindet sich heute im Palatinischen Museum. Die Quellen berichten, dass die Römer während des Krieges die Sibyllinischen Bücher befragten. Diese gaben den Rat, das Symbol der Göttin, einen schwarzen länglichen Stein, von Pessinunt in Kleinasien nach Rom zu bringen. Auf dem Palatin errichtete man dem Stein anschließend eine angemessene Kultstätte. Der Tempel erhob sich auf einer künstlichen Terrasse aus Tuffstein, in die man eine Reihe von Räumen gegraben hatte. Sie dienten vermutlich als Läden und grenzten an eine überdachte Straße. Eine große Treppe führte zur Basis des Tempels und dort aus durch einen korinthischen Säulengang zur quadratischen Cella. Eine vor dem Pronaos angebrachte Weihetafel belegt, dass im Rahmen der Eröffnungsfeierlichkeiten erstmals die Ludi Megalenses mit einigen der besten Komödien des Plautus und des Terenz stattfanden. Augustus ließ das Gebäude im Jahre 3 n. Chr. nach einen Brand restaurieren.

84 oben Der Palatin war Schauplatz uralter Kulthandlungen, zum Beispiel zu Ehren der Göttin Pales. Nach ihr wurde vielleicht sogar der Hügel benannt, dem wiederum die Kaiserpaläste ihren Namen verdanken. Auf dem Palatin gibt es noch viele Überreste dieser Residenzen.

84 unten Zu den Überresten der frühen Kaiserzeit, die nicht zufällig über dem republikanischen Wohnviertel lagen, gehört auch das Haus der Livia. Es befand sich im westlichen Bereich des Palatins östlich des Tempels der Magna Mater und war mit herrlichen Fresken verziert.

84–85 oben *Im Tablinum des Hauses der Livia scheinen Türen sich auf gemalte Szenen hin zu öffnen, die Episoden aus der Mythologie illustrieren. Einige der Bilder kopieren möglicherweise berühmte griechische Originale,*

zum Beispiel die Darstellung des Merkur, der die von Argos bewachte Io befreit.

DAS HAUS DER LIVIA UND DES AUGUSTUS

85 rechts *Im Haus der Livia blieben viele freskenverzierte Räume erhalten. Besonders sehenswert sind das Tablinum mit zwei alae und ein Triklinium. Der Zweite Pompejische Stil erweckte mit Hilfe gemalter architektonischer Elemente die Illusion von Perspektive. Hier scheinen Säulen die Farbflächen und Girlanden einzurahmen.*

Der älteste Kern des Hauses von Kaiser Augustus bestand aus der Villa des Rhetors Hortensius. Nach und nach kaufte der Herrscher dann weitere Gebäude in der direkten Umgebung an. Die Domus auf dem Palatin umfasste einen öffentlichen und einen privaten Bereich. Auch die Privatresidenz der Gemahlin des Kaisers aus dem 1. Jahrhundert v. Chr. gehörte zur Villa des Imperators. Ein Korridor mit Mosaikfußboden mündete in ein großes überdachtes Atrium, von dem die Wohngemächer abzweigten. Im Osten lagen drei Räume; der größte in der Mitte diente als Tablinum und war mit eleganten Wandgemälden im Ersten Pompejischen Stil verziert. Auf der rechten Wand hatte der Künstler einen Säulenportikus mit einer Ädikula im Zentrum dargestellt. Das Bild zeigt Merkur, der Io, die Geliebte des Zeus, befreit. Die eifersüchtige Hera hatte sie von dem hundertäugigen Wächter Argos bewachen lassen. Das Fresko bezog sich offenbar auf ein berühmtes Gemälde des griechischen Malers Nikias aus dem 4. Jahrhundert v. Chr. Auf der Wand im Hintergrund ist die Meeresgöttin Galateia zu erkennen, die vor Polyphemos, dem Sohn des Poseidon, flieht. Das Zimmer zur Linken zeichnet sich durch einen Dekor aus illusionistisch gemalten Säulen und Pfeilern aus. Stilisierte Figuren wie zum Beispiel geflügelte Greifen bilden die Ergänzung. Zum rechten Raum mit Girlanden zwischen gemalten Säulen gehört ein gelber Fries mit Landschaftsszenen in einem geradezu impressionistischen Stil. Auch das Triklinium war mit Fresken im Zweiten Pompejischen Stil geschmückt, die architektonische Elemente vortäuschten. Hinter geöffneten Fenstern dehnten sich hier fiktive Landschaften aus. Diese Art der Darstellung erfreute sich besonderer Beliebtheit, wenn der Raum keinen Blick auf echte Gärten freigab.

DER TEMPEL DES APOLL

Die Räume im Haus des Augustus gruppierten sich um zwei Terrassen. Die Quellen sprechen von einem eher einfach strukturierten Komplex. Die Privatgemächer im Nordwesten bestanden aus mehreren bescheidenen Zimmern, die man nach den noch erhaltenen Fresken „Maskenzimmer", „Raum der Piniengirlanden" etc. nannte. Im Nordosten lag unweit des Apollo-Tempels der öffentliche Teil der Residenz. Auf dieser Seite gab es auch zwei Bibliotheken mit Werken der griechischen und lateinischen Literatur. Eine von ihnen befand sich im so genannten „Raum der schwarzen Wände". Ein besonders schöner Dekor kennzeichnete das „Perspektivezimmer". Hier täuschen die Fresken effektvoll eine zweistöckige, vorspringende Konstruktion vor. Im Südosten erstreckte sich ein großer Säulensaal mit Stuckgewölbe und einem Fußboden aus verschiedenfarbigen Steinen. Die Wandverzierung machten den Betrachter glauben, er befände sich in einem Raum mit Bildern von Figuren und Masken. Das berühmteste Zimmer der Domus, das „Studierzimmer des Augustus", wurde erst kürzlich restauriert. Der kleine Raum ist reich mit Architekturmalerei, figürlichen Darstellungen, Friesen und Paneelen verziert. Hier wie in den anderen Gemächern herrschen die Farben Rot, Gelb und Schwarz vor.

Im Jahre 12 v. Chr. wurde Augustus zum Pontifex Maximus gewählt. Bei dieser Gelegenheit ließ er im öffentlichen Teil seiner Residenz einen Tempel zu Ehren des Apoll errichten. Berühmte Dichter wie Horaz und Properz besangen das Heiligtum, das zu den wichtigsten Gebäuden auf dem Palatin gehörte. Der Tempel bestand vollständig aus weißem Marmor; die Türen, durch die man in die Cella gelangte, waren mit Gold und Elfenbein verkleidet. Die Kultstätte war mit dem Porticus Danaidum verbunden, einem gelben Säulenportikus, den Statuen der 50 Töchter des Danaos schmückten. Farbige Terrakottatafeln griffen vermutlich verschiedene Themen auf, die mit dem Apollo-Kult in direkter Verbindung standen. Wir wissen auch, dass man im Sockel der Kultstatue die berühmten Sibyllinischen Bücher aufbewahrte, die man vom Kapitol auf den Palatin verlagert hatte.

86 unten *Ein anderes gutes Beispiel für die Malerei des Zweiten Pompejischen Stils bietet das Girlandenzimmer im Haus des Augustus. Hier täuscht die Malerei Piniengirlanden zwischen dünnen Pfeilern vor.*

86–87 *Kaiser Augustus, der selbst vom Palatin stammte, baute hier seine Residenz, zu der auch das Haus des Rhetors Hortensius Hortalus gehörte. Aus politischen Gründen verzichtete der Imperator auf eine luxuriöse Residenz. Räume wie das „Maskenzimmer" waren gleichwohl üppig mit Architekturmalerei im pompejischen Stil dekoriert.*

87 oben *Die Arkadenreihe an der Vorderseite des Tiberius-Palastes öffnete sich zum Clivus Victoriae hin. Darunter befanden sich einige Ladenlokale. Die freigelegten Räume besaßen stuckverzierte, bemalte Gewölbe.*

87 Mitte *Als erster Kaiser stellte sich Tiberius in die Tradition des Augustus und baute auf dem Palatin einen großen Palast. Nur Mauerreste, die den eigentlichen Komplex trugen, erinnern noch an die Domus Tiberiana. Sie lag im östlichen Bereich des Hügels mit Blick auf das Forum.*

87 unten *Auch Nero ließ auf dem Palatin eine Residenz, die Domus Transitoria, errichten. Im Jahre 80 verband Domitian sie durch einen 130 Meter langen überdachten Kryptoportikus mit seinem höher gelegenen Palast.*

Die Domus Tiberiana

Im nordwestlichen Eck des Palatins errichtete Tiberius seine Residenz, die lange Zeit als erster einheitlicher Kaiserpalast galt. Später ließ Caligula den 120 mal 150 Meter großen Komplex zum Forum hin erweitern. Erhalten blieben leider nur jene Teile, die den eigentlichen Bau trugen. Über ihnen erhob sich der vollständig zerstörte Palast. Die Überreste vermitteln gleichwohl einen Eindruck von den Ausmaßen der Domus, denn auf der Nordseite erreichen sie immerhin eine Höhe von 20 Metern.

Im Rahmen neuerer Ausgrabungen stellten die Archäologen fest, dass die Anlage nicht in einem Stück, sondern in mehreren Bauphasen entstanden war und auch eine Anzahl republikanischer Häuser einschloss. Der erste wirklich in einem Zuge erbaute Palast, die Domus Transitoria, geht auf das Zeitalter Neros zurück. Sie sollte sich in das gewaltige Projekt der Domus Aurea einfügen. Nach den Brandkatastrophen der Jahre 64 und 80 ließ Domitian die Residenz wieder aufbauen und fügte ihr in Richtung des Forums eine monumentale Fassade hinzu. Zugleich verwandelte er sie in einen Anbau seines eigenen, etwas höher gelegenen Palastes. Ein Kryptoportikus verband die beiden Teile miteinander. Die Ziegelsteinräume, die man vom Podium des Tempels der Magna Mater aus sieht, stammen aus der Zeit von Kaiser Nero. Dank einiger Einritzungen an den Wänden konnte man diese Teile des Palasts als Diensträume und Sitz eines Wachkorps identifizieren. Etwas weiter hinten erblickt man Reste eines mit Stufen versehenen Bassins, das vermutlich als Vivarium (Fischbecken) diente. Hier begann ein etwa 130 Meter langer, von Oberlichtern erhellter Kryptoportikus. An einigen Stellen war die Decke mit geometrischen Stuckornamenten verziert (eine Kopie findet sich in der Nähe des Hauses der Livia); der Fußboden bestand aus Mosaiken. Zur Palastfassade gehörten Arkaden, die sich zum Clivius Victoriae hin öffneten. Darunter lagen einige gewölbeüberdachte Räume mit Stuckdekor und bemalten Wänden. Im Erdgeschoss entdeckte man in den Verputz eingeritzte derbe Sprüche; Spielische und Rechnungen legen die Vermutung nahe, dass sich hier ebenfalls häufig Wachen aufhielten. Im Mittelalter wurde die Domus Tiberiana geplündert und beschädigt. Im 16. Jahrhundert ließ Kardinal Alessandro Farnese an dieser Stelle die Farnesischen Gärten anlegen. Allerdings existierte in diesem Bereich des Palasts vermutlich von Anfang an ein parkähnlicher Bereich mit Gebäuden, Gärten und Pavillons. Die Familie Farnese passte die Gärten, die sie als Versammlungsort schuf, demnach exakt der antiken Topografie an.

Der östliche Palatin

Der Palast des Domitian – Domus Flavia Domus Augustana

88–89 Nachdem Augustus seine Residenz auf dem Palatin errichtet hatte, wählten auch seine Nachfolger diesen Hügel für ihre Paläste. Nach und nach bedeckten diese die gesamte Anhöhe. Den Anfang machte der Palast des Tiberius, es folgten die Domus Aurea, die Domus Flavia, die Domus Tiberiana und schließlich der Palast des Septimius Severus.

88 unten Durch die großen Fenster des Speisesaals der Domus Flavia konnten die Gäste die Wasserspiele der Nymphäen beobachten. Einige Reste dieser elliptischen Brunnen blieben erhalten.

Im Jahre 81 beauftrage Domitian seinen Architekten Rabirius mit dem Bau eines großen Palastes auf dem Gipfel des Palatins. Elf Jahre später vollendete dieser die komplexe Ziegelsteinanlage, die ein hohes technisches Können verrät. Auch der üppige Dekor und die Vielfalt unterschiedlichster Raumformen lassen darauf schließen, dass Rabirius ein Meister seines Faches war. Das Gebäude füllte die Senke zwischen dem Cermalus und dem Palatium aus. Vermutlich bestand der Kern unter anderem aus dem öffentlichen Teil der Domus Augustana. Der Palast gliedert sich in drei unterschiedliche Bereiche, das Stadion, die Domus Flavia mit den öffentlichen Räumen und die Domus Augustana mit den Privatgemächern des Kaisers. Zur Domus Flavia gelangte man durch einen Säulenportikus im Norden. Er ruhte auf einem Podium und überragte ein großes freies Areal. Hinter dem Portikus lagen drei Empfangssäle, in denen offizielle Zeremonien stattfanden. In der Mitte befand sich Aula Regia mit zahlreichen Nischen, Statuen und Säulen an den Seitenwänden. Im hinteren Teil bot eine große Apsis Raum für den Thron. Hier hielt der gottgleiche Imperator seine Audienzen ab, empfing Botschafter und leitete Versammlungen. In der Basilika zur Rechten tagte vermut-

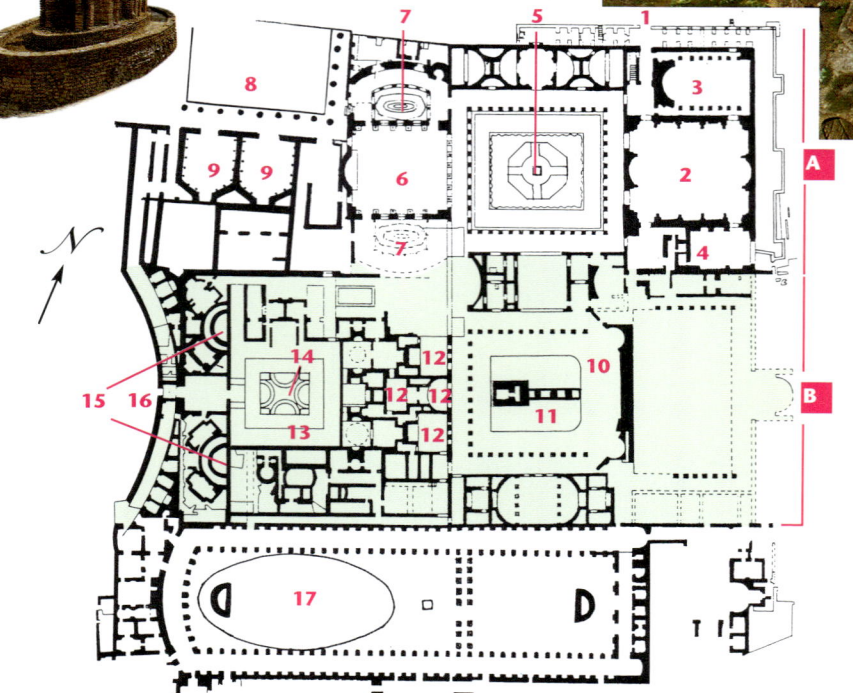

A. Domus Flavia
1. Eingang
2. Aula Regia
3. Basilika
4. Lararium
5. Peristyl
6. Coenatio Iovis
7. Nymphäum
8. Akademie
9. Bibliothek

B. Domus Augustana
10. Peristyl der oberen Terrasse
11. Brunnen und Tempel
12. Schlafzimmer und Diensträume
13. Peristyl der unteren Terrasse
14. Brunnen
15. Ruheräume
16. Große Exedra
17. Stadion

89 oben Das untere Peristyl, ursprünglich ein Portikus der Domus Augustana, bildete den Mittelpunkt der Privatresidenz des Kaisers. Das Becken des großen Brunnens im Zentrum war mit Grün eingefasst und bestand aus vier gegeneinander gesetzten konkaven Flächen.

89 rechts Nördlich des Peristyls öffnen sich einige Räume, die vermutlich als Lesesäle dienten. Dieser Bereich entstand wahrscheinlich in einer späteren Bauphase als die Domus Flavia.

lich der Rat des Domitian. Zwei Säulenreihen gliederten die Basilika in drei Schiffe. Auch hier fehlte die Apsis im hinteren Teil nicht, in der man wichtige, das Reich betreffende Entscheidungen fällte. Die Apsiden, die als feste Bestandteile zu allen größeren Sälen des Palastes gehörten, waren dem Kaiser vorbehalten. Auf diese Weise wahrte er räumliche Distanz zur übrigen Welt, hatte aber gleichzeitig eine exponierte Position inne. Zur Rechten öffnete sich das so genannte Lararium, das Archäologen für eine Privatkapelle des Kaisers halten. Vielleicht hatte dort aber auch die Prätorianergarde ihren Sitz, die einen der Eingänge zur Domus bewachen musste. Weiter südlich gelangt man zu einem großen Peristyl, um den sich ursprünglich ein Portikus zog. Seine Innenwände waren mit Platten aus kappadokischem Marmor verkleidet. Dieser besonders stark reflektierende Stein wirkte wie ein Spiegel, so dass der Kaiser mögliche Angreifer von hinten frühzeitig erkennen konnte. Im Zentrum des Peristyls stehen noch Reste einer großen achteckigen Fontäne. Im Süden öffnet sich ein imposantes Triklinium, die Coenatio Iovis, in der häufig opulente Bankette stattfanden. In der Mitte des Saals saß wohl der Kaiser auf einem kleinen Podest bei Tisch. Von diesem Raum aus konnten Gäste beim Essen die herrlichen Gartenanlagen mit Springbrunnen und Nymphäen bewundern. Da der Saal einen doppelten Boden mit Warmluftheizung besaß, konnte man hier auch im Winter das Ambiente genießen. Zu beiden Seiten des Trikliniums befanden sich zwei elliptische Nymphäen, erhalten blieb das westliche der beiden. An der Hinterwand des Trikliniums lag über der Apsis ein „Akademie" genannter Raum; noch weiter südlich öffneten sich zwei parallel strukturierte Säle, die vermutlich als Bibliothek dienten. Im östlichen Teil des Palasts wohnte die kaiserliche Familie. Die Domus Augustana umfasste zwei Ebenen mit eher kleinen Räumen. Auf der oberen Terrasse gruppierten sich mehrere Säle um ein weiteres Peristyl mit einem Wasserbecken und einem kleinen Tempel im Zentrum. Über einen Steg erreichte man das Heiligtum, das wahrscheinlich der Minerva geweiht war. Hinter dem Peristyl lagen kleine Zimmer, Bäder und weitere Säle. Die zweite Ebene befand sich etwa zwölf Meter unter der Ersten. Auch hier bildete ein großes, von einem zweistöckigen Portikus eingefasstes Peristyl den Mittelpunkt. Der Brunnen im Zentrum war mit einem Muster aus gegeneinander gesetzten Amazonenschilden (Pelten) verziert. Rings um das Peristyl lagen Aufenthaltsräume und Nymphäen, die sich bis zur monumentalen, dem Circus Maximus zugewandten Fassade erstreckten. Letztere bestand aus einer großen halbkreisförmigen Exedra mit Kolonnade, hinter der Reste einiger Säle mit eigentümlicher Struktur erhalten blieben. Vielleicht handelte es sich um Ruhe-

89

oder Meditationsräume. Auf der Ostseite existieren noch Überreste des imposanten Stadions, das Domitian gegen Ende seiner Herrschaft errichten ließ. Das lang gezogene, 160 mal 148 Meter große Areal ist an einer Seite leicht gebogen. Ein zweistöckiger Säulenportikus bildet die äußere Einfassung. Die Loge des Kaisers, eine große Exedra, um die sich ein zweistöckiger Korridor zieht, liegt genau in der Mitte der Ostseite. Im Norden entdeckte man Ruinen von Bauten, die wohl einst als Lagerhallen oder Umkleideräume dienten. In dem Stadion fanden keine Vorführungen oder Spiele statt. Man benutzte es wahrscheinlich ähnlich wie die Hippodrome der Vorstädte als Reitarena. Zahlreiche Kunstgegenstände sollten das Auge der Besucher erfreuen.

90 links *Zum offiziellen Bereich des Domitian-Palasts, der Domus Flavia, gehörten im nördlichen Teil drei Räume. Die Aula Regia, die Basilika und das Lararium gruppierten sich um ein großes Peristyl mit Säulengang. Im Zentrum stand ein achteckiger Brunnen.*

90–91 *Der Palast des Domitian an der Südostseite des Palatins trug den Namen Domus Augustana. Er untergliederte sich in drei Bereiche, die Domus Flavia (der öffentliche Teil), die Domus Augustana (die Privatresidenz) und das Stadion.*

90 unten Unter dem Triklinium der Domus Flavia fand man einen älteren Fußboden mit farbigem Marmordekor. Er gehörte zu einem Gebäude, über dem Domitian seinen Palast errichtete, möglicherweise sogar zur Domus des Nero.

91 oben Im Südwesten lag ein riesiger Bankettsaal, der sich zu zwei großen elliptischen Nymphäen hin öffnete. Mit ihren Wasserspielen erfreuten sie die Gäste bei offiziellen Festessen. Das westliche der beiden Nymphäen blieb erhalten.

91 unten Im Zentrum der Domus Flavia öffnet sich ein großes rechteckiges Peristyl, das von einem Säulenportikus eingefasst wird. Im Zentrum sieht man noch Reste des achteckigen Brunnens, dessen Bodenplatten ein Labyrinth bildeten.

Die Aula Isiaca

92 oben links Die Mauern des Komplexes waren ursprünglich mit Marmor verkleidet. Statuen und andere Kunstwerke bildeten einen üppigen Dekor, der das Auge der Besucher erfreute.

92 oben rechts Rings um das 160 Meter lange Stadion mit abgerundeter Stirnseite zog sich ein zweistöckiger Säulenportikus. Das Stadion diente nicht für Spiele, sondern als Reitarena.

92 Mitte Unter der Domus Flavia entdeckten Archäologen auf der Höhe der Basilika Überreste eines republikanischen Hauses. Einer der Räume ist mit Architekturmalerei im Zweiten Pompejischen Stil verziert. Der Name des Gebäudes bezieht sich auf die verschlungenen Bänder an der Decke, die Symbole der Isis einrahmen.

Unter der Basilika entdeckte man in einem heute nicht zugänglichen Bereich Überreste eines reichen republikanischen Hauses. Fresken in einem großen rechteckigen Raum ließen sich auf die Spätphase des Zweiten Pompejischen Stils, die Mitte des 1. Jahrhunderts v. Chr., datieren. Sie sind heute in der Loggia Mattei ausgestellt. Während Architektur und Raumkonzeption wenig Neues bieten, überrascht der Gewölbedekor, der dem Auditorium seinen Namen gab: Ein blaues und ein rotes Band sind hier auf komplizierte Weise miteinander verflochten. Sie rahmen Symbole der Isis sowie Kultobjekte wie Lotusblüten, Rosengirlanden und Uräusschlangen ein. Diese Art der Verzierung erfreute sich zur Zeit des Augustus nach der Seeschlacht von Aktium großer Beliebtheit, besaß jedoch keinerlei religiöse Bedeutung.

92 unten Das Stadion befindet sich auf der Ostseite der Domus Augustana. In der Mitte der Ostseite öffnet sich eine große Exedra, um die sich ursprünglich ein zweistöckiger Korridor zog. Hier befand sich die Loge der kaiserlichen Familie.

DAS HAUS DER GREIFEN

Unter dem Lararium befindet sich eine weitere, mittlerweile wieder zugängliche Domus, das Haus der Greifen. Der Name bezieht sich auf ein Fresko mit zwei Greifen auf den Lünetten eines Raumes. Forscher identifizierten das Gebäude als älteste republikanische Residenz auf dem Palatin. Die beiden Stockwerke fügen sich in das natürliche Gefälle des Hügels ein und besaßen getrennte Eingänge. Die Räume in der oberen Etage gruppierten sich um ein Atrium; auf der unteren Ebene lagen ebenfalls acht Zimmer. Malereien aus der Epoche des frühen Zweiten Stils (Ende des 2. bis Anfang des 1. Jahrhunderts v. Chr.) zieren die Wände. Die Fresken im Schlafzimmer sind von besonderer Bedeutung: Hier lassen sich drei Ebenen unterscheiden, eine erste mit Säulen auf einem vorspringenden Sockel, eine zweite mit einem Podium und eine dritte mit Orthostaten und Täfelungen, die im oberen Bereich von einem Sims eingerahmt werden. Auch die Malereien im nach Westen hin angrenzenden Raum besitzen einen hohen Wert. Zum bereits beschriebenen architektonischen Schema kommt ein Stuckgewölbe mit Bändern, welche die Fläche in Rauten und Quadrate unterteilen. Die Farben der Gewölbelünette bestechen noch immer: Vor einem roten Hintergrund sitzen die beiden Stuckgreifen einander auf einem Akanthusbusch gegenüber.

93 oben Unter dem Lararium der Domus Flavia fanden sich Reste des ältesten republikanischen Hauses auf dem Palatin. Wegen seines Stuckdekors in der Lünette eines Raumes erhielt es den Namen Haus der Greifen. Die Wände sind mit Architekturmalereien aus der Anfangszeit des Zweiten Pompejanischen Stils verziert. Hier finden sich zum ersten Mal die für diesen Stil typischen illusionistischen Darstellungen architektonischer Elemente.

93 unten Die Fresken im Haus der Greifen gehen auf das Ende des 2. Jahrhunderts v. Chr. zurück. Sie befinden sich heute größtenteils im Antiquarium des Palatin. An Ort und Stelle verblieben einige Fresken des Ersten und beginnenden Zweiten Pompejanischen Stils, zusammen mit Resten des Mosaikbodens.

92–93 Im südlichen Bereich des Palastes, der Domus Augustana, lagen die Privatgemächer des Kaisers mit kleineren Räumen auf zwei Stockwerken. Zwei Peristyle gliederten die obere und die untere Etage. Um das untere Peristyl zog sich ein zweigeschossiger Portikus, in der Mitte stand ein großer, mit gegeneinander gesetzten Amazonenschilden verzierter Brunnen.

Die Domus Severiana

Zur Domus Severiana gehörten verschiedene Gebäude, von denen einige allerdings auf Domitian zurückgehen. So sah der Entwurf des Rabirius, der den Palast mit Bädern ausstatten wollte, wahrscheinlich bereits Thermen vor. Erst unter Septimius Severus wurden die Arbeiten wieder aufgenommen; sie zogen sich bis zur Herrschaft von Maxentius hin. Archäologische Grabungen förderten Teile der Kanalisation und mehrere Becken zutage. Außerdem stieß man auf das übliche System zur Erwärmung des Wassers und der Luft in den Räumen und Bädern. Vor den Thermen befand sich eine große künstlich angelegte Terrasse, die man mit Hilfe von zweistöckigen überwölbten Arkaden geschaffen hatte. Sie ruhten auf Ziegelsteinpfeilern, die den zur Verfügung stehenden Raum vergrößern halfen.

Im südöstlichen Eck des Palatins erhob sich unweit des Circus Maximus das berühmte Septizodium, dessen Zerstörung Papst Sixtus V. im Jahre 1588 anordnete. Die rund 90 Meter lange Fassade mit Brunnen, Säulen, Exedren und Statuen auf mehreren Ebenen sollte nach Aussage der Quellen Besucher beeindrucken, die über die Via Appia nach Rom kamen. Im Norden lagen die etwas kleineren Thermen des Maxentius, an die sich das so genannte Paedagogium anschloss. Hinter dieser Schule für kaiserliche Sklaven befand sich die Schola Praeconum, die Schule der Herolde. Aus einem Bodenmosaik, das einen Zug von Römern mit einer Standarte zeigte, schlossen Wissenschaftler auf die Funktion des Gebäudes. Das Paedagogium stammt aus dem Zeitalter des Domitian. In den Räumen, die von dem Peristyl im Innern des Hauses abzweigen, fand man mehrfach den Satz „exit de paedagogio" mit einem Namen dahinter eingeritzt. Von besonderer Bedeutung ist die Zeichnung eines Kreuzes mit Eselskopf und der griechischen Inschrift „Alexandros betet seinen Gott an".

Neben der Domus Augustana legte man im Bereich der Via Barberini Reste des bereits erwähnten Heliogabal-Tempels frei.

94 oben Vor den Thermen erstreckte sich eine weiträumige Terrasse, die auf Arkaden mit Ziegelsteinpfeilern ruhte. Dieser Bereich sollte unter anderem den verfügbaren Raum vergrößern. Weiter unten, in der Nähe des Circus Maximus, lagen die Schule der kaiserlichen Sklaven (Paedagogium) und die Schule der Herolde (Schola Praeconum).

94 unten Eine große halbkreisförmige Exedra mit Kolonnade öffnete sich in Richtung des Circus Maximus zum Tal hin. Es handelte sich um die imposante Fassade des Domitian-Palastes. Dahinter blieben Reste von Sälen erhalten, welche die Forschung für Ruhe- und Meditationsräume (dietae) hält.

95 oben links Im östlichen Bereich des Palatins ließ Septimius Severus seinen Palast erbauen. Von dem Komplex blieb nur wenig erhalten. Da man Kanalisationsreste und Teile von Becken entdeckte, gehörten zu der Anlage vermutlich auch Thermen.

95 oben rechts Die Domus Severiana wurde fast vollständig zerstört. Allerdings sind noch einige zweistöckige Ziegelsteinarkaden zu sehen, die den oberen Teil des Palastes trugen.

95 unten Im südöstlichen Eck des Palatins erhob sich unweit des Circus Maximus ein mächtiges Nymphäum, das Septizodium, das leider nicht mehr existiert. In der Via San Gregorio stehen dagegen noch Arkadenreste der Aqua Claudia, des von Kaiser Claudius angelegten Aquädukts

MALEREI IM ALTEN ROM

96 unten links Dekorierte man den oberen Teil der Wände mit kleinen Quadraten auf weißem Grund, so bestand der Mittelteil häufig aus großen roten Flächen. Ein gelber Sockel bildete den unteren Abschluss.

96–97 Wir wissen wenig über den Innendekor römischer Häuser. Einige Villen und Paläste blieben zum Glück erhalten. Das Haus der Livia gehört in diesem Zusammenhang zu den schönsten Beispielen. Hier existiert noch ein Sommerspeisesaal, der reich mit Gartenfresken aus dem 2. Jahrzehnt v. Chr. geschmückt ist. Um die hohen Gäste vor Kälte zu schützen, war der Saal rundum geschlossen. Die illusionistische Wandmalerei vermittelte gleichwohl den Eindruck, man befände sich im Freien.

Vitruvius setzte sich als Erster mit der römischen Malerei auseinander. Allerdings nahm er gegenüber den zu seiner Zeit beliebten Kunstformen eine eher kritische Haltung ein. In seinem berühmten Werk *De Architectura (VII, 5,1-8)* heißt es: „Daher ahmten die Alten, die mit der Wandmalerei begannen, zunächst die Buntheit und das Anbringen von Marmorplatten nach, sodann Gesimse, Silicula und keilförmige Streifen, die untereinander mannigfalt verteilt waren. Später gingen sie dann dazu über (...) in offenen Räumen wie z. B. Exedren wegen der Größe der Wände Theaterszenen, wie sie in Tragödien, Komödien oder Satyrspielen vorkommen, abzumalen, in Wandelgängen aber wegen ihrer Wandlängen die Wände mit verschiedenartigen Landschaftsbildern auszuschmücken, wobei sie die Gemälde nach den ganz bestimmten Eigenarten der Örtlichkeiten schufen. Es werden nämlich Häfen, Vorgebirge, Gestade, Flüsse, Quellen, Meerengen, Heiligtümer, Wälder, Gebirge, Viehherden, Hirten abgemalt, (...) aber auch die Kämpfe um Troja oder die Irrfahrten des Odysseus von Land zu Land. All dies, das als Nachbildung von wirklichen Dingen entlehnt wurde, wird jetzt infolge eines entarteten Geschmacks abgelehnt. (...) An Stelle von Säulen setzt man kannelierte Rohrstängel, an Stelle von Dachgiebeln *appaginerculi* mit gekräuselten Blättern und Voluten, ferner Lampenständer, die die Gebilde kleiner Tempel tragen, über deren Giebel sich zarte Blumen aus Wurzeln mit Voluten erheben, auf denen sinnlos kleine Figuren sitzen, ferner Pflanzenstängel mit Halbfiguren, von denen die einen Menschen, andere Tierköpfe haben. So etwas aber gibt es nicht, kann es nicht geben, hat es nicht gegeben. (...) Aber obwohl die Menschen diese Fehlgriffe sehen, tadeln sie sie nicht, sondern erfreuen sich daran und fragen nicht danach, ob es so etwas geben kann oder nicht. (...) Was nämlich die Alten mit mühevoller und sorgfältiger Arbeit durch Kunst zu erreichen suchten, das erreicht man jetzt durch Farben und deren schönes Aussehen."

Dank Vitruvs Darlegungen konnten Wissenschaftler – allen voran August Mau – verschiedene Stile der Wandmalerei identifizieren. Mau unterschied bis zum Ausbruch des Vesuvs im 1. Jahrhundert n. Chr. vier Malstile. Der Erste, in Rom kaum verbreitete Stil, kam im 2. Jahrhundert v. Chr. auf, als Künstler den Dekor griechischer Paläste (zum Beispiel

Die Fresken des zuletzt genannten Gebäudes befinden sich heute im Palazzo Massimo. Unter Augustus erfolgte der Übergang zum weniger bekannten Dritten Pompejischen Stil. Die Wände bildeten nun wieder ein Fläche und öffneten sich seltener als zuvor zu imaginären Landschaften hin. Auch verlor sich der Hang zur illusionistischen Darstellung allmählich. An ihre Stelle traten schlanke Elemente, Miniaturen sowie exotische und ägyptisierende Formen. Beispiele für den Dritten Stil bieten die unterirdische Basilika di Porta Maggiore, die Pyramide des Cestius und das Auditorium des Mäcenas.

In den Jahren zwischen der Herrschaft des Claudius und dem Ausbruch des Vesuvs blühte der Vierte Pompejische Stil. Nach wie vor zierten architektonische Elemente die Wände, doch nahmen sie deutlich weniger Raum ein und ließen mehr Fantasie zu. Diesem Stil lassen sich die Räume der Domus Transitoria, der Domus Augustana auf dem Palatin und der Domus Aurea des Nero zuordnen. Unter Konstantin kam es zu einer weiteren Vereinfachung und Stilisierung der vorgetäuschten Architektur. Sie erschien nun nur noch in Form isolierter Elemente auf braunem, rotem oder gelbem Hintergrund und wurde von einfachen schmalen Simsen eingerahmt.

von Pergamon oder Alexandria) zu kopieren versuchten. Mit bemaltem Putz und Stuck ahmten sie farbigen Marmor und Vertäfelungen nach. Der Zweite Stil entwickelte sich im Lauf des 1. Jahrhunderts v. Chr. und schuf die Grundlagen für eine reichere und komplexere Raumgestaltung. Dreidimensionale architektonische Elemente wie zum Beispiel Säulen rahmten nun Flächen, Kunstwerke auf Podien oder Bilder ein. Schöne Beispiele für diesen Stil fanden sich in Rom in der Villa der Livia, im Haus der Greifen auf dem Palatin und in der Villa Farnesina.

97 oben In der Villa Farnesina waren sogar die Gänge und Kryptoportiken mit illusionistischen Szenen auf hellem Untergrund verziert. Verschiedene Ornamente grenzten die kleinen Bilder gegeneinander ab.

97 Mitte Auf den Wänden des Hauses der Greifen sind bereits architektonische Elemente zu erkennen, doch fehlt noch der für den Zweiten Pompejischen Stil typische illusionistische Hintergrund.

97 unten Das Schlafzimmer der Villa Farnesina war mit Fresken ausgestattet, die sich heute im Palazzo Massimo befinden. Die gut erhaltenen Wandgemälde zeichnen sich durch die typische Raumgliederung des Zweiten Pompejischen Stils mit architektonischen Elementen, Ädikulen und Landschaftsszenen aus.

Der Circus Maximus

Im Bereich zwischen Palatin und Aventin befand sich schon seit alters ein Circus für Wagenrennen, insbesondere für Quadrigen. Der Legende zufolge hatte bereits Romulus den berühmten Raub der Sabinerinnen mit Spielen gefeiert, doch geht die Stätte wohl eher auf Tarquinius Priscus zurück. Nach und nach entwickelten die Rennen sich zu einer Institution: Alljährlich fanden sie im Rahmen der Ludi Romani zwischen dem 14. und dem 18. September statt. Der Circus erstreckte sich über ein weiträumiges Areal; er war über 600 Meter lang, mehr als 100 Meter breit und bot Raum für 150 000 Zuschauer. Im 4. Jahrhundert fanden hier angeblich sogar 380 000 Menschen Platz. Diese Zahlen belegen, wie stark sich die Römer für Wagenrennen interessierten.

Zunächst war die Struktur der Anlage noch nicht besonders ausgefeilt. Das Publikum saß auf einfachen Holzsitzen. Nachdem man den Tiber kanalisiert hatte, wurden die eigentlichen, aus Stein gemauerten Ränge errichtet. Auf das 4. Jahrhundert v. Chr. gehen die *Carceres* zurück. Diese Startboxen für die Wagen bestanden zunächst aus bemalten Holzverschlägen, später aus Marmor. Die *cavea*, der Zuschauerraum, umfasste drei Ebenen, die unteren aus Stein, die obere aus Holz. Sie ruhten jeweils auf Arkadenbögen.

Auf der langen Mittellinie des Circus reihten sich im Laufe der Jahrhunderte immer mehr Kunstwerke aneinander. Im Jahre 10 v. Chr. kam der berühmte Obelisk Ramses' II. aus Heliopolis hinzu, der heute auf der Piazza del Popolo steht. Der Obelisk Thutmosis' III. aus Theben bereicherte die Sammlung ab dem 4. Jahrhundert. Er befindet sich heute auf der Piazza San Giovanni in Laterano. Mit Hilfe von sechs ebenfalls auf der Mittellinie aufgestellten Eiern zählte man die bereits zurückgelegten Runden. Agrippa ließ sieben Bronzedelphine hinzufügen, welche dieselbe Aufgabe erfüllten. Im Laufe der Zeit vergrößerte sich die Zahl der Monumente, Ädikulen und kleinen Tempel auf dem Mittelstreifen. An den äußersten Enden ließ Kaiser Claudius zwei *metae* platzieren, konische Elemente aus Bronze, die den Wendepunkt für die Wagen markierten. In der Mitte der gebogenen Südseite befand sich ein Tor. An seiner Stelle baute Sterinius im 2. Jahrhundert v. Chr. einen Triumphbogen, der seinerseits um das Jahr 81 einem Kaiser Titus geweihten Bogen weichen musste. Der Senat hatte dieses Bauwerk in Auftrag gegeben, um an die Erfolge des Kaisers gegen die Judäer zu erinnern. Auf der Ostseite ließ Augustus unterhalb des Palatins den *pulvinar* konstruieren, einen heiligen Bezirk, von dem aus die Götter an den Spielen teilnehmen konnten. Später diente er dem Imperator und seinem Gefolge als Loge.

Heute präsentiert sich der Circus Maximus Besuchern als große Grünfläche, die zwar noch präzise die Umrisse der Arena nachzeichnet, ansonsten aber nur noch wenige Reste der Seitenmauern und der Carceres bietet. Ausgrabungen in diesem Bereich musste man wegen des von unten einsickernden Grundwassers vorzeitig abbrechen.

98 oben und 98–99
Der Legende zufolge gab es bereits zur Zeit der Etrusker einen Platz für Wagenrennen in dem Gebiet zwischen Palatin und Aventin. Im Laufe der Zeit begeisterten sich immer mehr Römer für diesen Sport. Zwischen dem 4. Jahrhundert v. Chr. und dem 4. Jahrhundert n. Chr. bauten und erweiterten Senat und Kaiser den Circus Maximus.

1. Plan des Circus
2. Erster Stock
3. Zweiter Stock
4. Dritter Stock
5. Ringstrasse

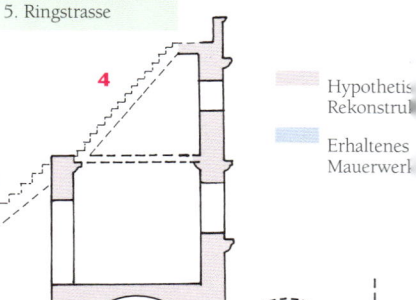

Hypothetis[che] Rekonstru[ktion]

Erhaltenes Mauerwerk

99 unten An der Stelle des Circus Maximus befindet sich heute eine Grünanlage, die die Form des Parcours nachzeichnet. Ansonsten blieben nur wenige Reste der carceres (Startboxen) und der Seitenmauern erhalten, welche die Ränge der cavea stützten. Wegen eindringenden Grundwassers musste man die Ausgrabungen vorzeitig beenden.

99 rechts Das Secretarium Circi Maximi befand sich auf der Rückseite der Anlage. Im 3. Jahrhundert wurde es um ein Mithräum erweitert. Hinter dem östlichen Eingang lag der innere Teil des eigentlichen Heiligtums, das spelaeum (Grotte). Hier entdeckte man ein großes Relief mit einer für den Mithraskult typischen Darstellung, auf welcher der gleichnamige Gott einen Stier tötet.

Das Mithräum

Hinter der Nordseite des Circus Maximus steht ein Gebäude, das man von der Via dell'Ara Massima aus besonders gut sieht. Vermutlich befand sich hier im 2. Jahrhundert das Secretarium Circi Maximi, ein Gericht des Stadtpräfekten. Der Bau gliedert sich in fünf parallel angelegte, rechteckige Räume; zwei lange Treppen, die am Circus begannen, führten zu ihnen empor. Im 3. Jahrhundert fügte man dem Haus ein Mithräum hinzu. Dies belegt eine Widmungsinschrift in einem der östlichen Zimmer. Auch Anhänger des Kultes, in aller Regel Freigelassene, ritzten hier ihre Namen ein. „Dem unbesiegten Sonnengott Mithras schenkt Tiberius Claudius Hermes dieses Bild des Gottes, das er ihm durch ein Gelübde versprochen hat" (Deo Scli Invicto Mithrae Ti(berius) Cl(audius) Hermes ob vptum die typum d(ono) d(at)), heißt es dort unter anderem.

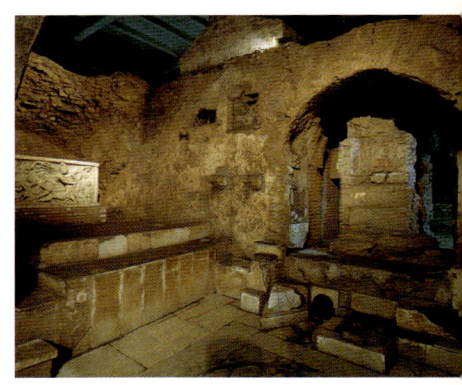

Das Mithräum besaß einen nach Osten gelegenen Eingang, eine Art Sakristei (*apparatorium*) und das eigentliche Heiligtum, *spelaeum* (Grotte) genannt. In zwei Nischen standen die Statuen der Fackelträger Cautes und Cautopates. Die nachfolgenden Räume im Osten waren die wichtigsten. Von hier stammt vermutlich auch das große erhaltene Relief mit der Darstellung des Gottes Mithras, der den Stier tötet. Außerdem zeigte das Bild Sol, Luna, Cautopates und Cautes, während weiter unten noch einmal Mithras mit dem Stier auf dem Rücken erscheint.

DER AVENTIN

SÜDWESTLICHER BEZIRK

Der Aventin ist der nördlichste Hügel der Stadt. Bis zur Herrschaft von Kaiser Claudius lag er außerhalb des Pomeriums. Seine geologische Beschaffenheit und die Nähe zum Tiber haben die Vergangenheit dieses Bereichs der Ewigen Stadt wesentlich geprägt. Der Überlieferung zufolge siedelte sich hier Ancus Martius zusammen mit den Bewohnern zahlreicher Orte an, die er erobert hatte. Stets verband sich die Geschichte der Plebs mit jener des Hügels, insbesondere jedoch, als man zu seinen Füßen den neuen Hafen Roms, das Emporium, erbaute. Nun entwickelte der Aventin sich zu einem lebhaften Handelsviertel, in dem Kaufleute aus aller Herren Länder lebten. Sie bildeten im Laufe der Zeit die Schicht der Plebejer, die im 4. Jahrhundert v. Chr. nach langen Kämpfen die politische Gleichstellung mit den Patriziern durchsetzte. Nachdem ein Gesetz im Jahre 456 v. Chr. den Aventin unter den Plebejern aufteilte, verwandelte er sich endgültig in ein Viertel der Handwerker und Händler. Immer mehr Menschen siedelten sich hier an, sodass eine geordnete urbane Struktur schließlich gar nicht mehr möglich war. Reste von Häusern aus jener Zeit entdeckte man im Bereich der Kirche Santa Sabina. Hier legten die Archäologen einige Abschnitte der Servianischen Mauer aus dem 4. Jahrhundert v. Chr. frei. Zunächst entstanden Häuser auf der Innenseite des Walls, später kamen weitere auf der Außenseite hinzu. Verbindungsstraßen zwischen beiden Bereichen machten deutlich, dass die Stadtmauer zu jener Zeit ihre Verteidigungsfunktion verloren hatte. Auf dem Aventin gab es zahlreiche Kultstätten, darunter uralte Heiligtümer wie den Tempel der Diana, einen von Portiken umgebenen Peripteros, und den Minerva-Tempel im Zentrum des Hügels an der Via San Domenico. In letzterem war ab dem 3. Jahrhundert v. Chr. vermutlich die Zunft der Schriftsteller und Schauspieler ansässig. Darüber hinaus baute man weitere Tempel, zum Beispiel für Ceres, Liberus und Libera, Luna und Libertas. Während der Kaiserzeit formierte der Aventin sich mehr und mehr zum Wohnviertel. Von hier stammten die Dichter Ennius und Nevius, die späteren Kaiser Trajan und Vitellius sowie Trajans Freund L. Sura. Zu seinem Haus gehörten die Thermen, die man unter der Chiesa di Santa Prisca fand. Darüber hatte man offensichtlich ein Mithräum errichtet, von dem ebenfalls einige Überreste erhalten blieben. Das Mithräum von Santa Prisca geht auf das 2. Jahrhundert zurück und wurde im 15. Jahrhundert zerstört. Man erreicht es durch das rechte Seitenschiff

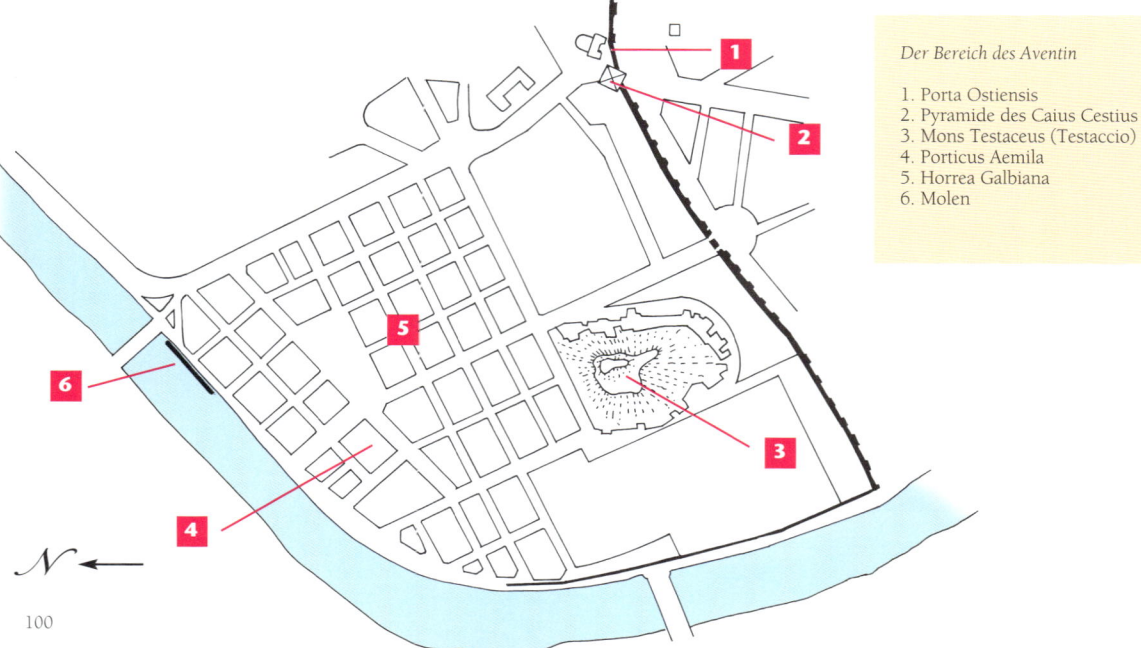

Der Bereich des Aventin

1. Porta Ostiensis
2. Pyramide des Caius Cestius
3. Mons Testaceus (Testaccio)
4. Porticus Aemila
5. Horrea Galbiana
6. Molen

100–101 Im 2. Jahrhundert v. Chr. benötigte Rom einen neuen Flusshafen. Das Emporium wurde im einzigen noch freien Gebiet am Fuße des Aventins angelegt. Hierzu pflasterte man das Areal, schuf Molen und Schranken, den Kai und Treppen, die zum Fluss hinabführten. Zum Pier gehörten große Travertinblöcke mit Eisenringen, an denen die Schiffe vertäut wurden.

Einige Mauerreste blieben zwischen der Via Branca und der Via Vespucci erhalten.

Als die römische Bevölkerung im 2. Jahrhundert v. Chr. rasch zunahm, gab es immer häufiger kostenlose Getreideverteilungen. Hierfür benötigte die Verwaltung natürlich zusätzliche Lagerhallen. Zwischen der Porticus Aemilia und dem Testaccio baute man neue Speicher, die Horrea. Am bekanntesten war die Horrea Galbiana, die aus drei Gebäuden um einen zentralen Innenhof und einer Reihe weiterer Räume bestand. Vermutlich handelte es sich um die Wohnungen der hier angestellten Sklaven.

Der Testaccio

der Kirche. Durch die Krypta gelangt man in ein Atrium und von dort aus in das *spaeleum*. In der Nähe des Eingangs befanden sich zwei Nischen für die Gehilfen des Mithras, Cautes und Cautopates. Weiter hinten bot eine weitere Nische Raum für die übliche Darstellung des Gottes, der einen Stier tötet. Darunter ist ein liegender Saturn zu erkennen. Die Körper beider Götter bestehen aus stucküberzogenen Amphoren. An den Seitenwänden verläuft eine Prozession mit Personen, die Symbole ihres jeweiligen Initiationsgrades (Rabe, Nymphus, Soldat, Löwe, Perser, Heliodromos und Vater) tragen.
Unter dem Platz des Diana-Tempels entdeckte man Überreste eines weiteren Thermen-Komplexes. Kaiser Decius ließ die nach ihm benannten Thermae Decianae im Jahre 252 errichten. Ihren Grundriss kennen wir aus einer Zeichnung des Palladius.
Im 2. Jahrhundert v. Chr. hatten sich die Handelsaktivitäten der Römer so verstärkt, dass das Forum Boarium aus allen Nähten platzte. Immer dichter drängten sich Ladenlokale und die unterschiedlichsten Einrichtungen aneinander. Um diese Zeit baute man einen neuen Flusshafen, das Emporium, in einem noch unerschlossenen Gebiet am Fuße des Aventins. Das Areal wurde gepflastert und durch Schranken und Molen untergliedert. Treppen führten zum Tiber hinab, wo die Schiffe an einem gut 500 Meter langen Pier mit großen Travertinblöcken und Eisenringen vor Anker lagen. Dahinter standen zahlreiche Hafengebäude wie die mächtige Porticus Aemilia. Lucius Aemilius Lepidus und Lucius Aemilius Paulus errichteten das Tuffsteingebäude in Gussbauweise, in dem gelöschte Waren lagerten. Pfeiler gliederten den rund 500 Meter langen Gebäudekomplex in 50 Schiffe, davon sieben im Innenbereich. Kleine Gewölbe überdachten die einzelnen Abschnitte.

Der Testaccio, der Scherbenberg, erhebt sich am linken Tiberufer zwischen der Aurelianischen Mauer und der heutigen Via Galvani. Er liegt etwa 30 Meter höher als seine Umgebung und umfasst eine Gesamtfläche von rund 20 000 Quadratmetern.
Der heutige Name leitet sich vom lateinischen Wort *testaceus* (Scherbe) ab. Hierhin warfen die Römer nämlich die Amphoren, in denen die Schiffe im nahe gelegenen Hafen ihre Waren transportiert hatten. Zum größten Teil handelte es sich um Ölamphoren vom Typ „Dressel 20". Sie tragen einen Fabrikstempel auf einem der Henkel und Angaben zur Herkunft sowie Kontrollmarken auf dem Bauch. Die meisten Behälter stammen aus Spanien, vor allem aus dem heutigen Andalusien, oder aus Nordafrika. Zeitlich lassen sie sich zwischen der Mitte des 2. und der Mitte des 3. Jahrhunderts einordnen.

Die Pyramide des Caius Cestius

C(aius) Cestius L(uci) f(ilius) Epulo, Pob(lilia tribu), praetor, tribunus plebis, (septem)vir epulonum
„Dem Gaius Cestius, Sohn des Lucius, aus der Tribus Publilia, Praetor, Volkstribun und Septemvir epulonum."

Diese Inschrift findet sich auf einem pyramidenförmigen Monument, das noch heute auf der Piazza Ostiense steht. Im 3. Jahrhundert gliederte man es in die Aurelianische Mauer ein; im Mittelalter war es unter dem Namen Meta Remi bekannt. Es handelt sich um ein Grabmal, das der Praetor Caius Cestius für sich errichten ließ. Auf den Basen von Bronzestatuen, die sich heute in den Kapitolinischen Museen befinden, entdeckte man Inschriften. Sie nennen berühmte Erben des Verstorbenen, darunter Valerius, Messalla und Agrippa, den Schwiegersohn des Augustus. Wir wissen, dass die Skulpturen mit dem Verkauf attalischer Teppiche aus Pergamon finanziert wurden, die wegen eines im Jahre 18 v. Chr. verabschiedeten Gesetzes nicht in der Pyramide liegen durften. Ursprünglich standen Säulen an den vier Ecken der Pyramide, denn man versuchte, Vorbilder des ptolemäischen Ägyptens wie die Pyramide von Meroë möglichst exakt nachzuempfinden. Das in Gussbauweise (opus caementicium) ausgeführte Bauwerk war mit Marmorplatten verkleidet. Die Seitenlänge der Basis betrug knapp 30, die Höhe 36,4 Meter. Durch einen in unserer Zeit hinzugefügten Eingang gelangt man heute in die rechteckige Kammer, über die sich ein Tonnengewölbe spannt. Der mit Ziegeln verblendete Raum gehört zu den ältesten in dieser Technik (opus latericium) errichteten Bauten Roms.
Er ist überdies reich mit Fresken im Dritten Pompejischen Stil ausgestattet: Kandelaber mit sitzenden und stehenden Frauenfiguren rahmen hier die Wandflächen ein. Siegesgöttinnen zieren die vier Gewölbeecken.

102 Auf der Piazza Ostiense erhebt sich eine imposante Pyramide, das Grabmal des Caius Cestius. Im Mittelalter nannte man es Meta Remi und brachte es mit einem anderen Bauwerk, der so genannten Meta Romuli, in Verbindung. Die Statue des Verstorbenen befindet sich heute in den Kapitolinischen Museen. Archäologen gehen davon aus, dass an den Eckpunkten der Pyramide einst vier Säulen standen. Mit Sicherheit hatte der Architekt sich von Bauten im ptolemäischen Ägypten inspirieren lassen. Die Außenseite des Monumentes ist mit Marmorplatten verkleidet, der Bau selbst wurde in Gussbauweise errichtet.

TRASTEVERE

Der Trastevere entstand als letzte der 14 augusteischen Regios. Er umfasste die Tiberinsel und das rechte Flussufer bis zur Anhöhe des Ianiculums. Ursprünglich lag der Trastevere außerhalb des Stadtgebietes, bis zur Herrschaft des Vespasian gehörte er nicht zum Pomerium. Gleichwohl galt er seit der Zeit der Könige als besonders wichtiger Bereich. Der Gianicolo bildete ein natürliches Bollwerk gegen Etrurien, von dem aus die Römer sich hervorragend verteidigen konnten.

Der Überlieferung zufolge wehte hier stets eine rote Fahne, wenn die Komitien sich auf dem Campus Martius versammelten.

Als während der Republik unterhalb des Testaccio ein neuer Hafen entstand, füllte sich die Gegend allmählich mit Wirtschaftsgebäuden, Lagerhallen und Wohnungen von Händlern und Hafenarbeitern. Während der Kaiserzeit siedelten sich hier überdies Handwerker – zum Beispiel Töpfer oder Müller –, Lastenträger und Arbeiter an, zu denen sich eine große Zahl von Immigranten aus dem Orient gesellte.

Unter der Kirche Santa Cecilia (Via della Lungaretta) entdeckte man in Höhe des Hauptschiffes Überreste von Lagerhallen aus der republikanischen Ära und Ruinen einer Gerberei aus der Zeit des Antoninus Pius, die man anhand von sieben runden Wannen identifizierte.

Im Viale Trastevere zwischen der Via Montefiore und der Via della VII Coorte liegt acht Meter unter der Straße das Excubitorium der 7. Kohorte der Vigiles. In dieser kasernenähnlichen Struktur versahen Vigiles, der heutigen Polizei und Feuerwehr vergleichbare Beamte, ihren Dienst.

Auch die Kulte, die in diesem Viertel Zuspruch fanden, weisen auf die Zusammensetzung der dortigen Bevölkerung hin. Es gab eine große jüdische Gemeinde, deren Synagoge unweit der heutigen Porta Portese stand. Verschiedene Tempel waren der Göttin Dia, mindestens drei der Fors Fortuna geweiht, davon allein zwei auf der Via Portuense. Auch die Divae Corniscae besaßen eine eigene Kultstätte. Ebenfalls im Bereich der Porta Portese, und zwar im Viale Trastevere unweit des Ministeriums für öffentliche Bildung, entdeckte man einige weitere Heiligtümer. Mit Sicherheit existierten auch Tempel für Anhänger orientalischer Kulte, die zumeist einer der ausländischen Gemeinschaften angehörten. Auf dem Gianicolo stand zum Beispiel ein großes Heiligtum syrischer Gottheiten.

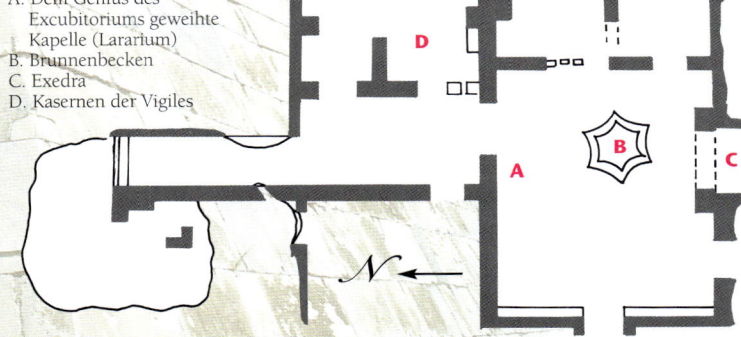

DER GIANICOLO

Am Südhang des Gianicolo erhob sich bereits im 2. Jahrhundert v. Chr. eine Kultstätte, die dem Zeus Keraunios und den Furrinischen Nymphen geweiht war. Um das 1. Jahrhundert verband sich dieser Kult mit dem der syrischen Gottheiten, denen man einen Tempel errichtete. Die erhaltenen Reste gehen auf einen Umbau aus dem 4. Jahrhundert zurück. Der lang gezogene Komplex gliederte sich in drei Teile. Der Eingang lag in der Mitte der einen Längsseite. Von dort aus gelangte man in einen großen rechteckigen Innenhof. Hier befanden sich die anderen beiden Räume: Zur Linken betrat man ein Atrium mit zwei seitlich angeordneten Cellae; von hier aus führte der Weg in eine basilikaähnliche Aula mit drei Schiffen, einem dreieckigen Altar im Zentrum und einer großen Apsis im hinteren Bereich. Dort thronte eine Kultstatue vom Typus des sitzenden Jupiters. Zur Rechten bot eine Tür Zugang zu einen ungewöhnlichen Raum. Er gliederte sich in zwei kleine Säle und einen größeren mit achteckigem Grundriss und einer Apsis im hinteren Teil. Auch hier entdeckte man im Zentrum einen dreieckigen Altar. In einer Höhlung lagen Reste von Eiern und eine Bronzestatuette. Sie zeigte eine männliche Figur, um die sich eine Schlange wand.

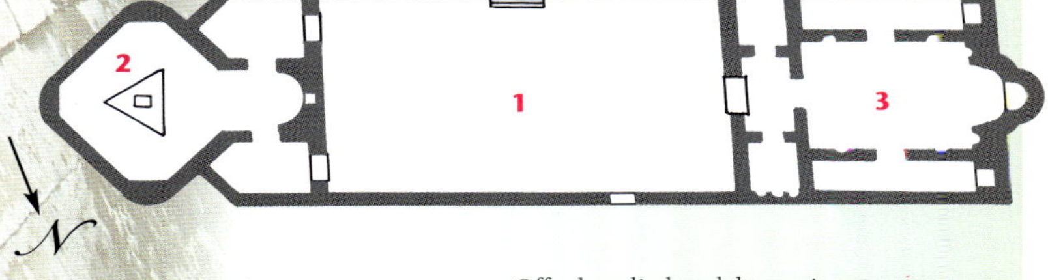

Offenkundig handelte es sich um den Gott Osiris, der jedes Jahr begraben wurde, um dann zu neuem Leben zu erwachen. Die sieben Windungen der Schlange standen für sieben Himmelsbögen. Sie entsprachen den sieben Stufen des Initiationsritus, den die Anhänger des Kultes absolvieren mussten.

Plan des Excubitoriums der 7. Kohorte

A. Dem Genius des Excubitoriums geweihte Kapelle (Lararium)
B. Brunnenbecken
C. Exedra
D. Kasernen der Vigiles

Plan des Isisheiligtums

1. Rechteckiger Hof
2. Apsisähnlicher Raum
3. Basilika

DER CAELIUS

SÜDÖSTLICHER BEZIRK

1. Tempel des Divus Claudius
2. Clivus Scauri
3. Dolabella-Bogen
4. Vectilianae Aedes
5. Lateran
6. Porta Maggiore
7. Sessorium
8. Circus Varianus
9. Amphitheatrum Castrense
10. Caracalla-Thermen
11. Grab der Scipionen
12. Porta San Sebastiano
13. Via Appia

Der Caelius erhebt sich zwischen dem Kolosseum, der heutigen Via San Gregorio und dem Viale delle Terme di Caracalla. Hier trafen bei der Porta Capena zwei wichtige Straßen zusammen, die Via Appia und die Via Latina. Die ältesten Monumente, die man in diesem Bereich der Stadt entdeckte, waren Kultstätten, Gräber sowie zahlreiche Kasernen.

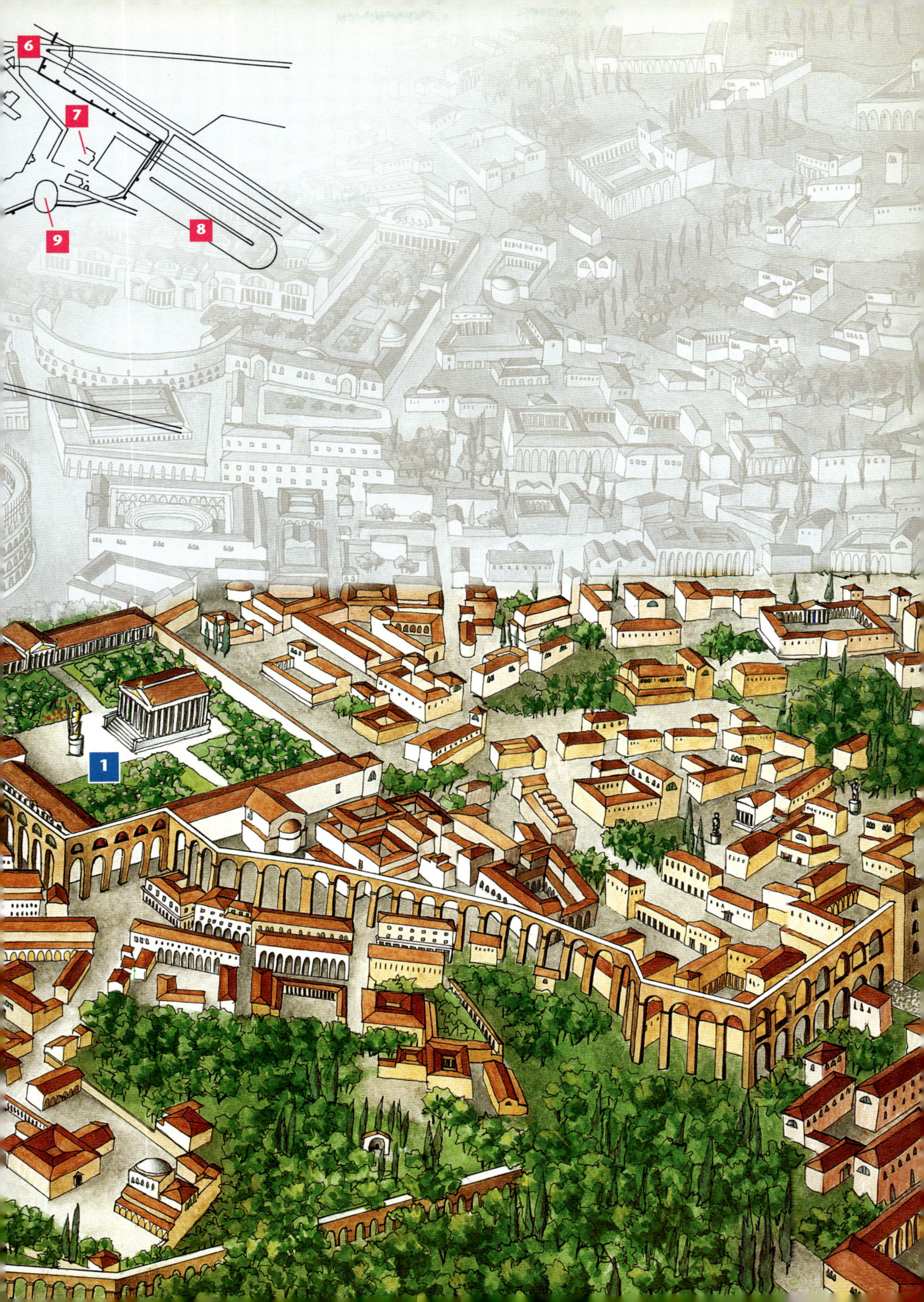
6
7
8
9
1

Der Tempel des Divus Claudius und der Clivus Scauri

Dem Palatin gegenüber stehen heute noch Reste eines Tempels, den Agrippina im Jahre 54 ihrem Gemahl Claudius weihte. Nero ließ das Heiligtum teilweise zerstören und errichtete an seiner Stelle ein großes Nymphäum. Nachdem der Kaiser gestorben war, baute Vespasian den Tempel wieder neu. Auf diese Zeit gehen die Ruinen im Bereich des Convento di SS. Giovanni e Paolo zurück. Das Gebäude ruhte auf einer breiten rechteckigen Basis von 180 Metern Länge und 200 Metern Breite. Auf zwei Stockwerken lagen verschiedene Räume übereinander. Im Zentrum der Ostseite befand sich die Treppe, die zu der Kultstätte emporführte. Das nur grob behauene Mauerwerk entsprach dem typischen „rustikalen" Stil der claudischen Zeit. Im Norden gab es einen großen Wasserspeier; in der Mitte der Basis erhob sich der eigentliche Tempel; ein Prostylos, um den sich ein begrünter Bereich schloss.

Das Nymphäum aus der Epoche des Nero blieb besonders gut erhalten. Es ist heute in der Via Claudia zu sehen. In der Mitte einer hohen Ziegelsteinmauer befindet sich ein Raum, rechts und links davon schließen sich Nischen an. Vermutlich sollte das Nymphäum den passenden Hintergrund für die Gärten der Domus Aurea bilden.

Die Straße, die zwischen den Kirchen San Gregorio und SS. Giovanni e Paolo verläuft, trägt bis heute den Namen ihres Erbauers: Aemilius Scaurus war im Jahre 109 Zensor in Rom. Hier stehen noch einige Wohnhäuser, ein Kryptoportikus und die Aula einer Basilika mit Apsis aus der Kaiserzeit. Letztere liegt hinter dem Oratorium der Kirche San Andrea und beherbergte einst vermutlich die berühmte Bibliothek von Papst Agapitus I. (535-536). Auf der Piazza SS. Giovanni e Paolo entdeckte man eine Reihe von Gebäuden aus dem 3. Jahrhundert. Wahrscheinlich handelt es sich um *tabernae*, die als Läden dienten. Weiter nördlich erhebt sich die Basilika SS. Giovanni e Paolo über weiteren Bauten aus der Kaiserzeit. Unter dem Hauptschiff fanden sich Reste eines großen mehrstöckigen Wohnhauses und eines kleinen privaten Bades. Die Fassade eines anderen Gebäudes am Clivus Scauri kann man noch heute an der linken Seite der Kirche erkennen. Die große *insula* mit mehreren Etagen und zahlreichen Wohnungen wurde nach und nach zum Luxusgebäude umgewandelt. Auf halber Höhe der Treppe zum Hof befindet sich eine Confessio, eine Nische mit interessanten Fresken aus dem 4. Jahrhundert. Sie zeigen christliche Märtyrer – möglicherweise Crispus, Crispianus und Benedicta – im Tempel des Julianus Apostata.

Der Bogen des Dolabella

Unweit der Piazza SS. Giovanni e Paolo steht in der Via di San Paolo della Croce der Travertinbogen des Dolabella. Er trägt die Inschrift „P. cornelius P.f. Dolabella C. Iunius C.f. Silanus flamen Martial(is) co(n)s(ules) ex s(enatus) c(onsulto) faciundum curaverunt idemque probaver(unt)" („Die Konsuln P. Cornelius Dolabella, Sohn des Publius, und Gaius Iunius Silanus, Sohn des Gaius, Priester des Mars, schrieben (dieses Bauwerk) aufgrund eines Senatsbeschlusses aus und erteilten den Zuschlag"). Der Bogen stützte eine Arkade der neronischen Wasserleitung und geht laut Inschrift auf das Jahr 10 zurück. Er wurde als Stadttor der Servianischen Mauer (Porta Caelimontana) identifiziert. Augustus ließ verschiedene dieser Tore wieder aufbauen.

Der Bereich des Militärkrankenhauses

Auf dem Gelände des Militärkrankenhauses wurden zwischen der Piazza Celimontana und der Via Santo Stefano Rotondo zahlreiche Ausgrabungen durchgeführt, die auf eine interessante und komplexe Vergangenheit des Bezirks schließen lassen. Unter anderem entdeckte man ein riesiges Gebäude, den *Vectilianae aedes*. Möglicherweise handelt es sich um die Residenz von Kaiser Commodus, der dort im Jahre 192 erwürgt wurde. Die Anlage, die sich auf zwei Ebenen über eine Fläche von etwa 8000 Quadratmetern erstreckt, nahm die gesamte Spitze des Caelius ein. Sie umfasste Winter- und Sommerquartiere, Höfe, Empfangssäle, Bäder und Dienstgebäude und gehörte auch ihres Dekors wegen zu den schönsten Palästen der Region. Der Bau entstand in der späten antoninischen Zeit über bereits existie-

Der Lateran

Der Lateran liegt im Randbereich des Caelium. In diesem Bezirk brachten Ausgrabungen eine große Zahl antiker Bauten ans Licht. Unter der Sala Mazzoni des Ospedale di San Giovanni fand man zum Beispiel die Villa der Domitia Lucilla, der Mutter Mark Aurels. In der benachbarten Via Ambra Aradam entdeckten die Forscher zehn Meter unter dem Gebäude der Nationalen Fürsorgestelle (INPS) mehrere terrassenförmig angelegte Bauten aus der julisch-claudischen Zeit. Offenkundig waren sie nach und nach zu einem einzigen Wohnkomplex zusammengewachsen, den man als Residenz der Fausta, der Schwester des Maxentius und Gemahlin Kaiser Konstantins identifizierte.

Die wichtigste Anlage dieses Teils der Stadt liegt gleichwohl unterhalb der Basilica di San Giovanni in Laterano. Unter der Apsis stieß man auf ein rautenförmiges Wohnhaus aus dem 3. Jahrhundert und unter dem Mittelschiff förderten die Forscher Reste eines reichen Hauses aus dem 1. Jahrhundert zutage. Letzteres war terrassenförmig angelegt und reich mit Fresken im Vierten Pompejischen Stil ausgestattet. Vermutlich handelte es sich um ein Haus der Laterani, deren Grundstück Nero im Jahre 65 konfiszierte. Ende des 2. Jahrhunderts errichtete man auf dem Areal die Kaserne der kaiserlichen Reitergarde, der *Equites Singulares*, die ihrerseits im 4. Jahrhundert der Basilika weichen musste.

Die ursprüngliche Basilika besaß fünf Schiffe mit einer Apsis und zwei Räumen im hinteren Teil, die ein Querschiff bildeten. Die Kirche wurde auf das Jahr 318 datiert und ist damit die älteste christliche Basilika Roms.

renden Strukturen aus der republikanischen Epoche. Im Laufe des 4. Jahrhunderts übernahm ihn wahrscheinlich Aurelianus Simmacus und ließ ihn neu gestalten.

Im näheren Umkreis entdeckten Archäologen überdies Reste einer Domus, die einem jungen Römer namens Gaudentius gehört haben könnte. Im 4. Jahrhundert war er unter Simmacus vermutlich Senator und Finanzbeamter. Weiter östlich befand sich die Basilica Hilariana, die der Perlenhändler Publicius Hilarus hatte erbauen lassen. Er war ein Anhänger der Göttin Kybele und darüber hinaus Mitglied des Kollegiums der Dendrophoren, der Träger des heiligen Pinienbaumes. Bei neueren Untersuchungen fand man heraus, dass es sich bei dem Gebäude nicht um eine Basilika, sondern vielmehr um ein Gebäude handelte, in dem die Priester der Kybele tagten. Allerdings wurde der Bereich noch nicht abschließend erkundet: Bis jetzt entdeckten die Archälogen zum Beispiel noch nicht den typischen Graben für den „Taurobolius", einen Opferritus für neu aufgenommene Mitglieder der Gemeinschaft. Erhalten blieben einige herrliche Mosaikböden, von denen einer den „bösen Blick" zeigt.

106 Auf der Seite der Kirche SS. Giovanni e Paolo sieht man noch Reste des Tempels des Divus Claudius, den Agrippa zu Ehren ihres verstorbenen Gemahls errichten ließ. Nero ließ den Bogen zerstören und erbaute an seiner Stelle ein imposantes Nymphäum als Kulisse für seinen Palast.

106–107 Der Clivus Scauri verläuft unweit der Kirchen San Gregorio und SS. Giovanni e Paolo. Er heißt noch genauso wie die alte römische Straße, die an ihren Erbauer, ein Mitglied der Familie der Aemilii Scauri, erinnert. Das antike Straßenbild mit Fassaden hoher Wohnhäuser zu beiden Seiten blieb weitgehend erhalten. Die heute sichtbaren Ziegelarkaden stammen allerdings aus dem Mittelalter.

SÜDÖSTLICHER BEZIRK

Porta Maggiore

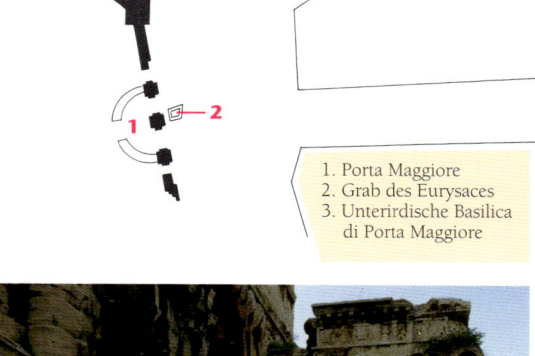

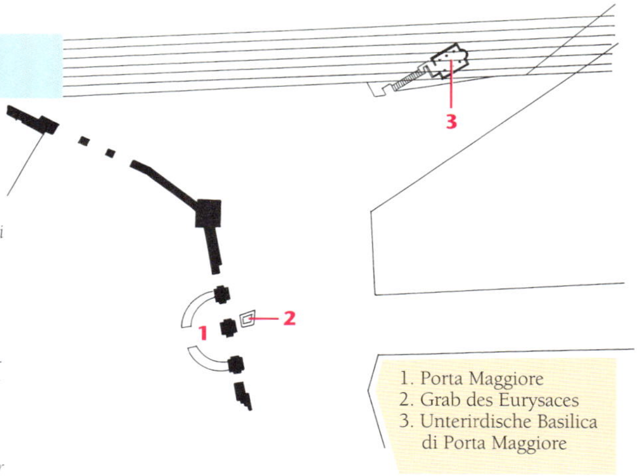

Der Name dieses Bezirks bezieht sich vermutlich auf die nahe gelegene Kirche Santa Maria Maggiore. Er liegt 43 Meter über dem Meeresspiegel und eignete sich daher hervorragend, um verschiedene Aquädukte wie den Anio Vetus und die Aquae Marcia, Tepula und Iulia zusammenzuführen. Auf dem Piazzale Labicano sieht man heute noch einen Teil der Arkaden mit drei übereinander verlaufenden Aquädukten.

Der mächtige Torbau diente zunächst als Stützbogen für die Aqua Claudia und den Anio Novus, die hier die Via Prenestina und die Via Labicana überquerten. Zum Stadttor wurde die Porta Maggiore erst umgestaltet, als man sie in die Aurelianische Mauer eingliederte. Sie bestand aus zwei Travertinbögen mit seitlichen Pylonen, in denen sich Fenster mit Tympana und korinthischen Halbsäulen befanden. Zierleisten mit Inschriften des Claudius und des Vespasian, der den Bogen im Jahre 71 restauriert hatte, gliederten die hohe Attika in drei Teile. Der Komplex entsprach dem Stil der claudischen Epoche, der die nur grob behauenen Travertin-Elemente unfertig wirken ließ. Durch den nördlichen der beiden Bögen führte die leicht erhöhte Via Prenestina.

108 links In Bereich der heutigen Piazza di Porta Maggiore, dem am höchsten gelegenen Teil der Stadt, trafen mehrere Aquädukte zusammen. Die heutige Porta Maggiore wurde später in die Aurelianische Mauer eingefügt. Ursprünglich handelte es sich um zwei übereinander gesetzte Aquädukte, die Aqua Claudia und den Anio Novus. Noch heute kann man gut erkennen, wo sie einst verliefen. Die Fenster in den Pylonen des Tores sind mit Tympana und korinthischen Halbsäulen verziert. Die Travertinelemente ließ man dem Stil der Zeit entsprechend bewusst roh und unfertig wirken.

108 rechts Außerhalb der Porta Maggiore entdeckte man das Grab eines römischen Bäckers namens Eurysaces. Die Architektur des Grabmals greift typische Formen des Handwerks auf. Zylindrische Elemente imitieren zum Beispiel Backtröge.

1. Porta Maggiore
2. Grab des Eurysaces
3. Unterirdische Basilica di Porta Maggiore

109 oben links Unweit der Porta Maggiore liegt unter den Eisenbahnschienen ein unterirdisches Gebäude aus der Epoche des Tiberius, das direkt in den Tuff gegraben wurde. Die unregelmäßige Struktur umfasst ein Atrium und einen großen Raum, den mächtige Pfeiler in drei Schiffe gliedern. Eine Apsis bildet den östlichen Abschluss.

109 unten links Das Innere der unterirdischen Basilica di Porta Maggiore, über deren genaue Funktion wir bis heute wenig wissen, ist vollständig verputzt und mit hochwertigen Stuckaturen verziert. Im Bereich des Gewölbes blieb ein Bild erhalten, das die Entführung des Ganymed zeigt.

Grabmal des Eurysaces

Direkt vor dem Tor stehen Teile eines Grabmals, die in den Turm zwischen Porta Maggiore und Porta Labicana eingegliedert wurden und deshalb erhalten blieben. Die ursprünglich sieben Meter hohe Struktur ruht auf einem Podium aus Travertin mit vier schmalen Pfeilern an den Ecken. Das Grabmal gliedert sich in fünf Teile. Zwischen den Pfeilern sind zu Dreiergruppen angeordnete Zylinder zu erkennen, darüber verläuft ein horizontaler Fries mit der Widmungsinschrit „Est hoc monimentum Marcei Vergilei Eurysacis pistoris, redemptoris, apparet" („Dies ist das Grabmal des Bäckers Marcus Vergilius Eurysaces, der Unternehmer und Unterbeamter war").

Über der Inschrift befinde sich in der Mitte des Monumentes eine Reihe mit verzierten horizontalen Zylindern, die sich eindeutig als Teigbehälter identifizieren lassen. Der Beruf des Eurysaces geht auch aus dem Fries hervor, der die unterschiedlichen Phasen der Brotherstellung illustriert. Selbst die Urne, die seine Asche und die seiner Gemahlin Atistia enthielt, hat die Form eines Backtroges. Sie befindet sich heute im Museo delle Terme. Die eher kleine Cella des Grabmales betrat man von Osten her; sie blieb nicht erhalten. Auf dieser Seite befand sich auch ein lebensgroßes Relief der Eheleute, das heute im Museo dei Conservatori auf dem Kapitol zu sehen ist.

DIE UNTERIRDISCHE BASILICA DI PORTA MAGGIORE

Unweit der Porta Maggiore fand man unter den Gleisen der Eisenbahn eine außergewöhnlich gut erhaltene unterirdische Basilika (Eingang von der Via Prestina aus), deren Funktion und Bedeutung eine Reihe von Fragen aufwerfen. Das eigentümliche Gebäude lässt sich auf die tiberianische Epoche datieren. Die Schächte für die Mauern und Pfeiler wurden direkt in den Tuffstein gegraben, den Zwischenraum füllte man mit einer Masse aus Mörtel und Kieselsteinen auf. Genauso verfuhr man mit dem Gewölbe, das man zunächst einfach auf dem Fels anlegte. In einer zweiten Phase erfolgte dann der Aushub, der Raum für Aula und Atrium schuf. Die Innenräume wurden anschließend verputzt und verziert. Die basilikaähnliche Aula besteht aus drei Schiffen, einem vorgelagerten Vestibül und einer Apsis im hinteren Bereich. Der unregelmäßige Grundriss resultiert aus der merkwürdigen Bautechnik. Unterschiedliche Hypothesen versuchen die Funktion des Gebäudes zu erklären: Einige Forscher halten es für ein Grabmal oder eine Grabkirche. Der Dekor der Wände erschwert die Interpretation, denn bis heute ließ er sich keinem einheitlichen Thema oder Gestaltungsprinzip zuordnen. Die meisten Bilder sind im Dritten Pompejischen Stil gehalten und zeigen reale oder mythische Szenen. Daneben existieren auch Darstellungen von Masken und Ornamenten.

DAS SESSORIUM

Im Bereich zwischen Porta Maggiore und Lateran entdeckte man die Überreste mehrerer antiker Gebäude. Sie bildeten einst einen einzigen großen Komplex, der Sessorium oder Sessorianischer Palast hieß. Vermutlich begann Septimius Severus mit dem Bau der kaiserlichen Residenz, die Heliogabal später vollendete. Zu der Anlage gehörten die Thermen der Helena, das Amphitheatrum Castrense, der Circus Varianus und die Ruinen, über denen die Basilica di Santa Croce in Gerusalemme entstand. Einige Gebäude mussten der später errichteten Aurelianischen Mauer weichen, andere wurden durch den Wall geschützt, der in einem weiten Bogen um den Palast verlief. Im Bereich der Piazza di Porta Maggiore fanden sich Spuren der Thermen der Helena, darunter eine Zisterne mit zwölf parallel angelegten Kammern. Es handelt sich um Bäder aus der severianischen Epoche, die Helena, die Mutter Konstantins des Großen, später umbauen ließ. Das so genannte Amphitheatrum Castrense steht noch heute zwischen der Kirche Santa Croce in Gerusalemme und der Aurelianischen Mauer. Da der Begriff *Castrum* in der spätrömischen Epoche ein kaiserliches Domizil bezeichnete, gehörte das Theater wohl tatsächlich zum Palast. Um das ovale Amphitheater verliefen Ränge auf drei Ebenen, doch blieben leider nur die untere und Teile der zweiten Ebene erhalten. Der Bau bestand aus Ziegelsteinen und zeichnete sich an der Außenseite durch eine Reihe von Bögen aus. Sie ruhten auf Pfeilern, die von korinthischen Halbsäulen eingerahmt wurden. Die dritte Ebene war hingegen nach außen geschlossen, denn ähnlich wie am Kolosseum befestigte man hier das Velarium. Von Amphitheter führte ein überdachter, etwa 300 Meter langer Korridor an einem großen Saal – der späteren Chiesa di Santa Croce – vorbei bis zum Circus Varianus. Sein Name leitete sich von Varius, dem Familiennamen Heliogabals ab.

Der Circus war über 500 Meter lang und mehr als 100 Meter breit; im Zentrum verlief ein Mittelstreifen. Hier stand der Obelisk vom Grab des Antinous, eines Günstlings von Kaiser Hadrian. Die heutige Basilica di Santa Croce di Gerusalemme nimmt den Platz eines weit älteren Gebäudes ein. Ihr Kern besteht aus einem rechteckigen Raum, den römische Christen zur Zeit von Kaiser Konstantin in eine Basilika umwandelten. In jener Epoche mauerte man die verschiedenen Eingänge des Saales zu und baute auf der Ostseite eine Apsis an.

109 unten rechts
Zwischen S. Croce und der Aurelianischen Mauer blieben Reste des Amphiteatrum Castrense erhalten. Dieses ganz aus Ziegelsteinen erbaute Theater gehörte zum Sessorium, einem unter Septimius Severus begonnenen Kaiserpalast, den Heliogabal vollendete. Die äußeren, von korinthischen Halbsäulen eingerahmten Arkaden sind noch immer gut zu erkennen.

1. Circus Varianus
2. Aula mit Apsis
3. Sessorium
4. S. Croce in Gerusalemme
5. Amphitheatrum Castrense

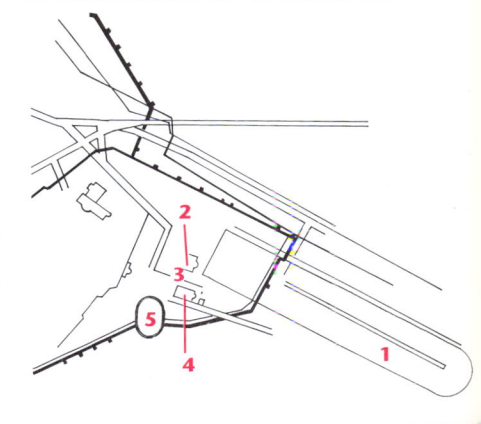

DER KLEINE AVENTIN DIE CARACALLA-THERMEN

SÜDÖSTLICHER BEZIRK

110 Die Caracalla-Thermen umfassten ein weiträumiges Areal mit zahlreichen Räumen und einen zentralen Bau mit den eigentlichen Thermen. Gemäß dem Spruch „mens sana in corpore sano" ertüchtigte man hier Körper und Geist.

Das Gebiet des Kleinen Aventin liegt zwischen dem heutigen Viale Aventino und dem Viale delle Terme di Caracalla. In der Antike befand es sich zum Teil innerhalb der Servianischen Mauer. Im 3. Jahrhundert v. Chr. gab es hier ein großes, unter dem Namen Piscina Publica bekanntes Bassin, das als öffentliches Bad diente. Als man im 3. Jahrhundert n. Chr. die Caracalla-Thermen errichtete, übernahmen sie dessen Funktion. Im Bereich des Kleinen Aventin existierten auch einige Tempel, die alten Kulten geweiht waren, zum Beispiel das bekannte Heiligtum der Bona Dea Subsaxana und eine Kultstätte der Isis. Bedeutende Persönlichkeiten wie Cornificius, der Präfekt und mächtige Freund des Septimius Severus, aber auch Caracalla, Macrinus, Fabius Cilus und sogar Hadrian stammten aus diesem Teil Roms.

Ursprünglich bezeichnete man die Caracalla-Thermen als Antoninische Thermen. Kein anderes Bad der Kaiserzeit blieb so gut erhalten wie sie. Caracalla gab die Anlage im Jahre 212 in Auftrag und ließ sogar eine Abzweigung der Aqua Marcia, die Aqua Antoniniana Iovia, bauen, um die Wasserversorgung sicherzustellen. Die Bauarbeiten dauerten etwa fünf Jahre. Die gesamte Anlage bestand aus einer großen Umfassung, die auf der Höhe der Absiden circa 400 Meter breit war, und einem Mittelteil mit den eigentlichen Thermen. Ein weitläufiger Garten säumte das Areal.

Auf der Nordseite öffnete sich ein Portikus, vor dem eine Reihe zweistöckiger Räume lag. Vermutlich handelte es sich um Ladenlokale, doch stützten sie an dieser Stelle in jedem Falle auch den Hügel ab. Auf der gegenüberliegenden Seite erhob sich ein halbes Stadion mit Zuschauerrängen. Diese verdeckten auch die für den Thermenbetrieb nötigen riesigen Zisternen, die bis zu 80 000 Kubikmeter Wasser fassten. Zur Rechten und Linken des Stadions befanden sich zwei Säle, die vermutlich Bibliotheken beherbergten. Auf der Ost- und Westseite dehnten sich zwei imposante Exedren mit einem apsisähnlichen Raum im Zentrum aus. Vor ihnen verlief eine Kolonnade, begrenzt von zwei kleineren Räumen. Einer von ihnen zeichnete sich durch einen achteckigen Grundriss und ein Kuppeldach aus. Im Zentrum der Anlage gruppierten sich die Räume ganz dem Stil der Kaiserzeit entsprechend symmetrisch entlang einer Mittelachse. Zwei Zugänge führten zu den *apodyteria*, den Umkleideräumen. Sie bestanden aus einem Mittelgang sowie zwei Seitenräumen mit Tonnengewölben und Mosaikböden. Von hier aus gelangte man in die *palestra*, die Raum für Leibesertüchtigung boten. Der große Hof war auf drei Seiten von einem gelben Säulenportikus mit Gewölbe und farbigen Mosaikböden umgeben, sodass die Besucher wahlweise unter freiem Himmel oder unter dem Dach Sport treiben konnten. Auf einer Seite öffnete sich ein großer Halbkreis. Einige relativ große Fragmente der herrlichen Mosaikböden blieben an Ort und Stelle erhalten; das berühmte Athleten-

110–111 Die Antoninischen Thermen sind das vielleicht außergewöhnlichste Beispiel römischer Thermen überhaupt. Caracalla ließ sie im 3. Jahrhundert erbauen, doch vollendeten erst Heliogabal und Septimius Severus sein Werk. Sie schufen den äußeren Gebäudering des 337 mal 328 Meter großen Areals.

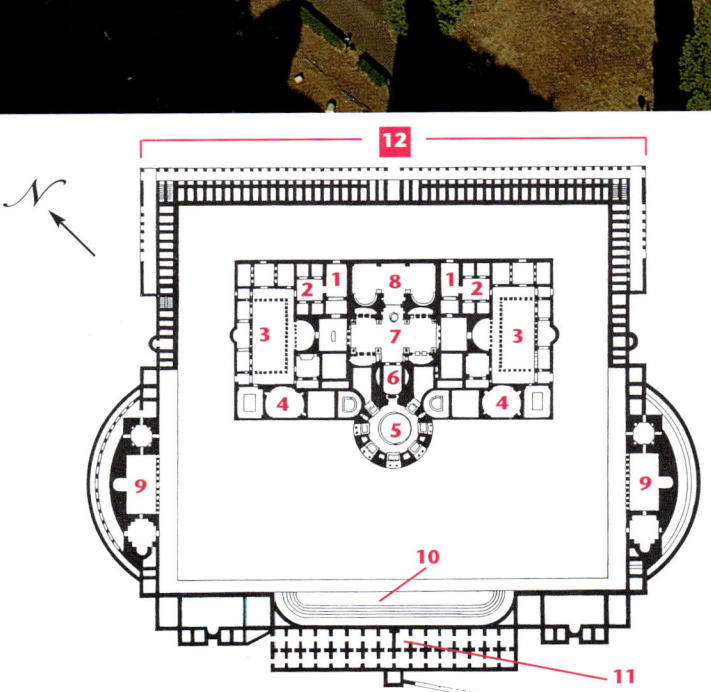

111 oben *Die Marmorverkleidung, die mit Sicherheit einst die Räume verschönerte, blieb leider nicht erhalten. Heute sieht man lediglich Reste von Friesen, Kapitellen und Marmorsäulen.*

Caracalla-Thermen

1. Eingang
2. Umkleideräume (Apodyteria)
3. Palestra
4. Geheizte Räume
5. Caldarium
6. Tepidarium
7. Basilika
8. Natatio
9. Seitliche Exedren
10. Stadion
11. Zisterne
12. Portikus und Läden

mosaik ist heute im Vatikan zu sehen. Vom Hof aus gelangte man zu den eigentlichen Thermen mit Gemeinschaftsräumen, die beiden Geschlechtern offen standen. Das *caldarium* umfasste einen riesigen kuppelüberdachten Rundsaal, an den noch zwei mächtige Stützpfeiler erinnern. Der Raum war so angelegt, dass die Sonne ihn den ganzen Tag über durch zahlreiche Fenster erwärmte. Vom *caldarium* führte der Weg ins *tepidarium*, in dem ursprünglich zwei große Wannen an den Seiten standen. Die Basilika bildete den Kern der gesamten Anlage. Drei große Kreuzgewölbe, die auf riesigen Pfeilern ruhten, trugen das Dach. Davor erhoben sich einst Säulen aus Granit. Die beiden Wannen aus Granit an der kurzen Seite stehen heute auf der Piazza Farnese. Die *natatio* schloss das Gebäude nach Osten hin ab; sie lag mit dem *caldarium* auf einer Achse. Das Schwimmbecken ohne Dach nahm die Rückseite der Fassade ein. Nischen in der inneren Wand boten Platz für verschiedene Statuen. Tatsächlich verwendete man auf den Dekor der Thermen viel Mühe: Neben den bereits erwähnten Mosaikböden gab überall wertvolle und zum Teil sehr große Kunstwerke wie zum Beispiel die Figurengruppe des Ruhenden Herkules und den Farnesischen Stier.

Leider sind die besonders interessanten unterirdischen Bereiche des Komplexes heute nicht mehr zugänglich. Außer den Wirtschaftsräumen entdeckte man hier eines der größten Mithräen Roms. Ein auf Pfeilern ruhendes Kreuzgewölbe spannt sich über den Raum; zwei seitliche Emporen boten den Anhängern des Kultes Raum. Man betrat das Mithräum durch ein Vestibül und einen anderen Raum. Dieser diente vielleicht als Stall für den Stier, der bei der Aufnahme neuer Anhänger geopfert wurde.

112–113 Um das Problem der Wasserversorgung zu lösen, baute Caracalla eine Abzweigung der Aqua Marcia, die Aqua Antoniniana Iovia. Wir wissen, dass der Bau des mittleren Gebäudeteils fünf Jahre dauerte.

113 oben Die Mosaikverzierungen waren besonders sehenswert. Neben figürlichen Szenen gab es in weniger wichtigen Räumen auch Böden mit einfachen geometrischen Mustern in Schwarz und Weiß.

113 rechts Die Aufnahme zeigt den Durchgang, der im Zentrum der Anlage von der westlichen Palestra bis zur großen Basilika führte. Hinter einer gelben Säulenreihe öffnete sich ursprünglich ein großer Halbkreis, über dem sich eine Halbkuppel wölbte.

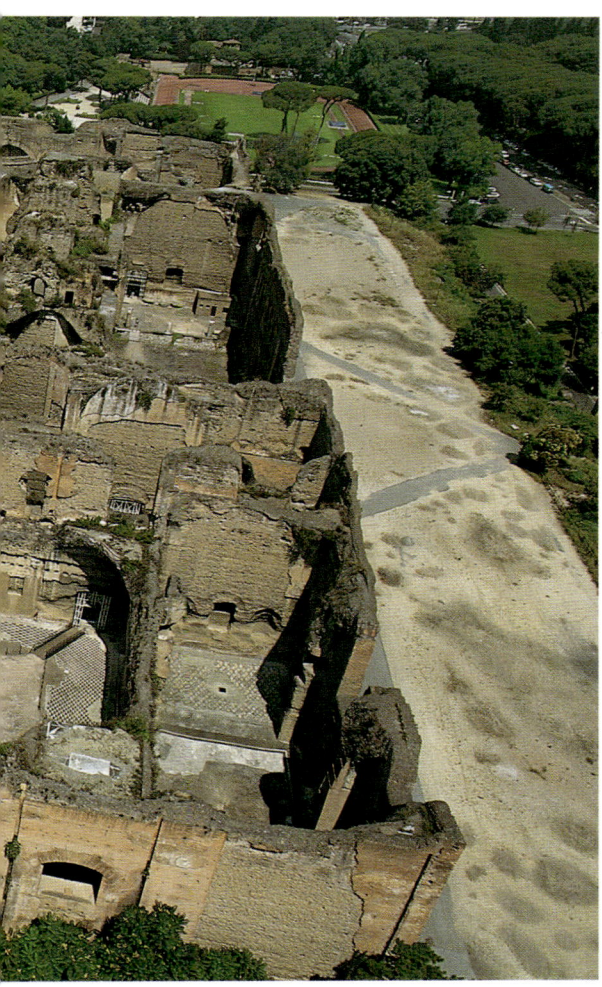

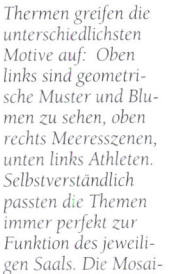

112 oben u. unten Die Thermen waren häufig mit herrlicher Mosaikböden verziert. Während der Kaiserzeit gehörte es zur Imagepflege, öffentlich zugängliche Freizeiteinrichtungen zu schaffen, die jeden nur erdenklichen Komfort boten und alle Sinne ansprachen. Die Böden der Caracalla-Thermen greifen die unterschiedlichsten Motive auf: Oben links sind geometrische Muster und Blumen zu sehen, oben rechts Meeresszenen, unten links Athleten. Selbstverständlich passten die Themen immer perfekt zur Funktion des jeweiligen Saals. Die Mosaiken bedeckten die Böden der Säle wie Teppiche. Manchmal verlegte man sie sogar auf dem Grund der Schwimmbecken, wo das dargestellte Meeresgetier lebensecht durch das Wasser schimmerte.

Ein Tag in den Thermen

Zwischen dem Ende des 3. und dem Beginn des 2. Jahrhunderts v. Chr. erhielt Rom seine ersten öffentlichen Bäder. Zuvor hatten nur reiche Häuser Bäder besessen, die in separaten Räumen lagen. Diese dienten ausschließlich der reinen Hygiene. Nun aber konnte jedermann die Bäder benutzen, die nicht nur zur täglichen Reinigung da waren, sondern viel umfangreichere Möglichkeiten boten: Neben der Körperpflege konnte man sich hier der Leibesertüchtigung widmen und mit warmen oder kalten Abgüssen der Gesundheit Gutes tun. In der Kaiserzeit stand das Bad als fester Programmpunkt auf dem Tagesplan. Auf diese Epoche gehen die mächtigen Gebäudekomplexe der Thermen zurück, die reich ausgestattet waren und jeden nur denkbaren Komfort boten. Ständig hielt sich dort eine große Menge von Menschen auf, die allen Altersgruppen und sozialen Schichten angehörten. Die Reichen begaben sich mit ihrem Gefolge in die Thermen und nahmen hier einen Teil ihrer Termine wahr; sie empfingen Kunden, schlossen neue Kontakte oder führten politische Verhandlungen. In größeren Bädern verfügten die Frauen über einen abgeschlossenen Bereich, in kleineren Einrichtungen blieben bestimmte Stunden, meistens am Vormittag, für sie reserviert. Im äußeren Mauerring der Thermen befanden sich verschiedene Räume, die nur indirekt mit dem Badebetrieb zu tun hatten. Hier konnten die Besucher spazieren gehen, Musik hören, Theateraufführungen verfolgten, spielen, essen, lesen und Kunstwerke bewundern.

Das Bad entwickelte sich zu einer regelrechten Wissenschaft, die von den Ärzten und Heilkundlern immer weiter ausgefeilt wurde. Galenus, einer der berühmtesten Mediziner der Kaiserzeit, gliederte den Ablauf in vier Phasen. Zunächst sollte der Badende seine Körpertemperatur schrittweise steigern, damit sich die Poren der Haut öffneten. Hierzu trieb man etwas Sport in der Palestra und begab sich anschließend in

114 oben In der Palestra konnten Besucher der Thermen sportliche Übungen im Freien oder unter Dach absolvieren. Im Zentrum lag ein großer Hof, um den sich ein Säulenportikus mit Gewölbedach und Mosaikböden schloss. Zu einer Seite hin öffnete sich ein großer Halbkreis.

114 Mitte Im Zentrum des Komplexes lag die Basilika der Thermen, ein rechteckiges Gebäude mit einem Kreuzgewölbe, das auf mächtigen Pfeilern ruhte. Davor erhoben sich Granitsäulen. Zwei große Granitbecken standen an den Stirnseiten. Heute befinden sie sich auf der Piazza Farnese.

115 oben links Während das Ritual des Badens relativ fest geregelt war, konnten die Besucher der Thermen frei bestimmen, ob sie Sport in der Palestra treiben wollten und welche Übungen sie wählen wollten. Ringen, Faustkampf und Gewichtheben wurden ebenso angeboten wie Laufen und Fechten. Die Frauen widmeten sich meist dem Ballspiel oder turnten mit Reifen; einige entschieden sich aber auch für „maskulinere" Sportarten wie das Stemmen von Gewichten.

115 oben rechts und Mitte Den Thermen kam eine hohe soziale und politische Bedeutung zu, denn sie waren für jedermann frei zugänglich. Ingenieure und Architekten suchten ständig nach neuen technischen Lösungen und verbessertem Material, um Aussehen und Funktion der Bäder zu optimieren.

warme Räume. Das *Laconicum*, ein runder Saal mit Apsiden und einer Kuppeldecke, eignete sich besonders gut für Warmluftbäder. Danach folgte ein warmes Bad im *Caldarium*. Dieser Raum war in der Regel ebenfalls kreisförmig angelegt und mit zahlreichen gebogenen Elementen sowie einer hohen Kuppel ausgestattet. In der Mitte lag das große Bassin, darüber wölbte sich eine hohe Kuppel mit vielen Fenstern, durch die den ganzen Tag über die Sonne schien. An das warme Bad schloss sich ein kaltes an, um den Blutkreislauf wieder in Schwung zu bringen. Verfügten die Thermen nicht über ein eigenes *Frigidarium*, so befanden sich Becken mit kaltem Wasser in den Exedren der Basilika. Letztere bildete den Kern des gesamten Komplexes und dienten unter anderem als Aufenthaltsraum. Ein solcher war unter anderem nötig, weil große Bäder wie die Thermen des Diokletian bis zu 3000 Besucher pro Tag verzeichneten. Der Besuch endete mit einem Bad in der *natatio*, dem Schwimmbecken, und mit einer Massage. Danach rieb man sich mit Öl ein, um den Körper gegen die Schwankungen der Außentemperatur widerstandsfähig zu machen. Im 4. Jahrhundert gab es etwa 1000 Thermen allein in Rom. Sie benötigten natürlich eine Unmenge Wasser; ein Problem, das Stadt und Betreiber ebenso beschäftigte wie das ausgeklügelte Heizungssystem. Ende des 1. Jahrhunderts v. Chr. genügten hierfür noch ein außen aufgestellter Kessel und Öfen in den Innenräumen. Im Jahre 89 v. Chr. kam die Hypokaustik, ein neues, sehr praktisches System auf. Es bestand aus schachbrettartig angeordneten kleinen Ziegelsteinpfeilern, die auf einem Unterbau aus Ziegeln oder Backstein ruhten. Dieser neigte sich zur Wärmequelle hin, damit die Hitze sich besser ausbreiten konnte. Darüber verlegte man große Ziegelsteine, eine Schicht zerstoßene Tonscherben und schließlich den eigentlichen Boden. In die Seitenwände der Räume fügte man Zwischenräume aus innen hohlen, rechteckigen Ziegeln ein, die mit den darunter befindlichen Packlagen verbunden waren.

115 unten Das Heizungssystem basierte auf doppelten Böden, wobei der obere Belag von kleinen Pfeilern gestützt wurde. Ein ähnliches Prinzip existierte für die Wände. Auf diese Weise verbreitete sich die warme Luft aus dem Präfurnium mühelos.

114 unten Leider blieb der herrliche Dekor, an dem sich die Besucher im Innern der Caracalla-Thermen erfreuten, nicht erhalten. Einige wenige Skulpturenreste und Mosaiken befinden sich heute in verschiedenen Museen. An Ort und Stelle sind nur noch architektonische Elemente wie Marmorkapitelle und Säulenfragmente zu sehen. Sie vermitteln einen schwachen Eindruck vom einstigen Glanz der Bäder.

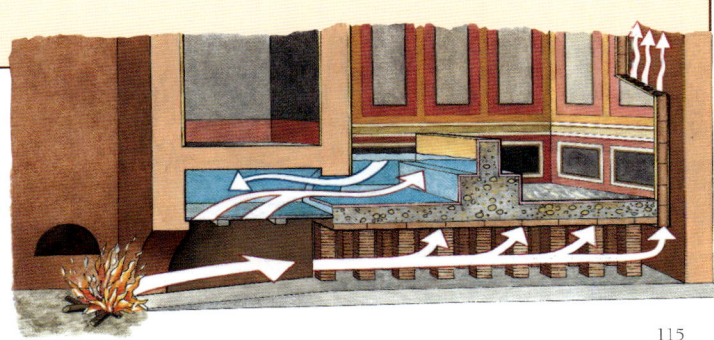

Die Via Appia

Die Via Appia begann am Circus Maximus bei der heutigen Piazza di Porta Capena. Von hier aus führte sie an den Caracalla-Thermen vorbei und kreuzte die Via Latina. Da das Gesetz es verbot, Tote im Innern der Stadtmauern beizusetzen, entstanden im Laufe der Jahrhunderte immer mehr Friedhöfe entlang der großen Ausfallstraßen, die vom Zentrum wegführten. Große Leichenzüge begleiteten die Verstorbenen auf ihrer letzten Reise zu den Scheiterhaufen vor den Toren Roms. Nicht nur enge Familienangehörige gaben dem Toten das letzte Geleit, sondern – zumindest im Falle reicher Patrizier – auch die Ahnen, die von Schauspielern mit Masken verkörpert wurden. Auch versuchte man während des Zuges das Lebenswerk des Verstorbenen darzustellen. Letzterer ruhte mit verhülltem Gesicht auf einer Bahre. Einerseits gehörte die Beisetzung der Toten zu den heiligen Pflichten der Familie, andererseits wollte man das Andenken an die Verstorbenen möglichst wach halten. Deshalb errichtete man große

116 links Die Via Appia gehörte zu den wichtigsten Verkehrsachsen Roms. Von der Porta Capena brachen die Prokonsuln in die ihnen zugeteilten Provinzen auf. Auch Magistraten und sogar der Kaiser verließen Rom durch dieses Tor. Entsprechend errichtete man an der Via Appia offizielle Gebäude wie das Mutatorium Caesaris, in dem der Kaiser seine Gewänder wechselte, einen Versammlungsort, in dem der Senat heimkehrende Generäle empfing, und das Heiligtum des Gottes Rediculus.

Die Via Appia
1. Porta Appia (Porta S. Sebastiano)
2. Grab des „Geta"
3. Kolombarium der Freigelassenen des Augustus
4. Kolombarium der Freigelassenen der Livia
5. Grab der Freigelassenen der Volusier
6. Kalixtus-Katakomben
7. Domitilla-Katakomben
8. Katakomben von S. Sebastiano und Chiesa di S. Sebastiano
9. Villa und Circus des Maxentius
10. Mausoleum der Cācilia Metella
11. Villa der Quintilier
12. Casale Rotondo

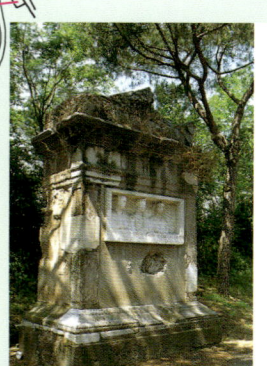

116 unten rechts Die Gräber entlang der Via Appia sahen sehr unterschiedlich aus. Einige hatten die Form reich verzierter Häuser, andere waren als Grabhügel, Pyramide, Tempel oder Ädikula gestaltet. Marmorreliefs zierten viele der Monumente. Häufig stellten sie den Verstorbenen oder dessen Angehörige dar.

116–117 *Jenseits der Porta di San Sebastiano und der Aurelianischen Mauer begann der außerstädtische Bereich der Via Appia. Wir wissen, dass diese Straße wegen der monumentalen Grabstätten, die sie säumten, sehr eindrucksvoll wirkte. Das Gesetz verbot es den Römern – von wenigen prominenten Ausnahmen abgesehen – Tote innerhalb der Stadtmauern beizusetzen.*

117 oben *Auch die Menschen der Antike wollten das Andenken an die Verstorbenen möglichst wachhalten. Sie errichteten daher imposante und reich verzierte Grabbauten entlang der Straßen, wo jeder sie gut sehen konnte.*

117 Mitte *Das Grab der Annia Regilla heißt auch Tempel des Gottes Rediculus. Es handelt sich um einen zweistöckigen Bau aus dem beginnenden 2. Jahrhundert. Im unteren Teil befand sich die Grabkammer, die obere Etage diente als Kultstätte.*

Gedächtnisstätten entlang der Straßen, wo jeder Reisende sie gut sehen konnte. Familiengräber der republikanischen Epoche glichen zum Teil regelrechten Häusern und waren mit kostbaren Wandmalereien verziert. Andere hatten die Form eines Grabhügels oder einer Pyramide. Daneben existierten auch Kollektivgräber, in denen jeder sich einen Platz sichern konnte. In den Wänden dieser Grabstätten boten zahlreiche Nischen Raum für die Urnen, welche die Asche der Verstorbenen bargen. Da ihre Struktur an einen Taubenschlag erinnerte, nannte man diese Gräber *colombarii* (Kolombarien).

117 unten *Der Casale Rotondo unweit der großen Villa der Quintilier ist das größte Rundgrab der Via Appia und gleicht dem Grab der Cäcilia Metella.*

Das Familiengrab der Scipionen

Das Grab der Scipionen liegt nicht weit von den Caracalla-Thermen entfernt auf der linken Seite der Via Appia vor der Porta San Sebastiano. Lucius Cornelius Barbatus ließ das Monument zu Beginn des 3. Jahrhunderts v. Chr. errichten; Scipio Aemilianus baute es im 2. Jahrhundert um. Es besteht aus zwei unterirdischen Räumen, doch entstand der kleinere der beiden erst zwischen 150 und 135 v. Chr. Die hohe Basis des Grabmals wurde direkt in den Tuff gehauen, mit Eingängen versehen und ringsum mit Fresken verziert. Archäologen legten verschiedene Gemäldeschichten frei. Die ältesten könnten Kriegsszenen zeigen, bei den jüngsten handelt es sich um einfache stilisierte rote Wellen.

Die Fassade wirkte wie eine Landschaftskulisse. Sie war nach Nordwesten ausgerichtet und zeichnete sich durch Halbsäulen aus Tuffstein mit attischen Basen und Nischen aus, in den Statuen von Scipio Africanus, Scipio Asiaticus und Aennius standen. Im 2. Jahrhundert v. Chr. waren hellenistische Bauten in Mode, und dieser Vorliebe entspricht der Stil des Grabes. Im größeren Raum mit rechteckigem Grundriss erheben sich vier Mittelpfeiler. Die Originalsarkophage befinden sich in den Vatikanischen Museen. Sie wurden durch Kopien ersetzt, die an den Außenmauern stehen und sich um die Pfeiler gruppieren. Im hinteren Teil liegen die ältesten Gräber auf einer Achse mit dem Haupteingang. Es handelt sich um die Sarkophage des Lucius Cornelius Scipio Barbatus und seines Sohns Lucius Cornelius Scipio. Diese Sarkophage bestehen aus einem einzigen Tuffblock, während man für die späteren mehrere Platten miteinander verband.

Der Sarkophag des Scipio Barbatus aus dem Jahre 280 v. Chr. geht eindeutig auf griechisch-sizilianische Modelle zurück und ist als Einziger verziert. Die Ecken des Deckels sind mit Voluten geschmückt; um den Kasten verläuft ein dorischer Fries. Auf einer Seite befindet sich eine Inschrift in Saturniern, einem altlateinischen Versmaß. Dort heißt es: „Cornelius Lucius, des Vaters Gnaevos Sohn, ein Mann so klug wie tapfer, dess Wohlgestalt war seiner Tugend angemessen, der Konsul, Censor war bei euch wie auch Aedilis; Taurasia, Cisauna, nahm er ein in Samnium, bezwingt Lukanien ganz und führt weg die Geiseln". Auf der rechten Seite lehnt an einem Pfeiler der Sarkophag des Sohnes Lucius, der 259 v. Chr. Konsul war. Es schließen sich die Gräber von etwa 30 weiteren Familienmitgliedern an, darunter das von Scipio Africanus, der in seiner Villa in Liternus beigesetzt wurde. Der zweite unterirdische Raum, ein seitlicher Korridor mit einer später hinzugefügten Öffnung, enthält Sarkophage aus dem 2. bis 1. Jahrhundert v. Chr. Im 3. Jahrhundert errichtete man über dem Grabmal eine mehrstöckige Domus. Offenkundig war die Bedeutung des Monuments zu jenem Zeitpunkt bereits weitgehend in Vergessenheit geraten.

118 links *Das Grabmal der Scipionen liegt in der Nähe der Caracalla-Thermen am linken Rand der Via Appia. Das Monument besteht aus zwei unterirdischen Kammern und geht auf das 3. Jahrhundert v. Chr. zurück. Es birgt die Reste vieler Gräber der Scipionen.*

DAS KOLUMBARIUM DES POMPONIUS HYLAS

Nicht weit vom Grabmal der Scipionen entfernt steht nahe der Via Latina das Kolumbarium des Pomponius Hylas. Das in Gussbauweise errichtete und mit Ziegeln verkleidete Gebäude stammt aus der frühen Kaiserzeit. Der Raum wurde zum Teil in den Fels gehauen und zeichnet sich durch reichen Stuckdekor sowie eine Reihe von Ädikulen aus. Diese ruhen auf einem Podium zwischen kleinen Säulen, die einen Tympanon tragen. Hier bestattete man viele Freigelassene der julisch-claudischen Kaiserfamilie. Das Kolumbarium gehörte wohl dem Pomponius Hylas und seiner Frau Vitalinis, doch existierte bereits ein älterer Bau. Dessen Stifter, Granius Nestor und Vinileia Hedon, sind an einer der Nischen dargestellt.

DER DRUSUS-BOGEN

Folgt man der Straße, so gelangt man zum Drususbogen, einem Arkadenteil der Aqua Antoniniana. Caracalla ließ diesen Aquädukt anlegen, um die nach ihm benannten Thermen mit Wasser zu versorgen. Im 5. Jahrhundert gliederte Honorius ihn in die Porta Appia (Porta San Sebastiano) ein und schuf damit eine Art Gegentor auf der anderen Seite.

119 oben *Neben dem Grabmal der Scipionen steht ein Kolumbarium, das einem Mosaik mit Inschrift zufolge ein gewisser Pomponius Hylas stiftete. Es handelt sich um ein Bauwerk aus der Kaiserzeit, in dem offenbar Freigelassene der julisch-claudischen Kaiserfamilie ihre letzte Ruhestätte fanden.*

119 unten *Auf der Höhe des Mauerrings, den Aurelian im 3. Jahrhundert um Rom schloss, stehen Reste des Drusus-Bogens. Er gehörte ursprünglich zu einer Arkade der Aqua Antoniniana, einer Verzweigung der Aqua Marcia, die zu den Caracalla-Thermen führte.*

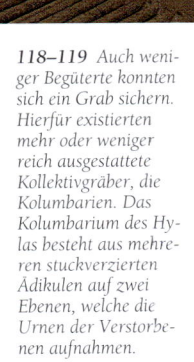

118–119 *Auch weniger Begüterte konnten sich ein Grab sichern. Hierfür existierten mehr oder weniger reich ausgestattete Kollektivgräber, die Kolumbarien. Das Kolumbarium des Hylas besteht aus mehreren stuckverzierten Ädikulen auf zwei Ebenen, welche die Urnen der Verstorbenen aufnahmen.*

Der Circus des Maxentius

Folgt man der Via Appia drei Kilometer lang, so erblickt man auf der linken Seite ein großes Areal, das im 4. Jahrhundert Kaiser Maxentius gehörte. Auf einer kleinen Anhöhe liegen Reste eines Palastes, die ein langer Korridor mit einer großen Arena für Wagenrennen verband. Der Circus war etwas über 500 Meter lang und auf der westlichen Stirnseite mit zwölf *Carceres* (Startboxen) ausgestattet. Zu beiden Seiten standen Türme, die den Mechanismus zum Hochziehen der Boxengitter bar-

Villa und Circus des Maxentius
1. Villa des Maxentius
2. Mausoleum des Maxentius
3. Circus des Maxentius
4. Kryptoportikus
5. Kaiserliche Loge
6. Carceres (Startboxen)

gen. Der Komplex entsprach nicht exakt einem Oval, sondern war im Startbereich und an der Wendemarke etwas breiter als an den übrigen Stellen. Wie im Circus Maximus gab es auch hier einen Mittelstreifen, auf dem vermutlich die Eier und Delphine standen, mit denen man die Runden zählte. Ein Obelisk und verschiedene Statuen bildeten die Ergänzung. Rund um die Arena zogen sich die Zuschauerränge. Die Gewölbe waren in Gussbauweise mit in Mörtel gelösten Terrakottascherben erbaut und daher besonders leicht. Der *pulvinar*, die kaiserliche Loge, befand sich an der nördlichen Längsseite an jenem Punkt, von dem aus man die entscheidenden Momente des Rennens am besten beobachten konnte.
Weiter westlich liegen ebenfalls an der Via Appia Reste eines runden Mausoleums, um das sich ursprünglich eine quadratische Einfriedungsmauer schloss.

120 unten Auf dem Mittelstreifen der Arena standen die Eier und Delphine, mit denen man die zurückgelegten Runden zählte. Darüber hinaus erhoben sich hier ein ägyptischer Obelisk (heute Piazza Navona) und zahlreiche Statuen. Im nördlichen Bereich der Längsseite lag die Loge für den Kaiser und sein Gefolge.

120–121 Auf der linken Seite der Via Appia liegt zwischen der Chiesa di San Sebastiano und dem Grab der Cäcilia Metella die große Villa des Maxentius. Neben dem Kaiserpalast und dem mit ihm verbundenen Circus sieht man noch Reste des Mausoleums. Vor dem pantheonähnlichen Rundbau erhob sich ein Pronaos; um den Komplex zog sich eine quadratische Einfriedung.

121 unten Der lang gezogene Circus war durch einen Korridor mit der Villa des Kaisers verbunden. Auf der westlichen Stirnseite erkennt man noch die beiden Türme, welche die zwölf Startboxen einrahmten. Die Türme bargen den Mechanismus zum Hochziehen der Boxengitter.

Die Anlage erinnerte an den Pantheon: Hier wie dort gelangte man durch einen Pronaos in die kreisförmige Cella. Das Gewölbe, das sich über diesen Raum spannte, ruhte auf einem großen Mittelpfeiler. Die Sarkophage standen in rechteckigen oder halbkreisförmigen Nischen an der Innenwand.
Vermutlich fanden in diesem Komplex Spiele zu Ehren von Romulus und Maximian statt, die in den Jahren 309 bzw. 310 gestorben waren.

Das Grab der Cäcilia Metella

Das bekannteste Monument an der Via Appia ist zweifellos das weithin sichtbare Mausoleum der Cäcilia Metella an Kilometer drei der antiken Ausfallstraße. Das Grab geht auf das Ende des 1. vorchristlichen Jahrhunderts zurück. Es besteht aus einem zylindrischen Bau von über 20 Metern Durchmesser und elf Metern Höhe, der auf einer quadratischen Basis ruht. Ein Zierfries aus pentelischem Marmor mit Bukranien (Stierköpfen) und Girlanden verläuft an der Außenseite des Zylinders. Auf der zur Straße hinweisenden Seite prangt noch eine große Tafel mit einem Relief, das militärische Trophäen zeigt. Darüber ist die Widmungsinschrift („für Cäcilia Metella, Schwester des Quintus Cäcilius Metellus Creticus, Frau des Crassus") angebracht, die den hohen Status der hier bestatteten Frau belegt. Ins Innere gelangte man durch einen schmalen Gang, der in einen hohen vertikalen Korridor mit Gewölbe mündete. Hier befand sich der Eingang zur eigentlichen Grabkammer.

Im 14. Jahrhundert wurde das Grabmal in den Turm einer mächtigen Festung eingegliedert. Diesem Umstand verdankt der Komplex seinen guten Erhaltungszustand. Andererseits erfuhr das Mausoleum dabei natürlich gewisse Umbauten: Unter anderem setzte man einen Zinnenkranz auf den Grabbau.

122 oben Kurz hinter der Villa des Maxentius steht das mächtige Mausoleum der Cäcilia Metella. Das Monument blieb gut erhalten, weil es im 14. Jahrhundert in eine Festung eingegliedert wurde.

122–123 Das Grab geht auf das 1. Jahrhundert v. Chr. zurück und war Cäcilia Metella, einer hochrangigen Persönlichkeit, gewidmet. Der Komplex besteht aus einer quadratischen Basis und einem zylindrischen Bau, über den sich ein Gewölbe spannt. Von der ursprünglichen Marmorverkleidung blieben nur wenige Spuren erhalten.

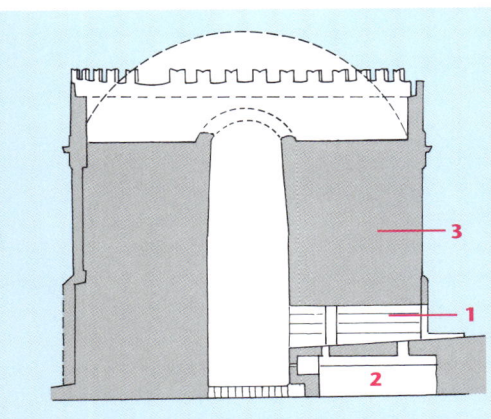

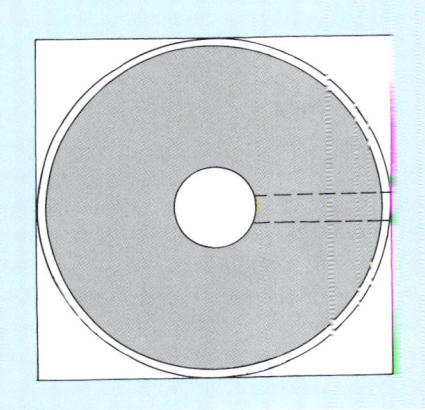

1. Eingangskorridor
2. Grabkammer
3. Zylinder

123 oben Ein schmaler Gang führte in die Grabkammer der Cäcilia Metella, die unter dem Bodenniveau des Eingangskorridors lag. Das Grab gehörte einer hochrangigen Persönlichkeit, deren Familie über Macht, Ansehen und Bildung verfügte. Das Mausoleum hat vermutlich hellenistische Grabbauten zum Vorbild.

123 unten Von der Straße aus sieht man an der Mauer des Mausoleums ein Relief mit militärischen Trophäen und zwei stehenden Figuren. Darüber befindet sich die Widmungsinschrift, „Für Cäcilia, Schwester des Q. C. Metellus und Frau des Crassus".

Das Tal mit dem Kolosseum

NORDÖSTLICHER BEZIRK

1. Kolosseum
2. Ludus Magnus
3. Konstantins-Bogen
4. Meta Sudans
5. Kolossalstatue des Nero
6. Horti des Mäcenas
7. Macellum der Livia
8. Portikus der Livia
9. Domus Aurea
10. Titusthermen
11. Trajansthermen
12. Basilika des Iunius Bassus
13. Tempel der Minerva Medica
14. Porta Maggiore
15. Horti Sallustiani
16. Castra Praetoria
17. Thermen des Diokletian

124 unten *Plan des Esquilin mit den wichtigsten Bauwerken.*

125 oben *Hypothetische Rekonstruktion des Kolosseum-Tals.*

125 unten *Das Kolosseum hieß ursprünglich Amphitheatrum Flavium. Erst ab dem 11. Jahrhundert nannte man es Kolosseum, weil es sich in der Nähe des Nero-Kolosses befand, einer riesigen Statue, die den Eingang der Domus Aurea zierte.*

Das Tal mit dem Kolosseum liegt zwischen Palatin, Velia, Oppius und Caelius. Es bildete einen der Eckpunkte der „quadratischen Stadt", die Romulus gründete, und gehörte zum Septimontium, einer der ältesten urbanen Strukturen, die sich um den antiken Kern herum bildeten. Im 6. Jahrhundert v. Chr. wurde das Tal begradigt und erstmals als Ackerland genutzt. Während der Kaiserzeit errichtete man in diesem Gebiet besonders viele öffentliche Gebäude. Nero gliederte das Areal in seine Domus Aurea ein, doch die Flavier gaben es dem römischen Volk zurück. Hier entstand das Amphitheatrum Flavium zusammen mit einer Reihe anderer Bauwerke. Dazu gehörten die Gladiatorenkaserne, Krankenhäuser und Lagerhallen. Nicht weit davon befand sich außerdem die neue kaiserliche Münze (Moneta), die man vom Kapitol hierher verlegt hatte (einige Reste entdeckte man unter der Basilica di San Clemente). Ursprünglich hatte man den Staatsschatz am Fuße des Kapitols mit direkter Verbindung zur alten Münze aufbewahrt. Als das Aerarium im Jahr 80 abbrannte, baute man es nicht wieder auf und siedelte die Münze um.

Das Kolosseum

Seit dem 11. Jahrhundert trägt das Amphitheatrum Flavium den Namen Kolosseum. Die Bezeichnung leitete sich wohl von der benachbarten Kolossalstatue Neros ab. Der Bau entstand unter Vespasian innerhalb von nur fünf Jahren. Titus ließ die monumentale Spielstätte vollenden und im Jahre 80 einweihen. Aus Berichten antiker Schriftsteller wissen wir, dass die Eröffnungsfeierlichkeiten 100 Tage dauerten. Über 5000 Tiere wurden aus diesem Anlass geopfert. Seine letzte Veranstaltung erlebte das Kolosseum im Jahre 523 unter Theoderich. Kaiser Honorius hatte den Spielbetrieb bereits eingeschränkt, nun gab man sie nun endgültig auf. Nach dem 6. Jahrhundert errichteten die Römer innerhalb des Kolosseums, vor allem in den Korridoren, zahlreiche Behausungen. Auch diente das Kolosseum als Steinbruch. Im 12. Jahrhundert gliederte man die Überreste in die Festung der Familie Frangipane ein.

Papst Benedikt XIV. erklärte das Kolosseum zu einer durch Märtyrerblut geweihten Stätte. Noch heute absolvieren Pilger die 14 Stationen des traditionellen Kreuzweges.

1. Arena
2. Senatorensitze
3. Moenianum Primum
4. Moenianum Secundum
5. Moenianum Summum

126 oben Ab dem Mittelalter nannte man das Amphitheater Kolosseum, weil sich in der Nähe eine Kolossalstatue von Kaiser Nero befand.

Vespasian hatte den Bau der Spielstätte begonnen, Titus vollendete ihn im Jahre 80. Hier fanden unter anderem Gladiatorenspiele statt.

126–127 Das Kolosseum hat einen ovalen Grundriss. Eine komplexe Struktur übereinander gesetzter Mauern trägt die Ränge. Auf der Nordseite sieht man noch die verschiedenen Geschosse aus Travertinquadern mit Arkaden, die von tuskanischen, ionischen und korinthischen Säulen eingefasst sind. Im oberen Stockwerk wechseln geschlossene Mauerabschnitte mit solchen, die von Fenstern durchbrochen sind.

Von außen präsentiert sich das Kolosseum als hohes Bauwerk mit ovalem Grundriss. Es ist 188 Meter lang, 156 Meter breit und 52 Meter hoch. Die Mauern gliedern sich in vier übereinander liegende Geschosse aus Travertinquadern. Nur auf der Nordseite blieb der äußere Ring in der ursprünglichen Höhe erhalten. Die drei unteren Stockwerke bestanden aus je 80 Arkaden, die auf der untersten Ebene von tuskanischen, auf der mittleren von ionischen und auf der oberen von korinthischen Säulen eingerahmt werden. Die vierte Ebene zeichnete sich durch 80 wechselweise geschlossene und von Fenstern durchbrochene Abschnitte aus. In jedem Segment waren drei Konsolen und darüber drei Löcher eingefügt. Durch sie steckte man die Pfähle, an denen Matrosen aus dem Hafen von Misenum das Sonnensegel befestigten. Dieses Velarium bestand aus Segeltuch und sollte die Zuschauer vor Hitze und Regen schützen. Die Eingänge trugen aufsteigende Nummern, die über den Arkaden zu lesen waren und mit den Zahlen auf den Eintrittsmarken übereinstimmten. Zwar mussten die Besucher für öffentliche Spiele nichts bezahlen, doch benötigten sie eine Marke, auf der die Nummer des Platzes und der Weg dorthin verzeichnet waren. Die Vergabe der Plätze geschah nach genau festgelegten Regeln. Es gab vier Haupteingänge. Durch die beiden Tore an der Breitseite, vor denen ein kleiner Portikus mit zwei Säulen stand, gelangte man zu

127 unten Im Tal zwischen Esquilin und Velia befand sich ursprünglich das Amphitheatrum des Statilius Taurus. Nachdem ein Brand das Gebäude zerstört hatte, legte Nero an seiner Stelle einen kleinen See an. Erst die Flavier errichteten ein Amphitheater, das der Größe der Stadt und des Reiches entsprach.

128–129 *Die Größe des Zuschauerraums war besonders beeindruckend. Hier lagen die vier Sitzgruppen übereinander, in denen die Besucher ihrem sozialen Status entsprechend Platz nehmen durften. Um das Publikum vor Sonne und Regen zu schützen, spannte man ein Sonnensegel auf. Die Befestigungsvorrichtungen sind heute noch an der oberen Seite der Außenmauer zu erkennen.*

128 unten *Die Ränge des Kolosseums teilten sich in vier Gruppen, die Raum für die unterschiedlichen sozialen Schichten boten. Zwar war der Eintritt frei, doch durfte jede Klasse nur in einem genau festgelegten Bereich Platz nehmen.*

129 oben links *Auf dem letzten Ring der Cavea befanden sich die Holzpfeiler, an denen das Velarium, ein großes Sonnensegel aus Leinen, befestigt wurde. Es schützte die Besucher vor Hitze und Regen. Matrosen aus dem Hafen von Misenum spannten das Segel bei Bedarf aus.*

129 oben rechts *Zwei unterirdische Korridore gliederten die Arena des Kolosseums in vier Sektoren. Der Hauptgang entsprach exakt der Mittelachse. Er begann unter den Rängen des östlichen Eingangs und führte von*

dort bis zum nahe gelegenen Ludus Magnus. Über die 80 Arkaden im Parterre gelangte man zu den Treppen und zum Zuschauerraum. Hinter dem Eingang lagen fünf konzentrische Gänge, über die sich ein Tonnengewölbe spannte. Sie ruhten auf riesigen Travertinpfeilern, die auch das erste Stockwerk der Cavea trugen. Der nördliche der vier Haupteingänge – der einzige noch erhaltene – war vermutlich für den Kaiser und sein Gefolge bestimmt.

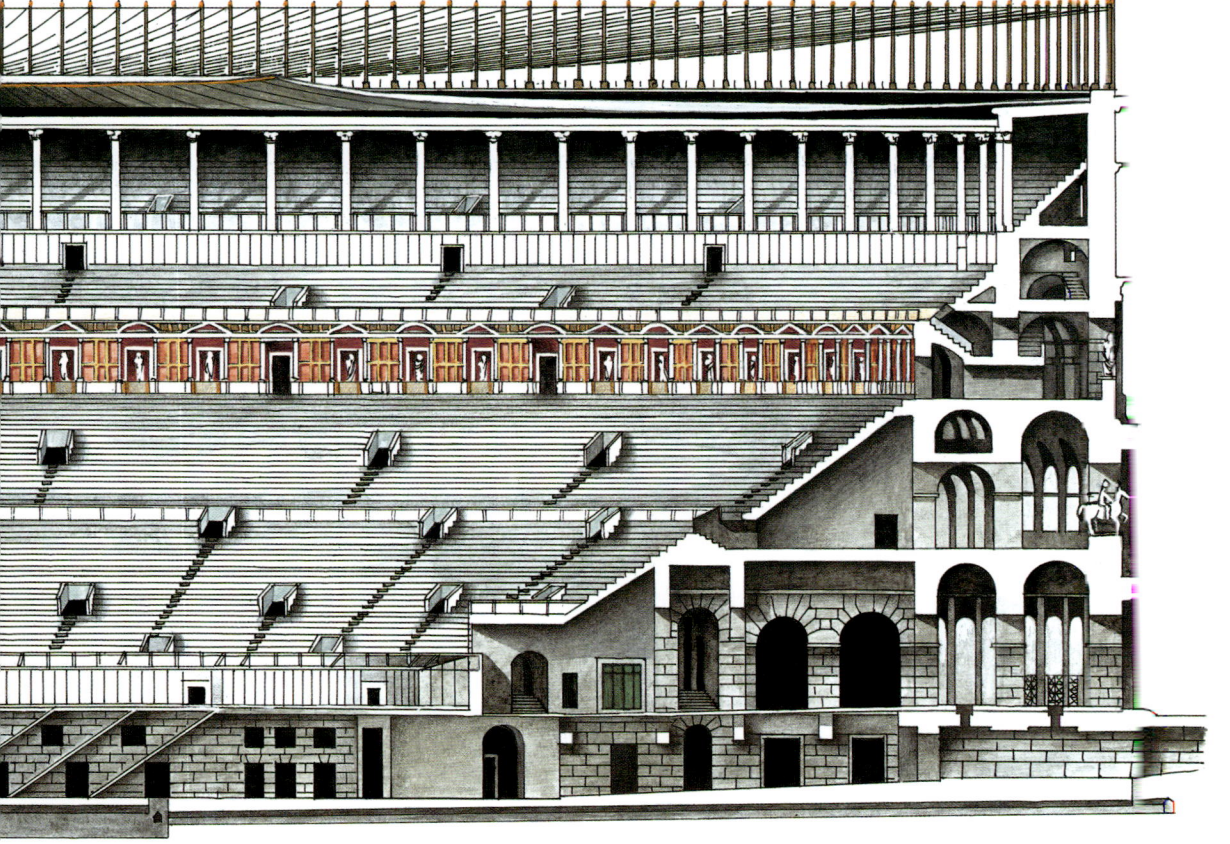

den Tribünen. Diese Plätze waren Persönlichkeiten aus der Politik vorbehalten. Die Eingänge an der Längsseite waren dagegen für die Gladiatoren reserviert. Berechnungen zufolge fasste das Kolosseum bis zu 73 000 Zuschauer. Rings um das Bauwerk verlief eine freie, mit Travertin gepflasterte Fläche, um die sich ein zweistöckiger Portikus zog. Wenn man das Amphitheater heute betritt, so fällt als Erstes ein riesiges Labyrinth von Gängen ins Auge, das man in der Antike nicht sehen konnte. Es handelt sich um die unterirdischen Bereiche der Arena, über denen ein Holzboden lag. Hier befanden sich alle Einrichtungen, die für den reibungslosen Ablauf der Spiele nötig waren. Zum Beispiel befanden sich hier die Käfige mit den Tieren, die Waffenarsenale und die Lastenaufzüge, die mit Hilfe eines komplizierten Systems von Gewichten Raubtiere und schwere Kulissen in die Arena beförderten. Der Hauptgang verlief unter den Eingangskorridoren ostwärts bis zum Ludus Magnus, der Gladiatorenkaserne. Das Parterre bestand aus marmorverkleideten Rängen, die sich in unterschiedliche Bereiche gliederten. Hier saßen die Zuschauer, geordnet nach der sozialen Schicht, welcher sie angehörten. Im ersten Sektor durften die Senatoren Platz nehmen. Ihr Name war in die Ränge oder in die Absperrung eingeritzt, die Arena und Zuschauerraum voneinander trennte. Nach und nach ersetzte man die Namen durch die der jeweils nachfolgenden Generation. Die erhaltenen Inschriften stammen aus dem 5. Jahrhundert. Unter dem Podium befand sich ein Korridor, vielleicht eine *latrina*, zu dem nur das Personal Zugang hatte. Der zweite Abschnitt, *moenianum primum* genannt, war für die Ritter reserviert und umfasste acht Ränge aus Marmor, die weniger breit angelegt waren als die der Senatoren. Über den dritten Ringkorridor gelangte man zu diesen Sitzen, während gegenläufige Treppen zur dritten Platzgruppe führten. Diese gliederte sich wiederum in zwei Abschnitte, den *moenianum secundum imum* und den *moenianum secundum summum*. Darüber lag der *moenianum summum ligneus* mit Holzbänken, um die sich ein großer Portikus zog. Dank eines perfekt konstruierten Systems von Treppen, die in exakt gleicher Ordnung von der obersten Ebene bis ganz nach unten führten, konnten die Zuschauer das Kolosseum rasch und geordnet verlassen. Während der Republik hatte man die Spiele auf dem Forum Romanum oder dem Forum Boarium abgehalten. Später fanden sie auf dem Campus Martius statt, wo Nero zu diesem Zweck ein provisorisches Gebäude aus Holz errichtete.

Das Kolosseum diente für zwei unterschiedlich Arten von Spielen, nämlich zum einen für Gladiatorenkämpfe (*munera*), zum anderen für Kämpfe gegen Raubkatzen oder zwischen wilden Tieren (*venationes*).

Die Gladiatorenkämpfe entwickelten sich vermutlich aus einem Ritual der Etrusker, bei dem Angehörige der Adelsschicht ihre Kräfte maßen. Der Staat veranstaltete die *munera* in der Regel aus politischen Gründen, um die Gunst des Volkes zu erlangen. Die Gladiatoren wählte man unter den zum Tode Verurteilten, den Kriegsgefangenen und den Sklaven, zuweilen auch unter Freigelassenen aus. Der Kampf endete mit dem Tod eines der Kämpfenden, allerdings konnte das Publikum seine Begnadigung (*missio*) verlangen. Die Veranstalter der Spiele sahen es lieber, wenn möglichst wenige Gladiatoren starben, denn deren Ausbildung und Unterhalt verschlangen enorme Summen. Mussten alle Besiegten sterben, so galten die Finanziers der Spiele in den Augen der Zuschauer als besonders großzügig.

Nachdem die Römer den Mittelmeerraum erobert hatten, kamen die *venationes* in Mode. Diese Spiele fanden besonderen Zuspruch, weil hier fremde und exotische Tiere gegeneinander kämpften. Bereits im 2. Jahrhundert v. Chr. ließ man unter Scipio Minor Deserteure gegen Raubkatzen antreten. Die *damnatio ad bestia* erfreute sich ab diesem Zeitpunkt beim Publikum wachsender Beliebtheit.

Ludus Magnus

Hinter dem Kolosseum sind zwischen der Via Labicana und der Via San Giovanni in Laterano Reste einer großen Gladiatorenschule zu sehen. Außer dem Ludus Magnus gab es hier eine Reihe ähnlicher Einrichtungen wie den Ludus Matutinus, den Ludus Dacicus und den Ludus Gallicus, in denen Gladiatoren wohnten und sich auf verschiedene Kampftechniken vorbereiteten. Die Athleten lebten ähnlich wie im Gefängnis und waren einer eisernen Disziplin unterworfen. Der Ludus Magnus geht auf die Epoche des Domitian zurück. Er umfasste eine ovale Arena mit zum Teil noch erhaltenen Rängen sowie die Unterkünfte der Gladiatoren. Auf der Breitseite befand sich eine Ehrentribüne. Rings um den Ludus Magnus gruppierten sich weitere Gebäude, unter anderem ein *saniarium* für Verletzte, das *spoliarium*, in das man die Leichen der Getöteten brachte, das *armamantarium* (Waffenlager), die *Castra Misenantium* (Unterkunft der Matrosen von Misenium) und der *Summum Choragium* für die Bühnenmaschinerie.

130 oben An der Straße, die vom Kolosseum zum Esquilin und den Gärten der Trajans-Thermen führt, liegen rechter Hand die Reste des Ludus Magnus, einer großen Gladiatorenschule.

130 Mitte Besucher, die von oben ins Kolosseum hinabblicken, verwundern sich meist über das Gewirr von Gängen, das unter dem heute verschwundenen Boden verlief.

130 unten Hohe Persönlichkeiten saßen direkt hinter der Absperrung in unmittelbarer Nähe zur Arena. Auf den breiten Marmorrängen prangten die Namen der Senatoren, die man jeweils durch die der nachfolgenden Generation ersetzte.

131 oben Ähnlich wie in modernen Stadien mussten die Zuschauer am Eingang des Amphitheaters eine Eintrittsmarke vorweisen. Auf dieser stand der Sektor vermerkt, zu dem man über ein ausgeklügeltes System von Treppen und Gängen gelangte.

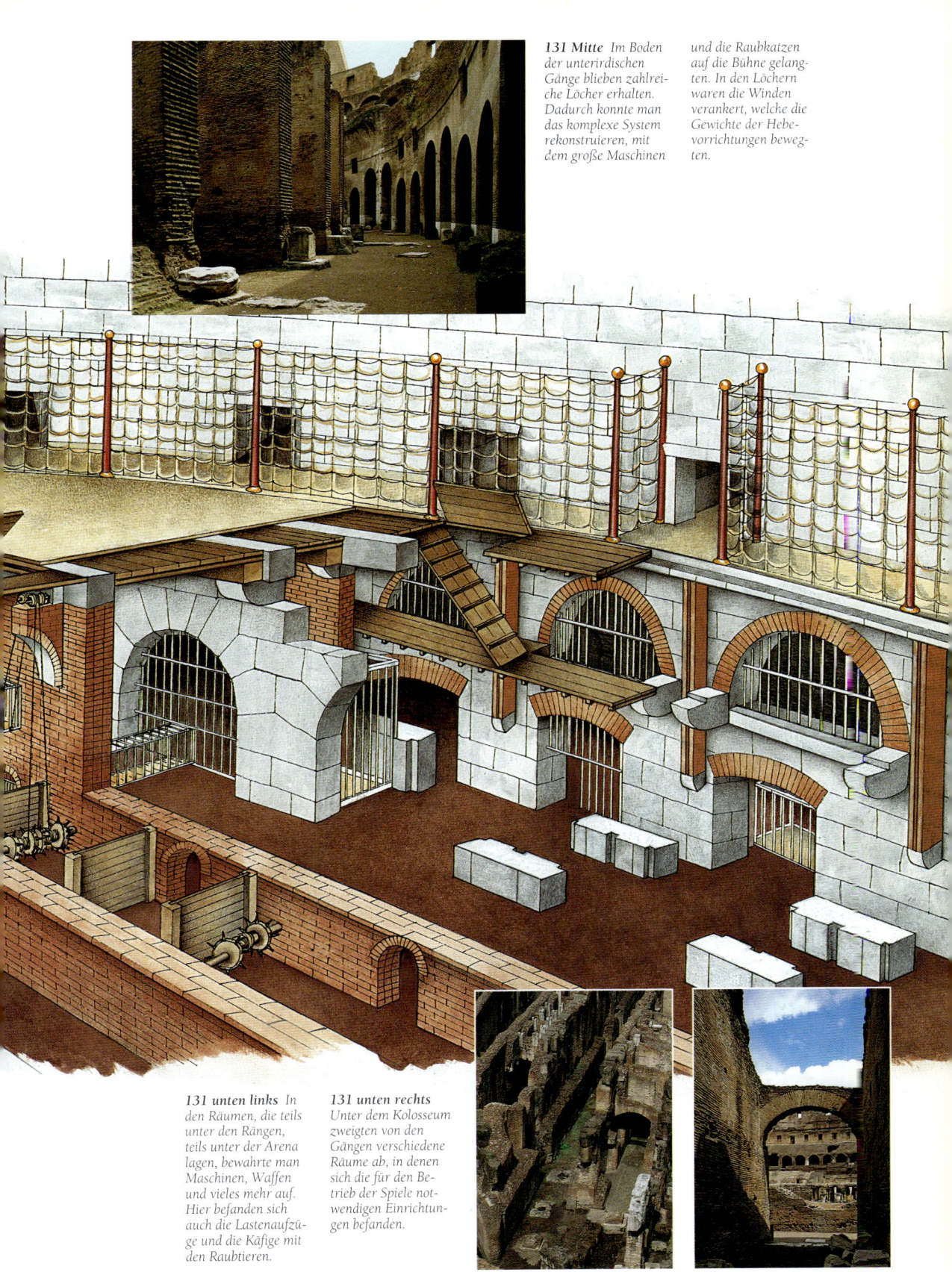

131 Mitte Im Boden der unterirdischen Gänge blieben zahlreiche Löcher erhalten. Dadurch konnte man das komplexe System rekonstruieren, mit dem große Maschinen und die Raubkatzen auf die Bühne gelangten. In den Löchern waren die Winden verankert, welche die Gewichte der Hebevorrichtungen bewegten.

131 unten links In den Räumen, die teils unter den Rängen, teils unter der Arena lagen, bewahrte man Maschinen, Waffen und vieles mehr auf. Hier befanden sich auch die Lastenaufzüge und die Käfige mit den Raubtieren.

131 unten rechts Unter dem Kolosseum zweigten von den Gängen verschiedene Räume ab, in denen sich die für den Betrieb der Spiele notwendigen Einrichtungen befanden.

Spiele und Aufführungen

Die Spiele entstanden in Rom nicht mit dem Ziel, ein menschliches Publikum zu begeistern. Vielmehr veranstaltete man sie im Rahmen eines präzise festgelegten Rituals zu Ehren der Götter. Als Erste kamen die Wagenrennen im Circus Maximus auf. Im Anschluss daran fand eine Zeremonie statt, bei der man das Pferd des Siegers opferte.

Für ein solches Wagenrennen waren viele Vorbereitungen nötig: Zunächst galt es die Mannschaften zu bilden, die unterschiedliche Farben trugen. Zahlreiche Personen wirkten an der Organisation mit; sie kümmerten sich um die Wagenlenker und die Tiere oder reparierten die Wagen. In der Mitte der Längsseite des Circus befand sich die Tribüne der Preisrichter, die über den ordnungsgemäßen Ablauf des Rennens und die Einhaltung der Regeln wachten. Vor dem Start versammelte sich das Publikum auf den Rängen, wo Getränke und Gebäck verkauft wurden. Die Wagen warteten in Verschlägen, die sie vor den Augen der Zuschauer verbargen und der eigenen Sicherheit dienten. Dann begann das Spektakel mit einem Umzug, in dem die Athleten und die Stifter der Spiele zusammen mit Priestern, Musikanten, Clowns und Akrobaten durch die Arena zogen. Anschließend schlossen die Zuschauer Wetten ab und die Wagen wurden ausgelost. Das zwischen vier und sechs Kilometer lange Rennen begann bei den *carceres*, den Startboxen. Auf einem ersten Streckenabschnitt gewannen die Wagen an Schnelligkeit. Hier durften sie einander nicht überholen. Dann fing das eigentliche Rennen an, das über sieben Runden ging. Nach jeder zurückgelegten Runde klappte man auf der Mittellinie eines der dort angebrachten Eier um. Die Wagen besaßen eine Art Bremse, die der Wagenlenker betätigte, indem er sein Gewicht verlagerte. Dadurch übte er Druck auf die Nabe des äußeren Rades aus und konnte die erste Wendemarke so besser umrunden. Auf dem folgenden, leicht abschüssigen Streckenabschnitt trieben die Wagenlenker die Pferde an, um das Gefälle auszunutzen und einen Vorsprung zu gewinnen. Das Rennen endete, wenn die Wagen die Linie vor der Tribüne der Preisrichter zum siebten Mal überquerten. Trompetenklänge und jubelnde Zuschauer begrüßten den Sieger.

Die Theateraufführungen entwickelten sich aus Prozessionen, die man zu Ehren der Götter veranstaltete. Erst ab dem 3. Jahrhundert v. Chr. wandelten sie sich allmählich zu szenischen Spielen und

132 oben *Dieses Mosaik aus dem 4. Jahrhundert zeigt kämpfende Gladiatoren. Die Athleten trainierten in verschiedenen Schulen, zum Beispiel im berühmten Ludus Magnus.*

132–133 *In den römischen Amphitheatern fanden nicht nur Gladiatorenkämpfe, sondern auch Kämpfe zwischen wilden Tieren (venationes) statt.*

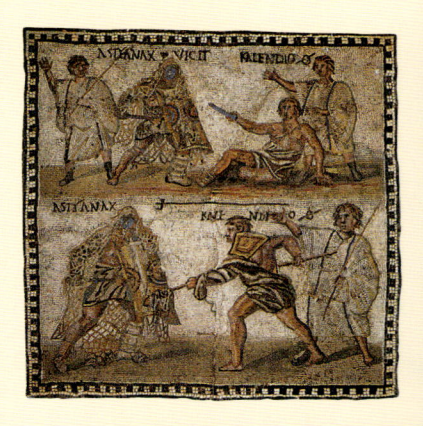

aus einfachen Pantomimen entstanden nach und nach Tragödien und Komödien. Natürlich griff man hier stark auf hellenistische Vorbilder zurück, doch blieben auch einige italische und latinische Charakteristika erhalten. Gegen Ende der republikanischen Epoche gab es in Rom noch keine festen Spielstätten. Man errichtete zu diesem Zweck lediglich jeweils kurzfristig Holzbauten. Erst im Jahre 55 v. Chr. ließ Pompejus ein Theater bauen, das bei den Ältesten auf erbitterten Protest stieß, weil sie es für ein Zeichen des Sittenverfalls hielten. Schließlich mussten sie den einfachen Tempelanbau aber akzeptieren.

Bei großen Bestattungszeremonien fanden auch noch andere szenische Spiele statt. In diesem Rahmen führte man um 264 v. Chr. auch die Gladiatorenspiele in Rom ein. Diese stießen beim Publikum auf so großen Zuspruch, dass sie ab 105 v. Chr. zu den öffentlichen Spielen gehörten. Sie fanden rasch Verbreitung und verloren im Laufe der Zeit ihren ursprünglichen Kontext, bis vom Bestattungsritus nur noch die Spiele übrig blieben. Zum Tode Verurteilte, entflohene Sklaven oder Freiwillige konnten als Gladiatoren antreten. Die Kämpfe (*munera*) entsprachen exakt dem römischen Idealbild des kriegerischen, starken und einsatzbereiten Mannes. Je stärker das Interesse an den Gladiatorenspielen wuchs, desto klarer bildete sich die Struktur heraus, die zur Bewältigung des immensen Organisationsaufwandes nötig war. Der Kaiser selbst beauftragte mit der Durchführung der Spiele bestimmte Beamte, die zunächst den Rang eines Ädilen oder Prätors, später den eines Curators innehatten. Die Gladiatoren trainierten und wohnten in einem *ludus*; am bekanntesten war der Ludus Magnus hinter dem Kolosseum. In dieser kasernenähnlichen Schule unterwarf man sie einer eisernen Disziplin. Ab dem 2. Jahrhundert v. Chr. fanden immer häufiger auch Kämpfe zwischen wilden Tieren, die *venationes,* statt. Diese besonders exotische und blutige Spektakel begeisterte vor allem das einfache Volk. Kaiser Konstantin schaffte die Spiele zwar per Dekret ab, doch existierten sie in Rom noch bis Mitte des 5. Jahrhunderts. Erst Honorius konnte das Ende der Spiele schließlich durchsetzen.

132 unten Zur Zeit der Etrusker kam den Gladiatorenkämpfen noch eine fast religiöse Bedeutung zu, denn sie fanden im Rahmen von Begräbniszeremonien als Blutopfer für die Götter statt. Später lösten sich die Spiele aus diesem Zusammenhang und gewannen als eigenständige Veranstaltung die Gunst des Publikums.

133 unten links Diese Terrakottastatuette zeigt zwei mit Schwertern bewaffnete Gladiatoren. Häufig traten Kriminelle oder Sklaven als Gladiatoren an. Allerdings meldeten sich auch Freigelassene als Berufskämpfer, denn siegreiche Gladiatoren verdienten viel Geld und genossen hohes Ansehen.

133 unten rechts Auf diesem Flachrelief kämpfen zwei Raubtiere gegeneinander. Die venationes beeindruckten auch durch ihre Kulissen, die den ursprünglichen Lebensraum der Tiere nachzuempfinden versuchten.

DER KONSTANTINS-BOGEN

„Imp(eratori) Caes(ari) Fl(avio) Constantino Maximo/ P(io) F(elici) Augusto s(enatus) p(opu-lus)q(ue) R(omanus)/ Quod instinctu divinitatis mentis/ Magnitudine cum exercitu suo/ Tam de tyranno quam de omni eius/ Factione uno tempore iustis/ Rem publicam ultus est armis/ Arcum triumphis insignem dicavit"

„Dem Kaiser Cäsar Flavius Constantinus Maximus Pius Felix Augustus weihen der Senat und das römische Volk diesen Triumphbogen, zum Dank dafür, dass er durch göttliche Eingebung und die Größe seines Geistes zusammen mit seinem Heer mit gerechten Waffen den Staat an dem Tyrannen und dessen Anhängern rächte."

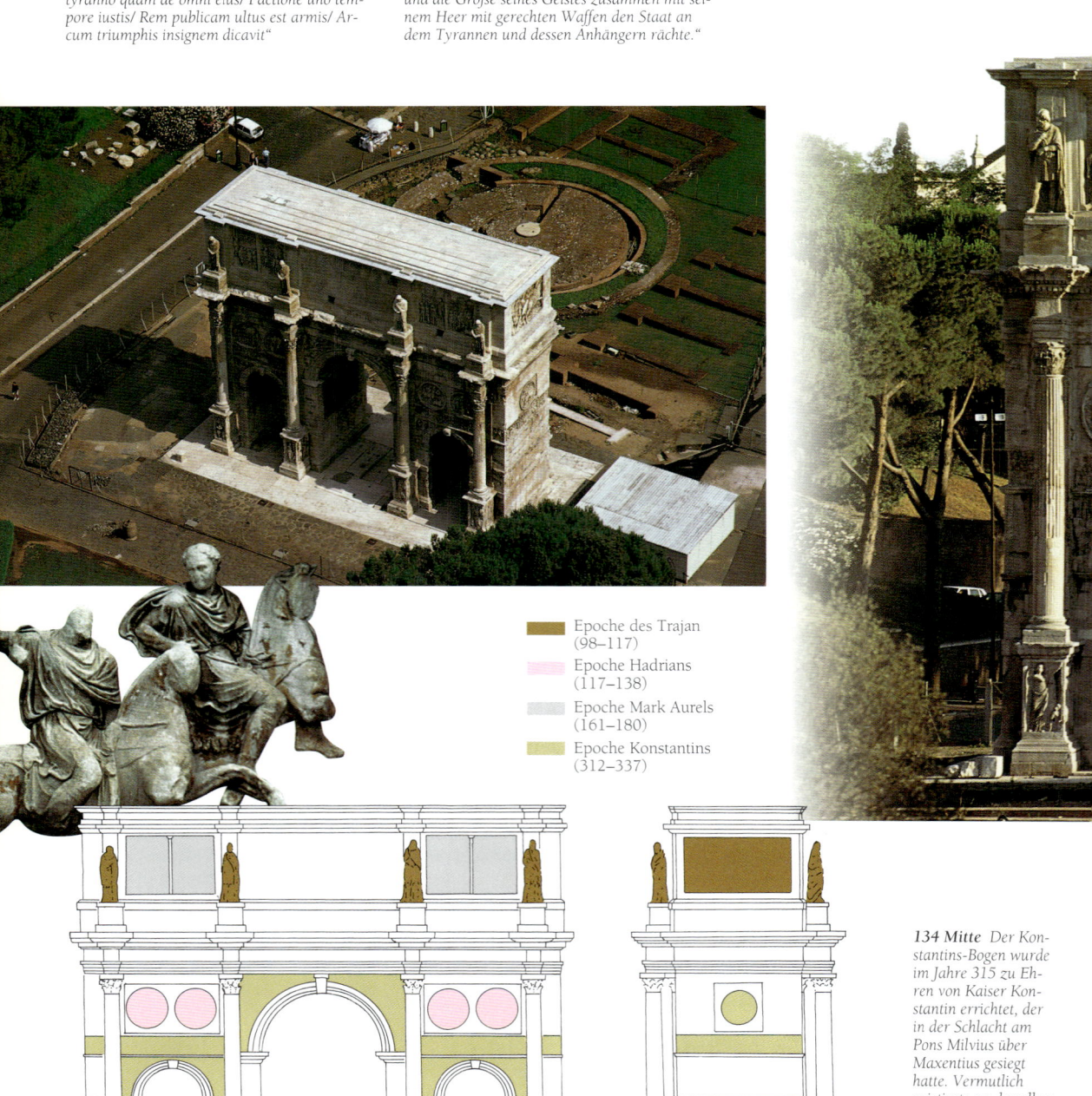

■ Epoche des Trajan (98–117)
■ Epoche Hadrians (117–138)
■ Epoche Mark Aurels (161–180)
■ Epoche Konstantins (312–337)

134 Mitte Der Konstantins-Bogen wurde im Jahre 315 zu Ehren von Kaiser Konstantin errichtet, der in der Schlacht am Pons Milvius über Maxentius gesiegt hatte. Vermutlich existierte an derselben Stelle bereits ein Monument, das der Senat zur Zeit Konstantins umbaute und mit Marmorreliefs verzieren ließ.

Der Bogen wurde im Jahre 315 zu Ehren von Kaiser Konstantin an der Straße errichtet, durch die die römischen Triumphzüge führten. Er sollte an den Sieg des Kaisers über Maxentius in der Schlacht am Pons Milvius erinnern. Außerdem wollte man mit dem Bogen die *decennalia*, das zehnte Regierungsjahr des Imperators, feiern. Der Bogen besteht aus einem großen Mitteltor und zwei kleineren Seitentoren, über denen schaft, denn auf diese Weise bildete Konstantin den Mittelpunkt der römischen Geschichte, um den herum sich die übrigen historischen Gestalten und Ereignisse gruppierten. Er setzte die von seinen Vorgängern, den *optimi princeps*, begonnene Politik fort und erneuerte sie zugleich. Der Triumphbogen gehörte zu den traditionellsten römischen Bauformen. Ein solches Ehrenmal erinnerte an die Siege desjenigen Kaisers, dem es gewidmet war. Zugleich unterstrich es seine Autorität, die sich in Rom stets auf militärische Erfolge und den damit verbundenen Ruhm gründete.

Archäologen fanden heraus, woher die Skulpturen am Konstantins-Bogen stammen: Die vier Trajans-Tafeln (zwei davon im Hauptdurchgang und zwei in den kleineren Toren) gehörten wie die dakischen Gefangenen ursprünglich zu einem einzigen fortlaufenden Relief, das eine Attika verläuft. Im Innern ist der Triumphbogen mit Marmorreliefs zu verschiedenen Themen verziert. Offenbar entstanden die Arbeiten während der Herrschaft Kaiser Konstantins nach einem genau durchdachten Plan. Allerdings verwendete man als Material im Wesentlichen Elemente verschiedener anderer Bauten, die bereits existierten. Neben den Reliefs befinden sich daher Skulpturen aus der Zeit Trajans, Hadrians und Mark Aurels, sodass sich in einem einzigen Monument die unterschiedlichsten Stile und Epochen vereinigen. Gerade diese Mischung beinhaltete indes eine klare politische Bot-

134–135 *Der Konstantins-Bogen mit der hohen Attika besteht aus einem großen Mitteltor und zwei kleineren Durchgängen an den Seiten. Er ist außen und innen mit Reliefs verziert. Außer Skulpturen aus der Zeit Konstantins gehören auch Reliefs aus den Epochen Trajans, Hadrians und Mark Aurels dazu.*

135 oben rechts *Die hadrianischen Rundbilder gehörten wahrscheinlich zu einem Heiligtum, das Antinous, dem früh verstorbenen Mündel des Kaisers, geweiht war. Die Aufnahme zeigt ein Opfer für die Göttin Diana.*

135 unten *An den beiden Schmalseiten und im Innern des Hauptbogens befanden sich vier Tafeln aus der Zeit des Trajan. Sie stammten aus der Basilica Ulpia auf dem Trajansforum. Hier ist eine Schlachtszene zu sehen.*

135

die Basilica Ulpia auf dem Trajansforum zierte. Die acht aurelianischen Tafeln (zwei auf jeder Hauptseite) schmückten einen Ehrenbogen, den Arcus Pani Aurei, der die Siege Mark Aurels über die Germanenvölker feierte und sich vermutlich am Hang des Kapitols befand. Auf all diesen Reliefs veränderte man die Gesichter der Imperatoren so, dass ihre Züge Kaiser Konstantin ähnelten. Auf seine Regierungszeit gehen die Viktorien sowie die Flussgottheiten und Allegorien der Jahreszeiten zurück. Auch die Tondi (Rundbilder) an den beiden Schmalseiten und der große Fries, der in halber Höhe über den kleineren Durchgängen und an den Seiten verläuft, entstanden in dieser Zeit. Der Fries zeigt den Aufbruch der römischen Truppen von Mailand, die Belagerung von Verona, die Schlacht an der Milvischen Brücke und die Rückkehr nach Rom.

Man versuchte die verschiedenen Bestandteile des Bogens thematisch zusammenzufassen, sodass ein komplexes System von Bezügen und Verweisen entstand. Auf der Nordseite, die dem Kolosseum und damit der Stadt zugewandt war, stellte man Szenen des öffentlichen Lebens und den Frieden dar. Die Südseite, die von der Stadt weg wies, dokumentierte hingegen das Kriegsgeschehen. Im 12. Jahrhundert gliederte man den Bogen wie das Kolosseum in die Festung der Frangipani ein. Im 15. Jahrhundert begann man ihn freizulegen.

136 oben Auf den beiden Schmalseiten prangen je zwei Rundbilder, eines davon aus der konstantinischen Ära. Die hier abgebildete Ostseite zeigt Apoll, der mit dem Sonnenwagen aus dem Meer emporsteigt.

136 Mitte Im mittleren Abschnitt des Bogens sind über den seitlichen Durchgängen acht Tondi aus der Zeit Kaiser Hadrians zu erkennen. Sie zeigen Opfer- und Jagdszenen. Links ist ein Aufbruch zur Jagd, rechts ein Opfer für den Gott Silvanus dargestellt.

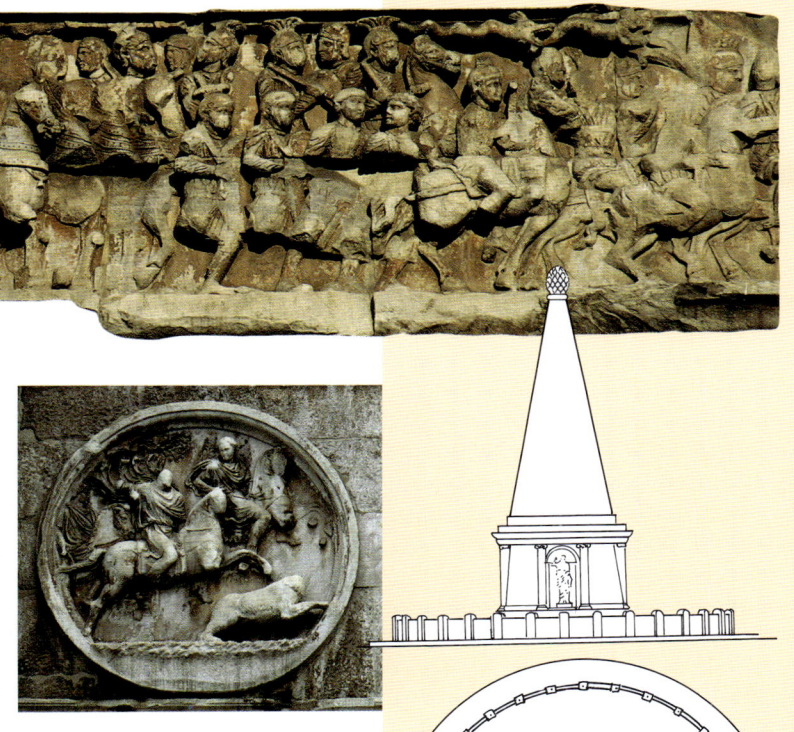

Seit dem 18. Jahrhundert wird der Bogen untersucht.

Die acht Rundbilder auf den Längsseiten stammen aus der Zeit Kaiser Hadrians und bilden ebenfalls eine thematische Einheit. Ursprünglich gehörten sie wohl zu einem Tempel, der dem jungen Antinous, einem Ziehsohn des Imperators, geweiht war. Jüngere Analysen erhärten im Übrigen die These, dass der Bogen nicht völlig neu gebaut wurde. Vielmehr verwendete Konstantin ein bereits existierendes Monument. Es könnte sich um einen einbogigen Bogen aus der flavischen Zeit handeln, den man vielleicht zu Ehren von Kaiser Domitian errichtet hatte. Diesen Bogen erweiterte man dann lediglich durch zwei zusätzliche Durchgänge. Bei einer Untersuchung der wiederverwendeten Elemente fanden die Archäologen heraus, dass die Rundbilder auf dem Hauptbogen gar nicht später hinzugefügt wurden, sondern vielmehr Bestandteil des Monuments waren. Dieser Teil des Bogens würde dann auf einen Umbau aus der Epoche Kaiser Hadrians zurückgehen und Konstantin hätte nur nachträglich Veränderungen und weitere Umstrukturierungen vorgenommen. Andere Elemente wie die trajanischen Friese kamen hingegen tatsächlich erst später hinzu.

136 unten Die hohe Attika trägt eine Inschrift und ist mit acht Relieftafeln aus der Zeit Mark Aurels verziert. Statuen dakischer Gefangener rahmen die Platten ein. Auf der Nordseite begnadigt der Kaiser einen Barbarenführer und beschenkt das Volk.

137 oben Über den Gewölben der seitlichen Durchgänge verlaufen vier lange Reliefs. Es handelt sich um einen einzigen konstantinischen Fries, der den Sieg des Kaisers über Maxentius illustriert. Die Abfolge der Reliefs beginnt auf der westlichen Schmalseite: Das Heer bricht von Mailand aus auf, dann folgen die Belagerung Veronas und die Schlacht an der Milvischen Brücke. Auf der hier abgebildeten Ostseite kehren die Soldaten im Triumph nach Rom zurück. Auf der Nordseite hält Konstantin eine Ansprache und verteilt Geld.

DIE META SUDANS

Im Bereich zwischen dem Konstantins-Bogen und dem Kolosseum befand sich ein großer Brunnen, dessen Überreste bis in die 30er-Jahre hinein erhalten blieben. Dann zerstörte man ihn bei Arbeiten an der Via dei Trionfi und der Via dell'Impero. Der Brunnen entstand in flavischer Zeit an einer besonders wichtigen Stelle, denn hier trafen zahlreiche Straßen und überdies vier oder sogar fünf der augusteischen Regionen aufeinander. Der Brunnen selbst setzte sich aus einem konischen Stein von 17 Metern Höhe und sieben Metern Durchmesser mit Blumenverzierung im oberen Bereich und einem großen Rundbecken zusammen. In der äußeren Umrandung gab es zahlreiche Nischen.
Der Name des Brunnens bezieht sich auf den konischen Stein, der an die Wendemarken (metae) im Circus erinnerte. Darüber hinaus ähnelte seine Form dem betilus, einem Symbol des Gottes Apoll.

137 unten links Auf der Südseite des Bogens befinden sich über dem linken Durchgang zwei Tondi aus der Zeit Kaiser Hadrians. Die Fotografie zeigt ein Rundbild mit einer Bärenjagd.

137 rechts Die Meta Sudans war ein Brunnen, in dem das Wasser über einen konischen Stein in ein breites Rundbassin abfloss. Ihren Namen erhielt sie, weil sie der Wendemarken im Circus ähnelte. Sie stand genau dort, wo fünf augusteische Regionen aneinander grenzten.

DIE NEROSTATUE

Die Kolossalstatue, die Nero vor dem Vestibül der Domus Aurea aufstellen ließ, stammte aus der Werkstatt eines griechischen Bildhauers namens Zenodoros und hatte den berühmten Koloss von Rhodos zum Vorbild. Antike Darstellungen und Berichte geben Auskunft über die gewaltigen Ausmaße der Statue, die stolze 35 Meter hoch war. Außerdem untersuchte man den Sockel, der sich bis zu seiner Zerstörung im Jahre 1933 an seinem ursprünglichen Ort befand. Als Kaiser Hadrian den Tempel der Venus und der Roma baute, ließ er die Statue entfernen. 24 Elefanten waren nötig, um den Wagen mit dem Koloss von der Stelle zu bewegen. Nach Neros Tod zerstörte man die Statue nicht, sondern gab ihr zunächst die Gestalt des Helios, später die des Herkules.

NORDÖSTLICHER BEZIRK

ESQUILIN UND OPPIUS

Der Esquilin gehörte zu den am dichtesten besiedelten Vierteln Roms. Die Geschichte des Hügels reicht sehr weit zurück, denn der Überlieferung zufolge gliederte bereits Servius Tullius ihn in die Stadt ein und befestigte seine Ostseite durch einen *agger* (Wall). Die Häuser des einfachen Volkes lagen am Fuß des Hügels in einem der Gesundheit wenig zuträglichen Gebiet. Das bekannteste und ärmste Viertel war die Subura, in deren Nachbarschaft sich ein großes Papierlager und zahlreiche Buchläden befanden. Auf dem Gipfel standen hingegen die prächtigen Villen der reichen römischen Adligen. In der republikanischen Zeit wohnten zur Velia hin hochrangige Persönlichkeiten wie Pompejus und Quintus, der Bruder des Cicero. Cäsar lebte dagegen in einem bescheidenen Haus in der Subura. Weiter ostwärts erstreckten sich große Nekropolen, über denen sich ab dem Ende der Republik errichten und vermachte sie testamentarisch dem Augustus. Tiberius wohnte hier nach seiner Rückkehr aus Rhodos im Jahre 2 n. Chr. Das so genannte Auditorium des Mäcenas war etwa 25 Meter lang und bestand aus einer Treppe, einem rechteckigen Vestibül, einer großen Aula mit Stufenapsis und einem Gewölbedach. Bereits damals lag der Raum halb unter der Erde. Die Nischen, die sich in den Wänden öffnen und auf Umbauten aus der augusteischen Zeit zurückgehen, sind mit Fresken im Dritten Pompejischen Stil verziert. Die Gartenbilder weisen darauf hin, dass man von hier aus nicht ins Freie blicken konnte. Forscher schlossen daraus, dass die Aula als Nymphäum oder *cenatio* (Sommerspeisesaal) gedient haben könnte. Wie andere Horti ging die Villa später in kaiserlichen Besitz über und bildete zusammen mit dem Esquilin und dem Quirinal eine riesige Grünanlage,

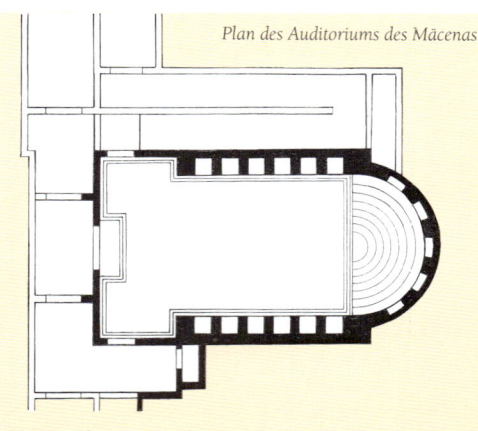

Plan des Auditoriums des Mäcenas

138–139 Von der großen Villa des Mäcenas auf dem Esquilin blieb nicht viel erhalten. Zu dem Gebäude gehörte ein halbunterirdisches Auditorium. Der Dekor mit Blumenmotiven lässt allerdings darauf schließen, dass der Raum als Nymphäum oder Sommerspeisesaal diente.

139 oben Die Domus Aurea erstreckte sich über ein großes Gelände, das sich vom Palatin und der Velia bis zum Caelius zog. Antike Autoren berichten von den prachtvoll ausgestatteten Räumen des Palastes. Im östlichen Bereich der Domus Aurea blieb ein achteckiger Kuppelsaal erhalten, von dem verschiedene Räume strahlenförmig abzweigten. Er belegt, auf welch hohem architektonischen Niveau der Palast erbaut wurde. Große Öffnungen in den Wänden lösen diese fast vollständig auf.

immer mehr Gärten und Häuser ausbreiteten.
Auf dem Oppius erhoben sich ebenfalls herrliche Villen inmitten von Gärten. Zu ihnen zählten die Horti Liciniani, die Horti Tauriani und die Villa des Mäcenas. Von letzterer entdeckte man Überreste am Largo Leopardi unweit der Piazza Vittorio Emanuele. Offenbar handelte es tatsächlich um ein sehr großes Haus, von dem allerdings nur ein ganz kleiner Teil erhalten blieb. Mäcenas ließ die Villa gegen Ende der republikanischen Ära die sich bis zum Pincio ausdehnte. Später wurden Teile dieses Areals in die neronische Domus Aurea eingegliedert und mit den kaiserlichen Besitzungen auf dem Palatin zusammengeschlossen. Auf dem Esquilin gab es nur wenige Tempel und öffentliche Gebäude. Erwähnenswert sind das Macellum Liviae, die Titus- und die Trajans-Thermen.

DIE DOMUS AUREA

In seiner Nero-Biografie (31,1) beschreibt Sueton die Domus Aurea mit folgenden Worten: „In der Eingangshalle des Hauses hatte eine 120 Fuß hohe Kolossalstatue, ein Porträt Neros, Platz. Die ganze Anlage war so groß, dass sie drei Portiken von einer Meile Länge und einen künstlichen See umfasste, der von Häusern umgeben und fast wie ein Meer war. Dazu kamen Villen mit Feldern, Weinbergen und Weiden, Wälder voller wilder und zahmer Tiere aller Arten. Einige Teile des Hauses waren vollständig vergoldet und mit Gemmen und Muscheln geschmückt. In den Speisesälen gab es bewegliche Decken aus Elfenbein, durch die Blumen herabgeworfen und Parfüm versprengt werden konnte. Der Hauptraum war kreisrund und bewegte sich bei Tag und bei Nacht ständig, wie die Erde. Die Bäder wurden mit Meer- und Schwefelwasser gespeist. Als Nero nach Abschluss der Bauarbeiten das Haus einweihte, zeigte er sich sehr zufrieden und sagte, dass er jetzt endlich anfange, menschenwürdig zu wohnen." Im Jahre 64 zerstörte ein Brand die Domus Transitoria auf dem Palatin. In der Folge ließ Nero die deutlich größere Domus Aurea, das „Goldene Haus", erbauen, die alles überlagerte, was sich zuvor dort befunden hatte. Sie umfasste nicht nur den Palatin, sondern auch das Tal zwischen Caelius, Palatin und Oppius. Nero beauftragte die Architekten Celer

Plan der Domus Aurea
A. Östlicher Bereich Kaiserliche Privatgemächer
B. Westlicher Bereich
1. Frontseite mit Laubengang
2. Saal mit „Eulengewölbe"
3. Saal mit „gelbem Gewölbe"
4. Saal mit „schwarzem Gewölbe"
5. Peristyl
6. Nymphäum
7. Kryptoportikus
8. Achteckiger Kuppelsaal
9. Nymphäum mit Apsis

139 unten Unter den Trajans-Thermen blieben Teile des östlichen Bereichs der Domus Aurea erhalten. Sie sind mit Fresken im Vierten Pompejischen Stil verziert, die fantastische Architekturelemente auf weißem Hintergrund sowie kleine figürliche Darstellungen zeigen. Diese Fresken inspirierten Renaissancemaler zu den so genannten „Grotesken".

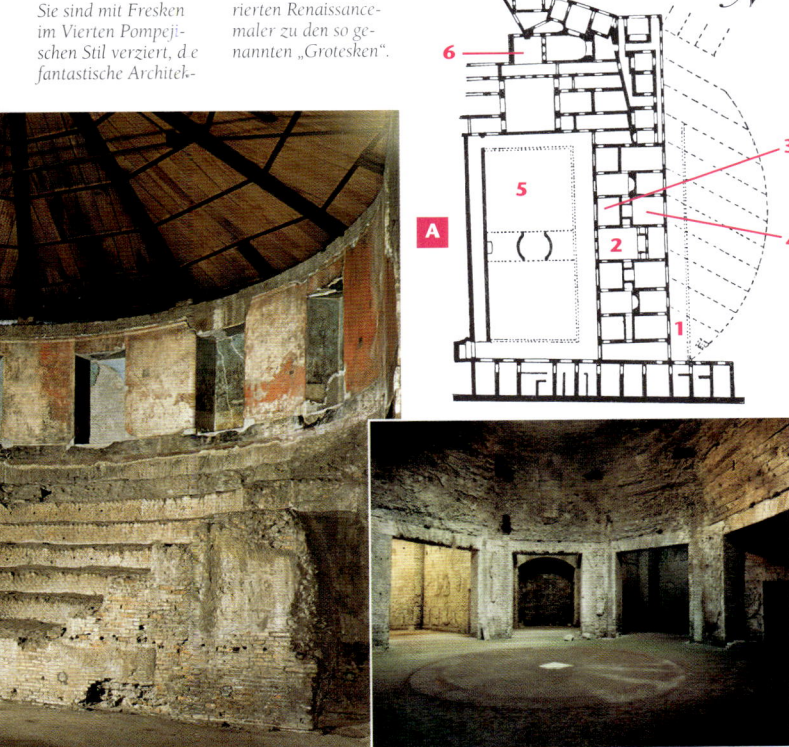

mahlin. Durch einen vorgesetzten Portikus fiel viel Licht in die Räume. Auf drei Seiten schloss sich ein Portikus um den Hof; auf der vierten Seite erstreckte sich hingegen ein Gang. Auf der Ostseite des Hofes reihten sich verschiedene Zimmer aneinander. Ein reich verziertes Nymphäum begrenzte diesen Abschnitt, der besonders lang gezogen wirkte. Die Fenster des kleinen überwölbten Lustsaales öffneten sich zu Seitenhöfen und einem Brunnen hin. Im Innern eines Achtecks im Zentrum des Gewölbes blieb eine Darstellung des Zyklopen Polyphemos erhalten, dem Odysseus einen Becher Wein reicht. Weitere Zimmer sind mit Fresken im Vierten Pompejischen Stil verziert, die architektonische Elemente vortäuschen. Diese Räume bilden den Übergang zum östlichen Bereich, der abwechslungsreicher und üppiger gestaltet war. Die Räume zweigen hier strahlenförmig von einem fünfeckigen Hof ab. Einer der Säle weist einen besonders schönen Dekor auf. Er liegt auf der einer Achse mit dem Hof und besaß ein bühnenartiges vergoldetes Gewölbe (volta dorata). Weiter östlich befanden sich andere Zimmer, die sich um einen achteckigen überwölbten Saal schlossen. Riesige Öffnungen durch die man in die benachbarten Räume gelangte, hatten die Wände fast aufgelöst.

Der Wanddekor der Domus Aurea

Unweit der Domus Aurea entdeckte man kürzlich ein großes Fresko, das bei der Forschung auf waches Interesse stieß. Bei Ausgrabungen in einem Kryptoportikus der Trajans-Thermen stießen die Archäologen auf eine Wand zwischen zwei Bögen eines Laubenganges. Sie war mit einem herrlichen Fresko verziert, das eine bislang noch nicht identifizierte Stadt aus der Vogelperspektive zeigt. Wegen der überaus realistischen Darstellung geht man davon aus, dass es sich um eine echte Stadt – allerdings nicht um Rom – handelt. Wahrscheinlich bedeckten ähnliche Ansichten einst den gesamten Gang.

und Severus mit der Planung; den Freskendekor führte Fabullus aus. Der Komplex bestand aus einer riesigen Eingangshalle, vor der die Kolossalstatue des Kaisers thronte, einem künstlichen See, um den sich mehrere Portiken zogen und verschiedenen Gartenanlagen. Den Tempel des Divus Claudius auf dem Caelius verwandelte Nero in ein monumentales Nymphäum, das zugleich als Kulisse für die Gärten fungierte. Besondere Mühe verwendete man natürlich auf den Palast selbst. Obgleich die Flavier nach Neros Tod den Palast zerstörten und das Gelände wieder der römischen Öffentlichkeit übereigneten, blieb ein kleiner Bereich erhalten, der zu den Trajans-Thermen gehörte. Es handelt sich um einen lang gezogenen Bau aus zwei architektonisch völlig unterschiedlich gestalteten Teilen. Der westliche Sektor war vermutlich Bestandteil des ersten neronischen Palastes, der Domus Transitoria, die Titus nach Neros Tod weiter verwendete. Der östliche Abschnitt, der tatsächlich zur Domus Aurea gehörte, stammte aus einer späteren Epoche. In den westlichen Bereich gelangte man mittels einer Treppe, die an der Exedra der Trajans-Thermen begann. Dieser Sektor zeichnete sich durch eine eher traditionelle Bauweise aus, bei der sich mehrere Räume um einen großen Hof gruppierten. Im Süden öffnete sich unter einem Portikus eine Reihe reich verzierter Räume, die in symmetrischer Ordnung zur Rechten und Linken eines Hauptraums lagen. Wahrscheinlich befanden sich hier die Schlafgemächer des Imperators und seiner Ge-

Die Thermen des Titus und des Trajan

Nur wenige Reste der Titusthermen blieben erhalten. Dank einiger Zeichnungen des Palladius konnte man ihren ursprünglichen Grundriss allerdings rekonstruieren. Wir wissen, dass Titus den Komplex im Jahre 80 binnen kürzester Zeit erbauen ließ. Einige Forscher gehen daher davon aus, dass der Kaiser lediglich Bäder der neronischen Domus Aurea umbauen ließ, die überdies genauso ausgerichtet war wie die späteren Thermen. Ein völlig andere Lage kennzeichnet hingegen die Trajans-Thermen, für die man bewusst die Position mit der günstigsten Sonneneinstrahlung wählte. Genauso verfuhr man im Übrigen beim Bau der Thermen des Caracalla, des Diokletian und des Decius. Der 315 mal schließlich zum Ausgang. Im Parco del Colle Oppio liegen noch Teile der Einfriedung mit einem Nymphäum, einem Saal mit zwei Apsiden und einer Bibliothek. Vom Mittelbau blieben dagegen nur Reste einer Palestra erhalten.
Die Zisterne, welche die Bäder mit Wasser versorgte, trug die Bezeichnung „Sieben Säle". Reste sind noch an der Via delle Terme di Traiano zu sehen. Sie umfasste neun lang gezogene Räume, die untereinander verbunden waren und eine monumentale Fassade mit geraden und geschwungenen Nischen. Die obere Partie wurde im 4. Jahrhundert zur Domus umgebaut.

330 Meter große Komplex umfasste einen äußeren Mauerring mit zahlreichen Apsiden und einer großen Exedra. Er umschloss den Mittelbau mit Räumen, die symmetrisch entlang einer zentralen Achse lagen. Durch einen Torbau gelangte man in die Vorhalle und von dort aus weiter zur *natatio* und zur *palestra*. An der Mittelachse folgten dann *caldarium*, *tepidarium* und Basilika aufeinander. Durch das Schwimmbad kam man

140 Über der Domus Aurea errichtete Trajans Architekt Apollodor von Damaskus imposante Thermen. Im mittleren Teil lagen die Räume entlang einer zentralen Achse. Eine breite Einfriedung mit einer heute noch sichtbaren Apsis im hinteren Bereich umgab den Komplex.

140–141 oben Um den Mittelkomplex der Trajansthermen zog sich eine Einfriedung mit Exedra, über der sich ein Gewölbe mit Kassettendecke spannte. Auf zwei Ebenen durchbrachen Nischen die Wände.

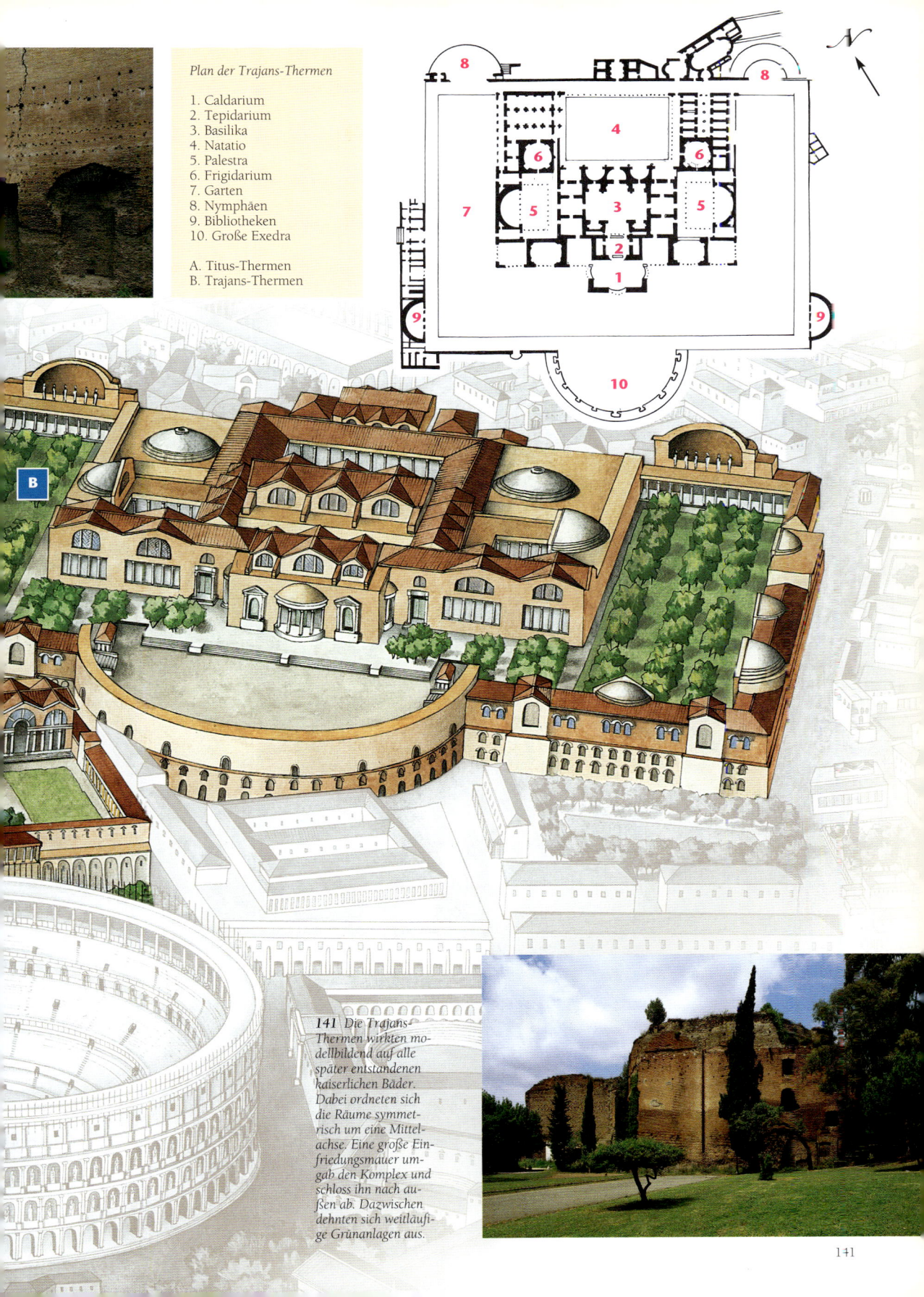

Plan der Trajans-Thermen

1. Caldarium
2. Tepidarium
3. Basilika
4. Natatio
5. Palestra
6. Frigidarium
7. Garten
8. Nymphäen
9. Bibliotheken
10. Große Exedra

A. Titus-Thermen
B. Trajans-Thermen

141 Die Trajans-Thermen wirkten modellbildend auf alle später entstandenen kaiserlichen Bäder. Dabei ordneten sich die Räume symmetrisch um eine Mittelachse. Eine große Einfriedungsmauer umgab den Komplex und schloss ihn nach außen ab. Dazwischen dehnten sich weitläufige Grünanlagen aus.

141

Der Bogen des Gallienus

142 links *In der Via San Vito steht noch eines von drei Toren des Gallienus-Bogens. Hier befand sich die Porta Esquilina der Servianischen Mauer, ein Stadttor, das Augustus vollständig neu errichten ließ. Im 3. Jahrhundert baute ein gewisser Markus Aurelius Viktor es zu Ehren von Gallienus wieder auf.*

In der Via San Vito stehen unweit der Kirche Santa Maria Maggiore Reste des Gallienus-Bogens, der zur Servianischen Mauer gehörte. Der Bogen wurde als Porta Esquilina identifiziert, eines der antiken Stadttore im ersten römischen Mauerring. Es handelte sich um ein Tor mit einem großen und zwei kleineren Durchgängen und korinthischen Pfeilern an den Ecken. Augustus ließ den Bogen komplett neu aufbauen.

142–143 *In der Via Giolitti erhebt sich der mächtige Tempel der Minerva Medica. Eigentlich handelt es sich um ein imposantes Nymphäum, das zu den Horti Liciniani in der kaiserlichen Villa der Licinier gehörte. Es wurde im 4. Jahrhundert in Gussbauweise erbaut.*

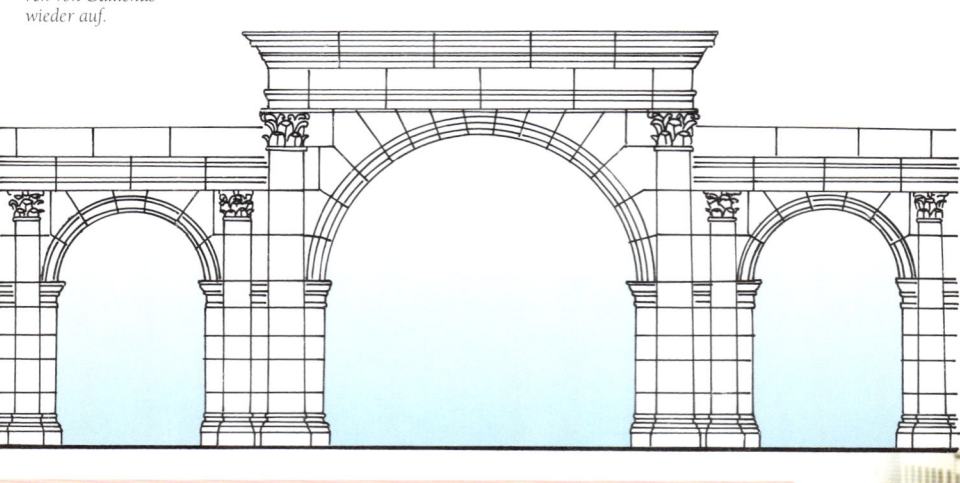

Basilika des Iunius Bassus

Unweit der Kirche Santa Maria Maggiore liegen auf der Höhe der Via Napoleone III (Nr. 3) Reste einer großen spätantiken Villa. Sie gehörte vermutlich Iunius Bassus, der im Jahre 331 Konsul war, und umfasst eine Aula mit Apsis und vorgelagertem zangenförmigen Atrium. Letzteres war im Innern mit farbigem Marmor, Elfenbein und Glaspaste verkleidet; der Dekor befindet sich heute im Palazzo Massimo alle Terme. Zwei besonders schöne Tafeln zeigen Hylas, den die Nymphen in den Quellteich ziehen, und eine hochrangige Persönlichkeit auf einer Quadriga, vermutlich Iunius Bassus selbst. Diese Mosaiken belegen deutlich, dass die römische Oberschicht sich im 4. Jahrhundert noch nicht zum Christentum bekehrt hatte und ihren heidnischen Glauben mit Hilfe von Mythen und Symbolen zum Ausdruck brachte.

Trofei di Mario

Im nördlichen Bereich der Piazza Vittorio Emanuele steht ein Ziegelsteinbau, der in der Renaissance den Namen Trofei di Mario erhielt. Es handelte sich um einen monumentalen öffentlichen Brunnen, der vermutlich aus einem Arm der Aqua Claudia oder des Anio Novus gespeist wurde. Alexander Severus ließ das nach ihm benannte, ganz mit Marmor verkleidete Nymphäum vor dem Jahr 226 errichten. Es erhebt sich auf drei Stockwerken über einem rautenförmigen Grundriss und ist mit zahlreichen Skulpturen verziert. Unten fing ein großes Bassin das Wasser auf, das vom darüberliegenden Stockwerk hinabfloss. Darüber erhob sich die Fassade mit einer Apsis im Zentrum und zwei offenen Bögen zu beiden Seiten. Hier befanden sich ursprünglich die Marmortrophäen, zwei Reliefs aus der Epoche des Domitian, die später entfernt wurden und heute die Brüstung des Kapitols zieren.

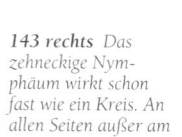

143 rechts *Das zehneckige Nymphäum wirkt schon fast wie ein Kreis. An allen Seiten außer am Eingang befinden sich tiefe Nischen; unter der halbkugelförmigen Kuppel öffnen sich neun große Fenster.*

DER TEMPEL DER MINERVA MEDICA

In der Via Giolitti steht auf der Höhe der Via Micca der Tempel der Minerva Medica. Das Gebäude gehörte ursprünglich zu den Gärten der Licinier, die auf das 4. Jahrhundert zurückgehen. Der zehneckige Bau mit 25 Metern Durchmesser zeichnet sich durch halbrunde Nischen auf allen Seiten mit Ausnahme des Eingangs aus. Die Kuppel ging von einer polygonalen Struktur zur Halbkugelform über. Verschiedene Seitenräume und Pfeiler stützten die kühne Struktur.

DAS GRAB DER AURELIER

In der Via Luzzatti Nr. 2 sind Reste eines großen Grabmals zu sehen, das auf die erste Hälfte des 3. Jahrhunderts zurückgeht und unter dem Namen Grab der Aurelier bekannt war. Es handelt sich um eine Reihe unterirdischer Räume, die sich über mehrere Ebenen verteilen. Eine der nördlichen Kammern, ein kleines Zimmer mit unregelmäßigem Grundriss, war über und über mit Fresken verziert. Farbige Malereien, die einzelne Personen oder ganze Szenen einrahmen, zieren auch das Gewölbe. Der Zyklus greift mehrfach christliche Motive auf, zum Beispiel die des guten Hirten, der Auferstehung, des jüngsten Gerichts und des himmlischen Jerusalem.

Plan des Grabes der Aurelier

1. Erdgeschoss
2. Raum mit Tonnengewölbe und Mosaikverzierung mit Widmungsinschrift für Aurelius Felicissimus
3. Vestibül
4. Raum mit Gräbern und figürlicher Malerei

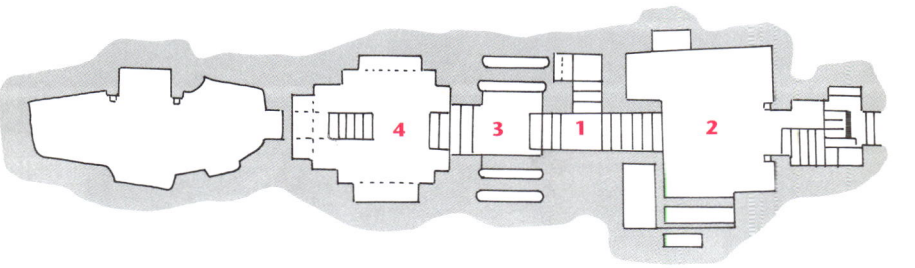

QUIRINAL UND VIMINAL

NORDÖSTLICHER BEZIRK

Den Quirinal und den Viminal bezeichneten die Römer als *colles,* denn im Unterschied zu den übrigen Hügeln, den *montes,* handelte es sich hier eher um Ausläufer. Allerdings hat sich die geologische Situation heute verändert, denn die Seitentäler sind verschwunden, sodass man den Unterschied zur Hochebene im Osten nicht mehr erkennen kann. Das antike Bodenniveau liegt an einigen Stellen bis zu 17 Meter unter dem jetzigen. Der Überlieferung zufolge siedelten die Sabiner des Titus Tatius als Erste auf dem Quirinal; ihre Siedlung wurde in die neu gegründete Stadt eingegliedert. Auf dem Hügel befanden sich Kultstätten für antike Götter. Im Bereich des Palazzo Barberini entdeckten Archäologen Reste des Quirinius-Tempels und dort, wo sich der Palazzo del Quirinale erhebt, entstand nach dem Zweiten Samnitischen Krieg im 4. Jahrhundert v. Chr. ein Heiligtum der Salus, das der berühmte Fabius Pictor mit Malereien ausstattete. Hier befand sich auch das Auguraculum, ein Areal, von dem aus die Auspizien den Verlauf der Comitien in den Saepta auf dem Campus Martius begleiteten.

Der Viminal war während der Republik in erster Linie ein Wohnviertel, in dem weder bedeutende Tempel noch wichtige öffentliche Einrichtungen ihren Platz hatten. Tiberius ließ später außerhalb der Servianischen Mauer die Castra Praetoria, die Prätorianerkaserne, errichten. Während der Kaiserzeit gewann der Viminal durch zahlreiche neue Heiligtümer an Bedeutung. Hierzu gehörte ein Tempel der Gens Flavia unweit der Kirche Santa Cäcilia, den Domitian als Familiengrab bauen ließ. Er lag unweit der Domus Flavia, in welcher der Kaiser selbst zur Welt kam. In der Nähe der Piazza del Quirinale erhob sich ein Serapis-Tempel und zwischen der Via Quattro Fontane und der Via San Nicola stand das Mithräum Barberini.

Das Mithräum geht auf das 3. Jahrhundert zurück und überdeckt Reste eines älteren Gebäudes aus dem 2. Jahrhundert. Die Anlage – ein überwölbter Saal mit seitlichen Podien für die Anhänger des Kultes – trägt die typischen Merkmale derartiger Bauten, zeichnet sich jedoch durch einen besonders erlesenen Dekor aus. Neben den üblichen Darstellungen des Gottes, der einen Stier tötet, existieren nämlich auch noch verschiedene Fresken, welche die Geschichte des Gottes illustrieren.

In diesem Bereich der Stadt lebten wichtige Persönlichkeiten wie Pomponius Atticus, ein Freund des Cicero, Vespasian und sein Bruder Flavius Sabinus sowie der Dichter Martial, der nahe der Piazza del Quirinale wohnte. Im nördlichen Sektor dehnten sich unweit des Pincio große Grünflächen aus. Hier lag der Garten des Cäsar, den Sallust später übernahm. Reste der Horti Sallustiani, die zu den schönsten der Stadt gehörten, fand man unter der heutigen Piazza Sallustio. In 14 Metern Tiefe blieb ein Gebäude mit einem größeren und mehreren kleinen Zimmern aus der späten hadrianischen Epoche erhalten. Die Räume gruppieren sich um einen Rundsaal mit einer Kuppel aus flachen und konkaven Segmenten. Dieser Teil der Villa

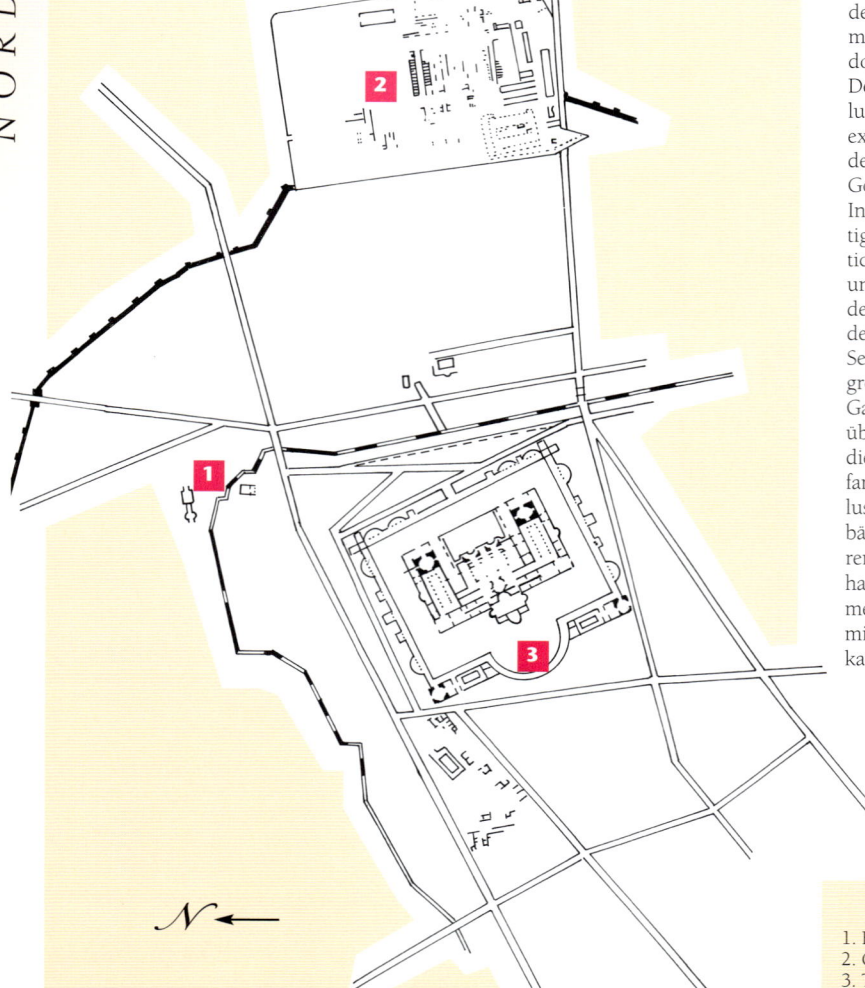

1. Horti Sallustiani
2. Castra Praetoria
3. Thermen des Diokletian

befand sich auf dem höchsten Punkt des Hügels und überragte das gesamte Tal. Vermutlich handelte es sich um ein Sommerhaus mit Rundsaal, in dem Bankette stattfanden.

Auf das Ende der Kaiserzeit gehen die großen Thermen des Diokletian im Osten und die des Konstantin im Westen zurück. Von letzteren blieb nur wenig erhalten. Die Bäder lagen zwischen der heutigen Straße des 20. September und der Via Nazionale. Da Zeichnungen aus der Renaissance existieren, wissen wir, wie die kleine, aber erlesene Anlage aussah. Maxentius ließ sie auf einer großen künstlichen Terrasse erbauen, der viele ältere Gebäude weichen mussten.

DIE CASTRA PRAETORIA

Auf Anraten des Saianus ließ Tiberius zwischen den Jahren 21 und 23 für die Prätorianer eine große Kaserne bauen. Bis zu diesem Zeitpunkt war das von Augustus eingerichtete kaiserliche Wachkorps an unterschiedlichen Stellen der Stadt untergebracht. Das Lager befand sich außerhalb der Servianischen Mauer zwischen der heutigen Via Nomentana und der Via Tiburtina. Ein Teil blieb auf der rechten Seite des Viale del Policlinico in einem Abschnitt der Aurelianischen Mauer erhalten. Die Kaserne umfasste eine 440 mal 380 Meter lange Einfriedung aus Ziegelsteinen, die circa fünf Meter hoch war und einen Zinnenkranz trug. Auf jeder Seite gab es einen Eingang; die beiden Tore auf der Ost- und der Nordseite blieben an der Aurelianischen Mauer erhalten. Von dort aus gingen zwei Straßen ab, die einander im rechten Winkel kreuzten. Auf der Innenseite lagen verschiedene Räume mit Tonnengewölben, über denen ein Wehrgang verlief. Zu beiden Seiten der inneren Hauptstraßen standen die Baracken der Prätorianer in langen Reihen dicht beieinander. Den Mittelpunkt bildeten verschiedene Dienstgebäude, in denen unter anderem die Kommandatur (*praetorium*), die Kasse (*aerarium*), die Waffenkammer (*armamentarium*) sowie Vorratslager (*horrea*) untergebracht waren. Da ab dem Zeitalter des Silla in Italien nur noch Spezialeinheiten wie die Prätorianerkohorten stationiert waren, blieben die Castra Praetoria als einziges Castrum des Landes erhalten. Sie tragen die typischen Merkmale aller römischen Militärlager und Kasernen und besitzen überdies als Einzige noch äußere Einfriedungsmauern in der ursprünglichen Höhe.

145 *Zwischen der Via Veneto, der Aurelianischen Mauer, der Via XX Settembre und der Via Piave liegen die Reste einer imposanten Villa, die erst Julius Cäsar und später dem Schriftsteller Sallust gehörte. Hadrian ließ sie stark umbauen, ehe die Goten unter Alarich sie im Jahre 410 zerstörten.*

Die Thermen des Diokletian

Die Diokletiansthermen sind die größten Bäder, die in Rom je erbaut wurden. Sie nahmen ein weiträumiges Gebiet zwischen dem Quirinal, dem Viminal und dem Esquilin in einem der am dichtesten besiedelten Viertel der Stadt ein. Maximinian und Diokletian ließen die Thermen zwischen 298 und 306 in Quaderbauweise errichten. Sie umfassten eine elf Hektar große künstliche Plattform mit einer Einfriedung, die Brunnen, Pavillons, Exedren, Versammlungsräume und öffentliche Lesesäle einschloss. Im Zentrum lagen die eigentlichen Thermen. Sie bestanden aus der inzwischen allgemein üblichen Abfolge von Räumen entlang einer Mittelachse. Ein Arm der Aqua Marcia, der in eine große Zisterne unterhalb der heutigen Piazza Cinquecento mündete, versorgte die Bäder mit Wasser. Berechnungen zufolge konnten sich etwa 3000 Menschen gleichzeitig in den Thermen aufhalten.

Zwar wurden große Bereiche der Thermen im Laufe der Zeit zerstört oder mussten anderen Gebäuden weichen, doch blieben einige Reste als Bestandteile neuer Häuser erhalten. Sie sind zum Beispiel auf einer Seite der Piazza della Repubblica zu sehen. Die Kirche Santa Maria degli Angeli entstand exakt über der zentralen Aula der Thermen; eine der Apsiden am Eingang besteht noch aus dem ursprünglichen Gemäuer, das man hier vorfand. Weitere Räume gehören heute zum nahe gelegenen Museo delle Terme. Die Römer wandelten eine der beiden Rundaulen der äußeren Einfriedung zur Kirche San Bernardo alle Terme um; die andere kann man heute noch zwischen der Via Viminale und der Piazza Cinquecento erkennen.

146 links Ein Teil der Räume der Diokletiansthermen gehört heute zum Museo Nazionale Romano. Die östliche Palestra bildet den Eingang des Museums, danach folgen zwei große Aulen, die einst als apodyteria (Umkleideräume) dienten.

146 oben Michelangelo, einer der berühmtesten Bildhauer aller Zeiten, baute einen Teil der antiken Thermen zur Kirche Santa Maria degli Angeli um. Als Fassade diente die hintere Wand des caldarium der Diokletiansthermen. Der Innenraum liegt über dem tepidarium und der Basilika. Acht riesige antike Säulen aus rosa Granit stützen die Decke.

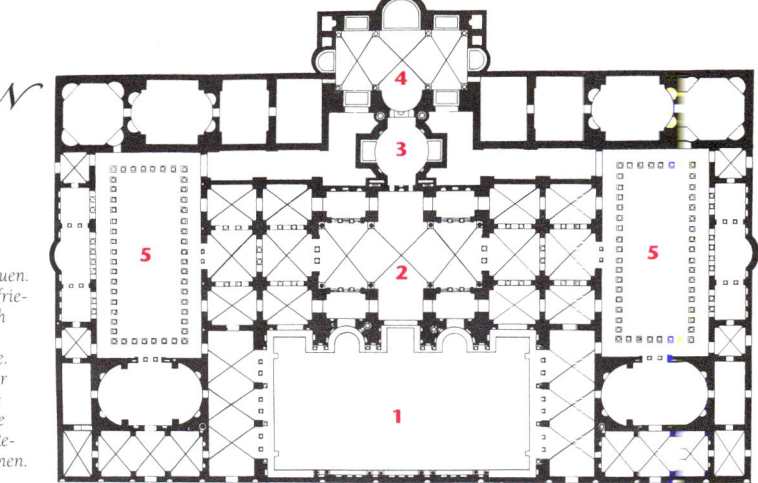

146–147 Die Thermen des Diokletian bedeckten ursprünglich ein elf Hektar großes Areal zwischen dem Viminal, dem Quirinal und dem Esquilin. Maximinian und Diokletian ließen sie im Jahre 298 aus Ziegelsteinen erbauen. In der großen Einfriedung befanden sich Räume für unterschiedliche Zwecke. Die Exedra auf der Westseite ist heute noch an einer Seite der Piazza della Repubblica zu erkennen.

1. Natatio
2. Frigidarium
3. Tepidarium
4. Caldarium
5. Palestra

147 oben Der Mittelbau der Thermen blieb als Teil des Römischen Nationalmuseums erhalten. Die festgelegte Abfolge der Räume ordnete sich nach dem üblichen Schema entlang einer zentralen Achse. Das Wasser für die Thermen stammte aus der Aqua Iovia, einem Seitenarm der Aqua Marcia. Es floss in eine Zisterne, die beim Bau des Bahnhofs Roma Termini zerstört wurde. Der Name des Bahnhofs erinnert noch an das antike Bad.

147 unten Von den größten römischen Thermen blieb nur wenig erhalten, denn die Römer benötigten den Platz für neue Gebäude. Einige Teile gliederte man jedoch in andere Bauwerke wie die Kirche Santa Maria degli Angeli, das Museo Nazionale Romano, die Magisterfakultät oder die Kirche San Bernardo ein.

Villa Adriana

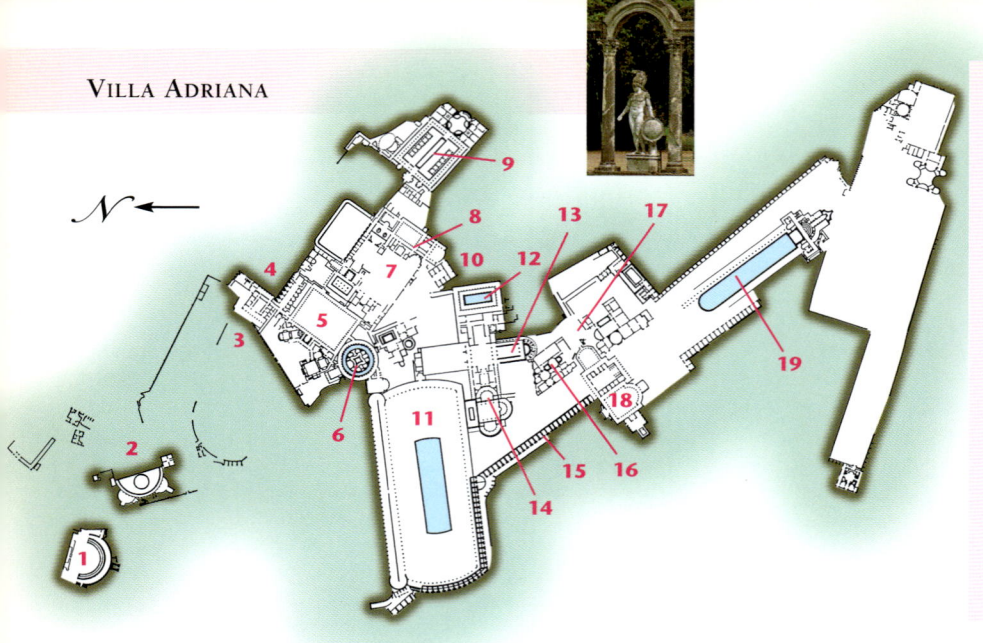

1. Griechisches Theater
2. Nymphäum
3. Kaiserliches Triklinium
4. Tempe-Pavillion
5. Hof der Bibliotheken
6. Teatro Marittimo
7. Kaiserlicher Palast
8. Dorisches Atrium
9. Piazza d'Oro
10. Kaserne der Vigiles
11. Pecile
12. Portikus mit Fischbecken
13. Nymphäum
14. Gebäude mit drei Exedren
15. Cento Camerelle und Kryptoportikus
16. Kleine Thermen
17. Große Thermen
18. Vestibül
19. Canopo

Die Villa des Hadrian zählt zu den schönsten Residenzen außerhalb des römischen Stadtgebietes. Sie liegt südwestlich von Tivoli an den Hängen der Tiburtinischen Berge und umfasst eine Fläche von rund 120 Hektar, die sich über mehrere Ebenen verteilen. Die Baukunst erreichte hier ein außergewöhnlich hohes Niveau, denn obwohl die Architekten durchaus klassische Stilelemente verwendeten, setzten sie diese so frei und ungewöhnlich ein, dass sie späteren Entwicklungen weit vorausgriffen.
Antiken Berichten zufolge gab Kaiser Hadrian den Bau, der sich über einem bereits existierenden Gebäude der spätrepublikanischen Epoche erhebt, nach seiner Rückkehr aus den östlichen Provinzen in Auftrag. Vollendet wurde er dann in zwei Phasen, zunächst zwischen 118 und 125 und dann zwischen 125 und 133. Offenbar beeindruckten die Orte, die der Imperator besuchte, ihn so nachhaltig, dass er die Erinnerung an sie wachhalten wollte und Bauwerke im hellenistischen und ägyptischen Stil entwerfen ließ. Die Villa wirkt homogen, bietet jedoch ganz verschiedenartige Perspektiven und gliedert sich in private sowie öffentliche Räume. Herrliche Portiken und Peristyle, Wasserbecken und Fontänen bildeten einen effektvollen Rahmen, während die Diensträume in Gängen oder unter der Erde lagen und so den Augen der Besucher geschickt verborgen blieben.
Die Villa, in der zunächst Hadrian selbst und später weitere Kaiser residierten, entwickelte sich zu einem Symbol der Einheit von *otium* und *negotium*: Sie diente den Herrschern als Rückzugsort und Alterssitz, bot andererseits jedoch auch Raum für verschiedene Institutionen, die man im Laufe der Kaiserzeit immer stärker dezentralisierte. Später schlachtete man den Palast aus und brachte zahlreiche Kunstwerke an andere Orte. Bereits Konstantin ließ verschiedene Bilder und Objekte nach Byzanz bringen. Im Mittelalter schließlich diente die Villa Adriana den Bewohnern von Tivoli als Steinbruch.

Rundgang

Ein Besuch der Villa Adriana beginnt in der Regel am Pecile. Der Name leitet sich von der *Stoa Poikile* ab, einem reich verzierten Portikus im Zentrum von Athen, der den griechischen Philosophen als Wandelhalle diente. Die Anlage war etwa 232 mal 97 Meter groß. In der Mitte lagen ein Garten und ein Schwimmbecken; um ihre gebogenen Schmalseiten verlief ein überdachter Säulenportikus, sodass Gäste hier zu jeder Jahreszeit spazieren gehen konnten. Um dieses weitläufige

148-149 Die Villa Adriana steht unweit der antiken Via Tiburtina etwa vier Kilometer von Tivoli und 19 römische Meilen (28 Kilometer oder drei Reitstunden) von Rom entfernt. Die Residenz umfasste eine Vielzahl runder und eckiger Bauten. Besonders interessant ist das Teatro Marittimo, eine Art Villa in der Villa, mit Säulenportikus, kreisförmig angelegtem Kanal und kleiner Insel.

149 oben Die antiken Quellen schildern Kaiser Hadrian als einen absoluten Monarchen von hoher Intelligenz, der sich für Philosophie und Kunst begeisterte. Diese Charakterzüge und Neigungen kommen auch in den von ihm initiierten Bauten zum Ausdruck.

149 Mitte Die Luftaufnahme lässt die komplexe Struktur der Villa Adriana erkennen. Vermutlich wählte der Kaiser den Standort für seine Residenz gezielt aus. Hier konnte er seine ehrgeizigen architektonischen Vorhaben verwirklichen. Bis zu deren vollständiger Umsetzung nutzte er die bereits existierende Villa aus der Zeit der Republik.

149 unten Hadrian galt als intelligent, kultiviert, aber auch als zynisch. In seiner Gunst stand der schöne, junge Antinous, der früh verstarb. Hadrian machte das Bild des Jünglings im ganzen Reich bekannt und ließ den Knaben als Gott verehren.

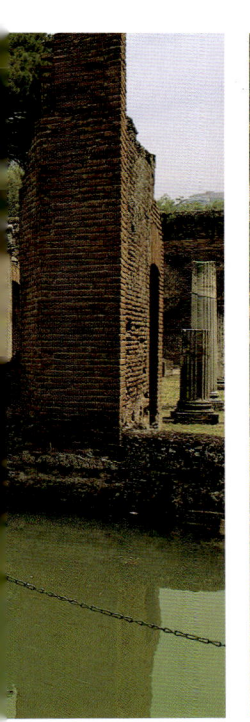

Areal zu gestalten, schuf man mehrere Terrassen und baute an der Südwestecke die Cento Camerelle, kleine Räume, die als Lagerhallen und Unterkünfte der kaiserlichen Leibgarde dienten. Auf der gegenüberliegenden Seite befindet sich die Sala dei Filosofi, eine große Halle, die wohl eher als Bibliothek denn als Versammlungsort diente. Von hier aus gelangt man direkt zum Teatro Marittimo, das zu den interessantesten Teilen der Villa gehört. An diesen Ort soll Hadrian sich gerne zurückgezogen haben. Es handelt sich um eine Art kreisförmige Miniaturvilla mit einem Peristyl im Zentrum, von dem neun kleine Räume abzweigen. In der Mitte liegt in einem Kanal eine kleine Insel, zu der man in der Antike nur über zwei Zugbrücken gelangte. Eine Einfriedungsmauer mit einem ionischen Säulenportikus im Innern grenzt den Bereich ein. Von hier aus wendet man sich am besten dem Heliocaminus zu, einem antiken Badehaus, das aus einem großen überwölbten Rundbau besteht. In der Mitte befindet sich ein Bassin, in dem man wohl ursprünglich auf heißem Sand Schwitzbäder nahm. Weiter führt der Weg zum Stadion. Dieses große Nymphäum umfasste einen überdachten Garten sowie Brunnen und Kanäle. Auf halber Höhe der Längsseiten trafen im Osten ein Portikus mit Fischbecken und im Westen ein Gebäude mit drei Exedren zusammen, das man für einen Sommerspeisesaal (*cenatio*) hält. Im Süden erstreckten sich zwei Bäder, die großen und die kleinen Thermen. In einer Abfolge von viereckigen und runden Sälen konnten die Gäste die üblichen kalten und warmen Bäder nehmen. Kaum haltbar scheint indes die These einiger Forscher, welche die kleinen Thermen den Frauen und die großen den Männern zuordnen. Einige Räume in den Bädern, zum Beispiel ein achteckiger Saal in den kleinen Thermen, wirken durch den Wechsel von konkaven und konvexen Seitenwänden besonders ungewöhnlich. Auch die Palestra und das Vestibül der großen Thermen fallen aus dem Rahmen. Am äußersten Südostende der Villa öffnet sich plötzlich ein schmales Tal, durch das der Canopo fließt. Der Name leitet sich von dem Kanal und der berühmten Stadt Kanopos unweit von Alexandria ab. Zu dem dort gelegenen Serapistempel pilgerten in der Antike zahlreiche Anhänger des Kultes. Im Zentrum des Tals bildet der Kanal eine Art lang gezogenes Becken, das Kolonnaden mit wechselweise geraden und geschwungenen Architraven verschönern. Zahlreiche Statuen spiegeln sich im Wasser und im Osten sieht man noch sechs Karyatiden, die einst die Säulen trugen. Ganz am Ende befindet sich eine große halbkreisförmige Exedra, das Serapeum. Dieses Nymphäum mit Wasserspielen und Skulpturen im ägyptischen Stil diente im Sommer als *cenatio*. Im Südwesten steht die Torre di Roccabruna malerisch auf dem Hügel, der das Kanopustal überragt. Dieses Bauwerk aus Ziegelsteinen und Tuffblöcken birgt einen Rundsaal mit Nischen und im oberen Stockwerk einen achteckigen Raum sowie einen weiteren Rundsaal mit Kuppeldach. Von hier aus kehrt man zur Villa zurück und wendet sich nun dem nördlichen Bereich der Anlage zu. Durch den „Pretorio", der vermutlich als Lagerraum diente, kommt man zu einer Reihe von Räumen, die sich über mehrere Stockwerke verteilen. Nach Osten hin liegt dann die Piazza d'Oro, ein in sich abgeschlossener Teil der Residenz, der als Triklinium oder aber Empfangsgebäude fungierte. Der Name („Goldener Platz") bezieht sich

150 oben Für die kleinen Thermen fand man architektonisch ungewöhnliche Lösungen: Auf engem Raum liegen Säle mit den unterschiedlichsten Grundrissen dicht beieinander.

150 Mitte links Auf der Südostseite des großen Säulenperistyls, der so genannten Piazza d'Oro, befanden sich die unterschiedlichsten Räume. Sie öffneten sich zu einem achteckigen Saal mit wechselweise konkaven und konvexen Wänden hin. Ursprünglich spannte sich über diesen Raum vermutlich eine Kuppel, die jedoch nicht auf einem Mauerring, sondern auf Säulen und Pfeilern ruhte.

150 unten Die großen Thermen entstanden zur gleichen Zeit wie die kleinen und bilden mit diesen einen Gesamtkomplex. Hauptunterschied ist neben der Größe die eher traditionelle Anlage, die im Kontrast zur kühnen Architektur der kleinen Thermen steht.

150–151 Dieses Luftbild zeigt im Bildhintergrund Reste des Pecile mit doppeltem, ursprünglich überdachten Portikus an den sich Seitengebäude anschließen. In der Nähe des Stadions befand sich die Winterresidenz mit einem großen vierseitigen Portikus und einem Fischbecken (Abbildung vorne links). Die Nischen in der Mauer boten Platz für zahlreiche Statuen.

151 oben Ein Schnitt durch den Hügel ermöglichte den Bau des Pecile. Auf der anderen Seite musste man das Terrain dagegen abstützen. Im Vordergrund sind die Cento Camerelle zu erkennen, die als Wohnungen und Diensträume fungierten.

wohl auf den üppigen Dekor und die geschickte Architektur. Das Kuppeldach der achteckigen Vorhalle mit wechselweise runden und eckigen Nischen ruht auf konsolengestützen Bögen. Dahinter befindet sich ein imposantes Peristyl mit einem Bassin im Zentrum. Ursprünglich zog sich ein zweischiffiger Portikus mit 60 Säulen aus Granit und Cipollino-Marmor rings um den Hof.
Etwas weiter nördlich kann man das Nymphäum des Palastes und die Sala dei Pilastri Dorici (Basilika der dorischen Säulen), besichtigen. Ihr Name bezieht sich auf den mittleren Teil, um den sich wohl einst ein zweistöckiger Säulenportikus mit dorischen Basen und Kapitellen zog. Hinter einem Saal mit zwei Säulen zwischen den Türen öffnet sich einer der wichtigsten Räume der kaiserlichen Residenz, der Thronsaal. Er lag im Herzen des Palastes und war überaus reich mit kostbarstem Marmor verkleidet. An der hinteren Wand des Saales befindet sich eine Apsis, in der der Kaiser vermutlich von seiner Umwelt abgeschieden Platz nahm. Diese Struktur gleicht exakt jener, die wir von der Aula Regia oder der Domus Flavia auf dem Palatin her bereits kennen. Hinter einem weiteren Peristyl schließt sich der kleine Hof der Bibliotheken an. Dieser Bereich aus der republikanischen Ära gilt als ältester Teil und eigentlicher Kern der Villa. Er umfasst ein großes Peristyl mit Portikus und einem Nymphäum in der Mitte der Nordwand. Dahinter blieben zwei Räume mit Kreuzgewölben erhalten, die man zunächst für eine griechische und lateinische Bibliothek hielt. Vermutlich nutzte man sie aber eher als Sommerspeisesäle, was auch ihre Ausrichtung nach Norden

152 oben Durch ein Vestibül, das noch das ursprüngliche Dach trägt, gelangte man auf die Piazza d'Oro. Die Kuppelform scheint die spätere byzantinische Sakralarchitektur bereits vorwegzunehmen.

152 Mitte Im Norden der Villa liegt ein Gebäude mit drei Exedren, das wohl als cenatio oder Bankettsaal diente. Ursprünglich handelte es sich einfach um einen rechteckigen überdachten Raum mit einer Apsis im hinteren Teil. In einer späteren Phase fügte man an den Seiten zwei weitere Exedren hinzu. Der Saal war reich mit Marmor verziert, was auf seine Bedeutung hinweist.

152 unten Um den großen Hof der Piazza d'Oro zog sich ein zweischiffiger überdachter Portikus, der einst wohl einen Garten und ein Bassin umschloss. An der West- und der Ostseite des Portikus zweigten zwei Laubengänge mit Kreuzgewölben ab.

besser erklären würde. Ein trapezförmiger Portikus verbindet die beiden mehrstöckigen Triklinien, von denen kleinere Räume abzweigen. Im Norden steht der Tempe-Pavillion auf einer langen Terrasse mit Blick auf das Tempe-Tal, dessen Name an das griechische Tempeltal zwischen Olymp und Ossa erinnert. Der dreistöckige Bau setzt sich aus einem großen offenen Belvedere mit Seitenräumen zusammen, in denen möglicherweise die Prätorianer untergebracht waren. Auch aus diesem Grund kann man davon ausgehen, dass dieser Bereich als Hauptvorhalle der Villa diente.

152–153 *Das unter dem Namen Teatro Marittimo bekannte Gebäude war eine Art Miniaturvilla, in die der Kaiser sich gerne zurückzog, wenn er alleine sein wollte. Es umfasste ein rundes Gebäude, um den sich ein Kanal schloss, und einen Portikus mit Tonnengewölbe. Eine hohe Mauer trennte diesen Bereich von der übrigen Villa. Aufgrund seiner zentralen Position bildete das Teatro den Übergang vom östlichen zum westlichen Teil der Villa.*

154

154 oben Der berühmte Komplex des Canopo liegt in einer Senke, die die Römer auf mehreren Seiten befestigten. In der Mitte verläuft ein langer Kanal, im vorderen Teil öffnet sich das Serapeum, ein Nymphäum mit halbrunder Exedra, das als cenatio diente.

villa Adriana

155 Mitte Der 119 Meter lange und 18 Meter breite Kanal ist auf der Nordseite (Abbildung) leicht gebogen und wird durch eine Kolonnade mit Architrav begrenzt. An der östlichen Längsseite des Canopo verlief ein doppelter, an der westlichen ein einfacher Säulengang. Rings um den Kanal standen zahlreiche Statuen. Erhalten blieben eine Darstellung des Nils und ein Krokodil, welche die Thematik des gesamten, Ägypten gewidmeten Komplexes aufgriffen. Im Innern des Beckens befinden sich noch Sockel mehrerer Skulpturengruppen.

155 oben links Zwischen den Säulen, die den Canopo umgaben, standen Skulpturen mythischer Gestalten, die sich im Wasser spiegelten. Erhalten blieben nur ein Ares, eine Athene, ein Hermes und zwei Amazonen.

155 oben rechts An der Westseite stützen sechs Karyatiden die Säulen. Bei zweien handelt es sich um Silene, die übrigen vier kopieren Skulpturen des Erechthaions in Athen.

154 unten u. 155 unten rechts Die Villa war reich mit Kunstgegenständen aller Art ausgestattet. Herrliche farbige Mosaiken aus winzigen Steinchen verschönerten die Empfangssäle. Häufig wirkten sie aufgrund ihrer Hell-Dunkel-Effekte wie Gemälde. In anderen Räumen standen Statuen berühmter Künstler wie dieser trunkene Faun aus rotem Pavonazzetto-Marmor, der heute im Konservatorenpalast zu sehen ist.

Am Ende der Terrasse steht schließlich noch ein kleines Venusheiligtum. Der Rundtempel fügt sich in eine große halbkreisförmige Exedra mit dorischen Säulen ein. Als Vorbild diente offenkundig das bedeutende Heiligtum der dorischen Hafenstadt Knidos mit der von Praxiteles geschaffenen Statue der Aphrodite. Jenseits der Straße liegen Reste eines kleinen griechischen Theaters mit etwa 500 Plätzen, in dem Aufführungen für den kaiserlichen Hof stattfanden. Erhalten blieben Teile der Cavea, des Zuschauerraums, von dem aus man auf die Bühne blickte. Die dahinter liegenden Hügel bildeten eine malerische natürliche Kulisse.

OSTIA

Antiken Quellen zufolge wurde Ostia während der Herrschaft von Ancus Martius im 7. Jahrhundert v. Chr. gegründet. In jener Epoche breitete sich Rom immer weiter zur tyrrhenischen Küste hin aus. Archäologische Grabungen konnten dieses Datum indes bis heute nicht bestätigen. Die Forscher vermuten daher, dass während der Königsherrschaft zwar in dieser Gegend ein Ort existierte, jedoch weiter stromaufwärts am Tiber. Legt man die tiefsten und damit ältesten Bodenschichten zugrunde, entstand Ostia im 4. Jahrhundert v. Chr., nachdem die Römer die Stadt Veji erobert und die gesamte Küstenregion unter ihre Kontrolle gebracht hatten. Ostia diente stets als Verteidigungsbastion. Außerdem benötigte Rom das wertvolle Salz aus den Salinen, die sich seit der Antike an der Tibermündung befanden. Der Name Ostia steht in Verbindung mit dem Fluss – *ostium* bedeutete nämlich Mündung und bezeichnete somit genau jenen Ort, an dem das flache Wasser verdunstete und eine dicke Salzschicht zurückließ. Im Altertum galt das Salz als besondere Kostbarkeit, denn man benötigte es, um Speisen haltbar zu machen und um Leder zu gerben. Die Römer kontrollierten nicht nur die Salinen, sondern auch die Handelswege, die in dieses Gebiet führten. Genau am Kreuzpunkt dieser Routen entstand die Siedlung zunächst als *castrum,* dessen urbane Struktur mit zwei Hauptachsen, dem Decumanus und dem Cardus Maximus, auch tatsächlich an ein römisches Militärlager erinnerte. Bis ins 3. oder 2. Jahrhundert v. Chr. blieben diese charakteristischen Merkmale erhalten, dann nahm die militärische Bedeutung der Siedlung ab. Stattdessen stieg Ostia zur bedeutenden Seefestung und zum Hafenvorort Roms auf, wodurch sich die politische und wirtschaftliche Struktur der Stadt stark veränderte. Nun errichtete man einen Mauerring, gestaltete den Hafen um und legte dort, wo Cardus und Decumanus sich kreuzten, ein Forum an. Auf diesem Platz versammelte sich die multikulturelle Bevölkerung der nach Aussage antiker Berichte ersten römischen Kolonie. Zu Beginn lebten etwa 300 Menschen in Ostia, im Laufe der Zeit stieg die Bevölkerung auf über 50 000 an. Zwischen dem Ende des 2. und dem Beginn des 1. Jahrhundert v. Chr. zogen die Römer einen neuen Mauerring um die Stadt. Das Gebiet, das er einschloss, war dreißigmal so groß wie das des alten *castrum* (allerdings lag zwischen den Häusern und der Mauer ein zur damaligen Zeit gemeinhin üblicher breiter Grünstreifen). Ab der frühen Kaiserzeit erhielt Ostia nach und nach sein endgültiges Gesicht. Man baute ein Theater und legte den Piazzale delle Corporazioni, den Aquädukt sowie die Thermen an. Ständig waren die Bewohner der Stadt damit beschäftigt, den Hafen den wachsenden Bedürfnissen und veränder-

1. Nekropole an der Porta Romana
2. Kaserne der Vigiles
3. Neptuns-Thermen
4. Horrea des Hortensius
5. Theater
6. Foro delle Corporazioni
7. Große Horrea
8. Domus der Fortuna Annonaria
9. Haus der Diana
10. Forums-Thermen
11. Forum
12. Capitolium
13. Tempel der Roma und des Augustus
14. Curia
15. Basilika
16. Horrea Hepagathiana
17. Rundtempel
18. Macellum
19. Schola des Trajan
20. Mithras-Thermen
21. Serapis-Haus
22. Thermen der Sieben Weisen
23. Case Giardino

157 oben rechts
Der Decumanus Maximus war die antike Hauptverkehrsstraße, die Ostia in gerader Linie durchschnitt, ehe sie zur Porta Marina abbog. Der erste Abschnitt zeichnete sich durch mehrere Portiken und verschiedene öffentliche Gebäude aus, welche die Straße besonders imposant erscheinen ließen. Im zweiten Abschnitt wirkte der Decumanus eher wie eine gewöhnliche Handelsstraße.

ten Umweltbedingungen anzupassen. Ablagerungen an der Flussmündung hinderten die Schiffe mit den Getreidelieferungen für die Hauptstadt am Einfahren. Kaiser Claudius ließ daher direkt an der Mündung einen neuen Hafen anlegen und baute einen hohen Leuchtturm, der den Schiffen in Küstennähe Signale gab. Als Fundament der Mole diente der Rumpf jenes Schiffes, mit dem Caligula den Obelisken transportiert hatte, der heute auf dem Petersplatz steht. Allerdings erwies sich die Wahl des Ortes in der Folge als eher ungünstig, weil das Gebiet ständig zu versanden drohte. Trajan löste das Problem, indem er ein sechseckiges Hafenbecken, die Fossa Traianea, konstruierte, das über einen Kanal mit dem Tiber verbunden war. Das

156 Außerhalb der Stadt lag die Nekropole der Porta Romana mit zahlreichen Gräbern direkt an der Via Ostiense.

156–157 Archäologische Grabungen belegen, dass die antike Stadt Ostia sich über eine etwa 50 Hektar große Fläche erstreckte. Noch heute erinnert die Struktur des Ortes an die eines primitiven castrum. Im Zentrum kreuzten sich die beiden Hauptstraßen und teilten die Stadt in vier Viertel.

157 Mitte rechts
Als der von Claudius angelegte Hafen den Bedürfnissen der Stadt nicht mehr genügte, ließ Kaiser Trajan ein großes sechseckiges Becken bauen, das in der Nähe des heutigen Flughafens Fiumicino erhalten blieb.

157 unten rechts
Auf dem Piazzale della Vittoria entdeckte man diese Statue der Minerva aus der Zeit des Domitian. Sie stand ursprünglich an der Seite eines kleinen Brunnens, bei dem Reisende ihren Durst stillten und ihre Pferde tränkten.

158 Das Theater lehnte nicht, wie sonst üblich, an einem Berghang. Eine Arkadenreihe stützte vielmehr den Zuschauerraum ab und bildete ihrerseits einen kreisförmigen Portikus, der sich zum Decumanus Maximus hin öffnete. Unter den Arkaden befanden sich zahlreiche Läden. Die heute noch sichtbaren Ränge gehen auf einen späteren Umbau zurück. In dem Theater finden noch Sommerfestspiele statt.

158–159 Das Theater von Ostia entstand in der augusteischen Epoche und bot Raum für 3000 Zuschauer. Im 2. Jahrhundert ließ Commodus es umbauen und vergrößern.

159 oben Im hinteren Teil des Kasernen-Hauptofes befand sich das caesareum. Von diesem Raum für den Kaiserkult blieb ein Wandmosaik mit einer Opferszene erhalten.

Ostia

kostbare Quelle urbanen Fortschritts erhalten. Zwar stammen die meisten alten Häuser aus dem 4. Jahrhundert, doch einige Gebäude entstanden auch zwischen der republikanischen Epoche und der späten Kaiserzeit. Um die Mitte des 3. Jahrhunderts nahm der Handelsverkehr ab. Damit war auch der Niedergang des Stadtzentrums besiegelt. Bis zum 5. Jahrhundert blieben einige Viertel bewohnt, doch als die Häfen und der Aquädukt immer stärker versandeten, siedelten die Menschen sich rings um die nahe gelegene Chiesa di S. Andrea an. Aus diesem Kern ging später eine mittelalterliche Stadt hervor, deren Bewohner die antiken Bauten von Ostia und vor allem die Marmorverkleidungen als Steinbruch benutzten.

Einen Besuch der alten Römersiedlung beginnt man am besten bei den Nekropolen, die dem römischen Gesetz entsprechend außerhalb der Stadtmauern lagen. Entlang der Via delle Tombe, die parallel zur Via Ostiense verläuft, reihen sich Gräber aus unterschiedlichen Epochen (die ältesten stammen aus dem 2. Jahrhundert v. Chr.) aneinander. Die Hafenviertel, Porto genannt, verlieh der Stadt Ostia, die nun einen Fluss- und einen Seehafen besaß, neue Bedeutung. Man erhöhte das Bodenniveau um etwa einen Meter und vergrößerte das Forum. In der Folge entstanden zahlreiche öffentliche Gebäude, darunter eine Basilika, die Curia und die Sitze der verschiedenen Zünfte. Zeitgleich riss man zahlreiche Wohnhäuser ab und ersetzte sie durch neue Bauten. Ostia dokumentiert daher besonders anschaulich, wie sich die römische Architektur im Laufe der Jahrhunderte entwickelte. Während die herrlichen Villen in Pompeji den Stand einer bestimmten Zeit, nämlich des Jahres 79 widerspiegeln, und in Rom eine zweitausendjährige Bautätigkeit den größten Teil der antiken Häuser zum Verschwinden brachte, blieb Ostia als

Gräber differieren, je nachdem, welcher sozialen Schicht die Besitzer angehörten und ob sie eine Feuer- oder Sargbestattung wählten. Zu den typischen Grabformen der spätaugusteischen Ära gehörte das Kolumbarium mit seinen zahlreichen Nischen, die Platz für die Urnen mit der Asche der Verstorbenen boten.

Folgt man der Straße, so betritt man die Stadt durch die antike Porta Romana. Sie wurde in der republikanischen Epoche aus Tuffsteinblöcken erbaut und unter Domitian auf einem höheren Niveau neu errichtet. Aus dieser Zeit stammt auch der Marmordekor. Gleich hinter dem Tor liegt der Piazzale della Vittoria, der nach einer hier gefundenen Statue der Minerva Viktoria benannt wurde. Dahinter begann der Decumanus Maximus, die Hauptverkehrsstraße, welche quer durch die gesamte Stadt verlief. Biegt man rechter Hand in die Via dei Vigili ein, so kommt man zur Kaserne der Vigiles. In diesem großen und wichtigen Gebäude aus der hadrianischen Epoche standen 400 Feuerwehrleute rund um die Uhr in Bereitschaft, denn die zahlreichen Holzbauten und die riesigen Warenmengen, die dort lagerten, erhöhten das Risiko einer Brandkatastrophe enorm. Die Kasernengebäude gruppieren sich um einen zentralen Hof, in dessen hinterem Teil ein Caesareum für den Kaiserkult reserviert war. An den Hof grenzten auf zwei Stockwerken die Wohnräume der Vigiles, außerhalb des Areals lagen drei kleine Lokale, die man anhand der Mosaiken mit Darstellungen von Weinkelchen identifizieren konnte. In diesen Tavernen hielten sich die Vigiles in ihrer Freizeit

159 unten links Das Theater spielte im gesellschaftlichen Leben der Stadt eine wichtige Rolle. Es entstand zunächst als opus reticulatum, ehe Commodus es aus Ziegelsteinen neu errichten ließ. Zur Straße hin lag eine Fassade mit 21 Arkaden. Vom Dekor blieben nur einige Theatermasken aus dem 2. Jahrhundert erhalten, die heute im Zentrum des Bauwerkes stehen.

159 unten rechts Die Kaserne der Vigiles war in Ostia von besonderer Bedeutung, weil wegen zahlreicher Holzbauten und Lagerhallen ständig Feuergefahr drohte. In ihrer jetzigen Form geht sie auf Umbauten zurück, die Hadrian im 2. Jahrhundert vornehmen ließ.

bevorzugt auf. Am Decumanus Maximus stehen noch Reste von Läden, die sich zur Straße hin öffneten. Besonders bekannt ist die Caupona des Fortunatus, eine große Osteria, deren Besitzer seinen Namen auf dem Mosaikfußboden unter dem Bild eines Kraters hinterließ.

Folgt man der Straße, so erhebt sich zur Rechten ein halbrunder Portikus, der die Ränge des Theaters stützte und darüber hinaus drei weitere Ladenlokale beherbergte. Wenn man im Zuschauerraum bis ganz nach oben steigt, bietet sich ein schöner Blick auf die Bühne dar. Dahinter erstrecken sich der Piazzale delle Corporazioni und die Auen, die den Fluss begrenzen. Das Theater geht auf das Zeitalter des Augustus zurück. Es fasste zunächst maximal 3000 Zuschauer, wurde später jedoch mehrfach vergrößert und umgebaut. Im 4. Jahrhundert konnte man es schließlich sogar fluten. Aus der gleichen Epoche stammt der Piazzale delle Corporazioni, der als wirtschaftlicher Mittelpunkt der Stadt fungierte. Darüber hinaus konnten sich hier aber auch die Zuschauer des Theaters vor und nach den Vorstellungen versammeln und sich bei schlechtem Wetter sogar unter den angrenzenden Portikus zurückziehen. Verschiedene Handelshäuser und Zünfte hatten ihren Sitz in dem Säulengang, vor allem Reeder und Kaufleute, aber auch Seiler und Gerber. Die Bodenmosaiken zeugen von der Fülle und Vielfalt der Aktivitäten, die hier stattfanden: Die Bilder zeigen unterschiedliche Schiffstypen, Amphoren, Matrosen beim Entladen der Waren sowie den von Kaiser Claudius aufgestellten Leuchtturm, der als Wahrzeichen der Stadt galt. In der Mitte des Platzes erhob sich auf einem hohen Podium ein Ceres-Tempel. Gegenüber des Theaters befanden sich große Lagerhallen, die Horrea des Hortensius. Das größte Speicherhaus der Stadt lag allerdings etwas zurückversetzt auf der rechten Seite des Decumaus Ma-

160–161 Der Piazzale delle Corporazioni, ein 125 mal 80 Meter großer Platz, bot den Zuschauern des Theaters Raum, die sich hier vor und nach den Vorstellungen versammelten. Bei schlechtem Wetter zog das Publikum sich unter den doppelten überdachten Portikus zurück, der den Platz umgab.

160 unten Dieses Mosaik belegt, dass auf dem Piazzale delle Corporazioni unter anderem auch Viehhändler ihre Tiere verkauften.

161 oben rechts
Auf der Piazza delle Corporazioni hatten unter anderem navicularii (Reeder) aus den verschiedensten Regionen des Römischen Reiches ihren Sitz. Sie stammten aus Karthago, Cagliari, Syllectum in der Provinz Africa und zahlreichen anderen Orten.

ximus und war über die Via dei Molini zu erreichen. Die Fassade blickte direkt zum Tiber hin, was das Ein- und Ausladen der Waren außerordentlich erleichterte. Rings um einen großen Mittelhof gruppierten sich verschiedene Räume, in denen die unterschiedlichsten Waren aufbewahrt wurden. Dicke Mauern ohne Fenster schützten die Fracht vor Sonneneinstrahlung und Hohlräume unter dem Boden sollten verhindern, dass Feuchtigkeit eindrang. Wendet man sich von hier aus der Via di Diana zu, so steht auf der rechten Seite noch heute das Haus der Diana, das an einem rings um das Gebäude verlaufenden Balkon leicht zu erkennen ist. Im Erdge-

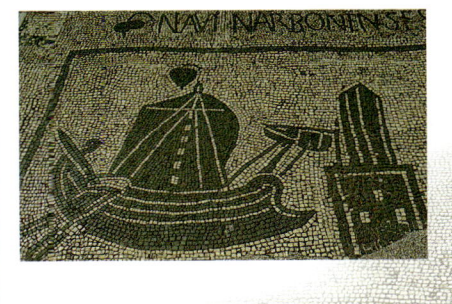

Ostia

161 oben links *Unter den Säulenhallen, die sich rings um den Platz zogen, lagen die Büros und Läden der verschiedenen corporat ones. Herrliche Mosaiken geben noch heute Aufschluss über die zahlreichen Handelsgeschäfte, die zu jener Zeit in Ostia getätigt wurden. Schiffe und Darstellungen des Leuchtturms, den Kaiser Claudius hatte erbauen lassen, gehörten zu den besonders beliebten Motiven.*

161 links und 161 unten *Die Mosaiken, welche die 64 stationes (Läden) am Piazzale delle Corporazioni zieren, dienten als Ladenschilder und informierten über die Art der Geschäfte, die hier getätigt wurden. Einige beziehen sich naturgemäß auf den Warenhandel zur See, andere greifen Meeresmotive wie Seepferdchen, Fische und Delphine auf oder zeigen exotische Tiere, die man für Spiele im Circus importierte.*

161 Mitte rechts
Auf der Längsseite rechts zeigt ein Mosaik an der 14. Position einen Elefanten. Eine Inschrift weist für Häute und Elfenbein aus Sabrata in Libyen.

162 Mitte Im Süden des Forums erhob sich gegenüber dem Capitolium aus der republikanischen Ära ein Tempel der Roma und des Augustus. Erhalten blieben Teile der Rückwand des Tempels, die man auf eine moderne Mauer montierte. Davor stellte man eine Statue aus dem 1. Jahrhundert auf, die Viktoria oder Roma im Gewand einer Amazone zeigt und vermutlich als Akroterion (Giebelverzierung) diente.

162 unten Auf der Ostseite des Forums-Platzes lagen die größten Thermen der Stadt. Sie wurden im Jahre 160 erbaut und zwischen dem 4. und 5. Jahrhundert restauriert. Dem Zeitgeschmack der antoninischen Epoche entsprechend, wechselten gerade und geschwungene Linien einander ab. Säulen aus Cipollino-Marmor, Mosaiken und Statuen der Hygieia und des Asklepios ergänzen das Bild.

162–163 In der Mitte des Piazzale delle Corporazioni liegen Reste einer Treppe und eines hohen Podiums (Abbildung) mit zwei korinthischen Säulen. Sie gehörten zu einem Tempel aus der Epoche des Domitian, der vielleicht der Göttin Ceres geweiht war.

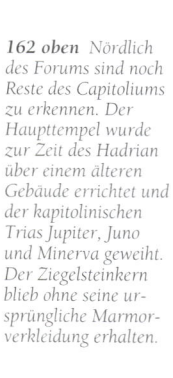

162 oben Nördlich des Forums sind noch Reste des Capitoliums zu erkennen. Der Haupttempel wurde zur Zeit des Hadrian über einem älteren Gebäude errichtet und der kapitolinischen Trias Jupiter, Juno und Minerva geweiht. Der Ziegelsteinkern blieb ohne seine ursprüngliche Marmorverkleidung erhalten.

schoss des vierstöckigen Mietshauses befanden sich Läden, auf der Höhe der Straße gab es vermutlich außerdem eine Pförtnerloge und eine öffentliche latrina. Im Innern des quadratischen Mittelhofes stand eine Zisterne und an der linken Wand entdeckte man eine kleine Tontafel mit einer Darstellung der Jagdgöttin. Nicht weit davon steht das berühmte Thermopolium der Via di Diana, eine Art Gasthaus, von dem ein marmorner Tresen, Wandgestelle, ein Ofen, Sitzbänke und eine antike Speisekarte erhalten blieben. Das Zentrum der Stadt befand sich am hinteren Ende der Hauptstraße, dort, wo Decumanus und Cardus Maximus sich kreuzen. Hier lag das Forum, der Schauplatz aller wichtigen politischen, ökonomischen und religiösen Aktivitäten. In seiner erhaltenen Form geht es auf das 2. Jahrhundert, das Zeitalter Hadrians, zurück. An den Längsseiten säumen Portiken den Platz und an einer der Ecken steht das Capitolium, das wie sein römisches Pendant der kapitolinischen Trias Jupiter, Juno und Minerva geweiht

163 oben rechts im östlichen Abschnitt des Decumanus Maximus steht ein schöner Marmorbrunnen, dessen Überdachung einst auf vier schmalen Säulen ruhte. Ein Geländer begrenzte das Becken auf der Straßenseite. In der Mitte des Bassins floss das Wasser aus einem Pfeiler, der einer Öllampe mit sieben Öffnungen glich.

163 unten links Das Haus des Amor und der Psyche ist das typische Beispiel einer herrschaftlichen Villa aus dem 4. Jahrhundert. Die reich dekorierten Räume mit Böden aus farbigen Marmorsteinen verteilten sich über zwei Stockwerke.

163 unten rechts Ein Hof mit einem großen Säulennymphäum bildete das Zentrum der domus. Hier fand man die Marmorgruppe, die Amor und Psyche in enger Umarmung zeigt. Sie ist heute im Museum von Ostia ausgestellt.

eine Vielzahl treppenförmig angeordneter Räume, welche die Sonneneinstrahlung optimal ausnutzen. Die Säle öffnen sich zu einer großen, von Portiken umgebenen Palestra hin.

Durch die Via degli Horrea Epagathiana gelangt man zu dem gleichnamigen Warenspeicher aus Ziegelstein mit einem schönen Portal, dessen Tympanon auf Halbsäulen mit korinthischen Kapitellen ruht. Inschriften auf den Türstürzen verraten die Namen der beiden Besitzer – Epagathius und Epaphroditus. Auch diese Lagerhallen umfassten verschiedene Räume auf mehreren Ebenen, die sich um einen zentralen Hof gruppierten. Biegt man von hier aus rechts in die Via della Foce ein, so erblickt man zunächst einen heiligen Bezirk mit einigen der äl-

war. An dieses Gebäude erinnern nur noch die Ziegelsteinmauern und große Nischen an der Seiten. Das andere Ende des Forums begrenzt der Tempel der Roma und des Augustus mit einer Statue der Göttin Roma im Gewand einer Amazone.

Jenseits der Portiken lagen bedeutende öffentliche Einrichtungen wie die Curia, eine quadratische Aula, in der die Versammlungen der Volksvertreter stattfanden, und das Gerichtsgebäude, eine große Basilika mit Säulensaal.

In der Mitte erhebt sich der Rundtempel der Lares Augusti, der Schutzgötter des Kaisers.

Auf der anderen Seite der Via della Forica, die den Namen einer öffentlichen Latrina trägt, erstrecken sich die Forums-Thermen. Das größte Bad der Stadt entstand im Jahre 160 und wurde im 4. Jahrhundert restauriert. Es umfasst

testen Kultgebäude der Stadt, zum Beispiel dem Herkules-Tempel. Dahinter liegt die Domus des Amor und der Psyche. Es handelt sich um eine schöne herrschaftliche Villa aus der Spätantike (4. Jahrhundert), die möglicherweise als Sommerresidenz diente. Die Zimmer und Säle gruppieren sich hier um eine Art Atrium und umfassen unter anderem einen Wintergarten mit Säulenfront. Den hinteren Abschluss bildete ein Nymphäum mit fünf Nischen. Hier entdeckte man die Marmorgruppe, der das Gebäude seinen Namen verdankt.

In derselben Straße liegt etwas weiter auf der linken Seite das Serapis-Haus, eine typische mehrstöckige *insula* aus dem 2. Jahrhundert. Von den Wohnungen aus blickte man auf einen großen Innenhof. Dahinter blieben Reste der Thermen der Sieben Weisen Griechenlands erhalten, die vor allem von den Bewohnern der benachbarten Häuser genutzt wurde. In einem der kleineren Säle sind drei der sieben Namensgeber des Gebäudes – Solon von Athen, Talet von Milet und Chilon von Sparta – dargestellt.

Weiter südlich steht an der Via delle Volte Dipinte der Komplex der Case a Giardino (Gartenhäuser). Fernab vom Lärm der Straßen und Geschäfte lebten in diesem typischen Wohnhaus wohl vor allem Bürger der reichen Mittelschicht. Rings um die beiden Blöcke erstreckte sich ein großer privater Garten mit sechs Brunnen; die Empfangssäle befanden sich an der Außenseite, die Wohnräume dagegen an der Innenseite der Gebäude.

Über den Decumanus Maximus führt der Weg zur antiken Stadtmauer mit der Porta Marina. Dahinter sind noch einige wenige Fragmente der Thermen der Martiana aus dem 2. Jahrhundert zu sehen.

164 oben Nur wenig blieb von den Thermen der Martiana erhalten. Der Komplex entstand im 2. Jahrhundert im Osten der Stadt an der Via della Foce.

164 unten links Auf der rechten Seite der Via della Diana steht dieses recht gut erhaltene Mietshaus. Die Wohnungen der Domus aus dem 2. Jahrhundert gruppierten sich um einen großen hellen Innenhof. Zur Straße hin lagen verschiedene Läden. Der Name des Hauses bezieht sich auf eine Ädikula, die dem Diana-Kult geweiht war.

164 unten rechts Die Horrea Hepagathiana gehörten zu den größten Warenlagern der Stadt. Die Inschriften auf dem mächtigen Portal verraten die Namen der beiden Besitzer. Es handelte sich um zwei Freigelassene, die Epagatus und Epaphroditus hießen.

164–165 Das Haus des Bacchus und der Ariadne liegt am nordwestlichen Ende der Via della Foce. In Ostia gab es viele Mietshäuser mit Wohnungen auf mehreren Stockwerken. Daneben existierten natürlich auch Privatvillen, die in der Regel besonders reichen Familien gehörten.

165 oben links Dieses Bild zeigt die Caupona des Fortunatus, eine von zahlreichen Bars der Stadt. Daneben gab es Läden, Thermen und öffentliche Einrichtungen in großer Zahl. In Ostia lebten Menschen der unterschiedlichsten Klassen und Kulturen auf engem Raum zusammen.

165 oben rechts Die Taverne des Fortunatus lag dort, wo Via della Fontana und Decumanus Maximus sich kreuzten. Das Gebäude mit mehreren Eingängen blieb gut erhalten. Im Innern sieht man noch den marmorverkleideten Tresen, von dem aus die Getränke serviert wurden. Im hinteren Teil blieb ein Becken mit Gewölbe erhalten, über das die meisten Tavernen verfügten. Es wurde mit Wasser aus einem nahen Aquädukt versorgt und diente zum Geschirrspülen.

165 Mitte rechts Diese Aufnahme zeigt ein Detail des Bodenmosaiks im Haus des Bacchus und der Ariadne. Viele Gebäude in Ostia wurden nach ihrem Dekor oder nach aufgefundenen Gegenständen benannt.

165 unten Die Thermen der Sieben Weisen zählten ebenfalls zu den Bädern von Ostia. Erhalten blieben das laconium (Schwitzbad), das caldarium, das frigidarium sowie Reste der Fresken, des Heizungssystems und der schwarz-weißen Bodenmosaiken. In einem der Umkleideräume (apodyteria) ist noch ein Fresko mit drei der Sieben Weisen Griechenlands zu sehen, denen die Thermen ihren Namen verdanken.

GLOSSAR

Ädikula: Kleiner, für eine Statue bestimmter Aufbau in römischen Tempeln oder Profanbauten.

Akanthus: Südeuropäische Pflanze, deren Blätter häufig als Ornamente auf Gräbern oder Kapitellen Verwendung finden.

Akroterion: Giebelverzierung von Tempeln und anderen Gebäuden, meist in Form einer Vase, Scheibe oder mythologischen Figur.

Amphitheater: Elliptisches Theater der römischen Antike mit arkadengestützten Rängen und einer Arena im Zentrum.

Apoditerium: Umkleideraum in römischen Thermen.

Apsis: Halbrunder Anbau mit Gewölbe im hinteren Teil oder an den Seiten eines Raumes. In christlichen Kirchen Altarnische am Ende des Chores.

Architrav: Auf zwei Säulen oder Pfeilern ruhender waagerechter Türbalken, der die darüberliegenden Strukturen abstützt.

Arena: Nicht überdachte Spielfläche im Circus, Amphitheater oder Stadion.

Arkade: Bogenstellung oder Reihe von Bögen, die von Pfeilern oder Säulen gestützt werden.

Atrium: Hauptraum des römischen Hauses (meistens mit einer Öffnung im Dach), um den sich verschiedene Räume gruppierten.

Attika: Häufig mit Statuen verzierte Wand über dem Hauptsims eines Bauwerkes.

Basilika: In der römischen Antike bezeichnet der Begriff eine große Halle, die durch Säulen in mehrere Schiffe gegliedert wird. Sie diente als Versammlungsort und Gerichtsgebäude.

Bossenwerk: Mauerwerk mit Reihen gleichmäßig abgerundeter Quader.

Bukranion: Nachbildungen von Ochsenschädeln als Zierelemente auf griechischen und römischen Friesen.

Caldarium: Geheizter, in der Regel überkuppelter Raum in römischen Thermen mit Schwimmbecken für Warmbäder.

Cavea: Zuschauerraum in römischen Amphitheatern oder Stadien.

Cenatio: Sommerspeisesaal in römischen Villen.

Clivus: Ansteigende Straße in römischen Städten.

Cubiculum: Schlafraum in antiken römischen Häusern.

Esastilos: Gebäude mit sechs Säulen an der Vorderseite.

Exedra: Halbkreisförmiger Raum oder halbrunder Abschluss eines rechteckigen Raumes.

Fries: Horizontal verlaufender Streifen an Gebäuden oder Monumenten, in der Regel mit Metopen, Ornamenten oder szenischen Darstellungen verziert.

Frigidarium: Raum für Kaltbäder in römischen Thermen.

Fronton: Auch Frontispiz genanntes Giebeldreieck über Gebäuden, Türen, Fenstern und Nischen.

Greif: Fabeltier mit Raubtierkörper und Raubvogelkopf.

Groteske: Wanddekor aus dünnen Pflanzenmotiven, kleinen Figuren und architektonischen Elementen.

Horreum: Meist zweistöckiges römisches Warenlager mit zahlreichen Räumen, die sich um einen großen Hof gruppieren.

Hypokaustik: Heizungssystem, bei dem warme Luft durch einen doppelten Boden mit dazwischen liegendem Hohlraum geleitet wird.

Kapitell: Oberer Abschluss eines Pfeilers oder einer Säule mit unterschiedlichen Verzierungen.

Karyatide: Frauenstatue, die Säulen oder Pfeiler ersetzt und das darüberliegende Mauerwerk eines Gebäudes abstützt.

Kassettendecke: Verzierung von Gewölben oder Decken durch Reihen gleichmäßig angeordneter, vertiefter Felder.

Kolumbarium: Kollektivgrab für Urnen, die in kleinen Mauernischen aufbewahrt werden.

Konsole: Aus der Mauer hervorragender Kragstein, der Bögen, Figuren und andere architektonische Elemente stützt.

Krepidoma: Tempelunterbau, bei dorischen Tempeln in der Regel dreistufig.

Kryptoportikus: Unterirdischer Gang, der durch kleine Öffnungen erhellt wird.

Lararium: Kleine Kultstätte für die römischen Schutzgötter (Laren).

Meta: Kleine, konische Struktur als Wendemarke im römischen Zirkus.

Mithräum: Dem Gott Mithras geweihtes Heiligtum.

Natatio: Raum mit Schwimmbecken in römischen Thermen.

Naumachia: Nachgestellte Seeschlachten in gefluteten Amphitheatern oder an anderen geeigneten Orten.

Nymphäum: Großer, apsisartiger Bau mit Statuen, Nischen und Brunnen.

Obelisk: Hohe, rechteckige Steinsäule mit pyramidenförmig zulaufender Spitze.

Odeon: Kleines überdachtes Theater für Konzerte und öffentliche Lesungen.

Pelte: Halbmondförmiger Amazonenschild. Zierelement, aber auch Gladiatorenwaffe.

Peripteros: Auf allen Seiten von Säulen umgebenes Gebäude.

Peristyl: Von Säulen umgebener Innenhof.

Pronaos: Überdachte Vorhalle, meist mit Säulen, vor der Cella eines Tempels.

Prostylos: Gebäude mit Säulenhalle an der Vorderseite.

Pseudoperipteros: Gebäude mit Vorhalle aus Vollsäulen und Halbsäulen oder einer einzigen Säulenreihe an den Seiten.

Rostra: Mit Bugstücken eroberter Schiffe verzierte Rednertribüne.

Substruktion: Gemauerter Unterbau eines Gebäudes.

Tablinum: Auf einer Achse mit dem Eingang liegender Hauptraum des römischen Hauses.

Tetrastylos: Gebäude mit vier Säulen an der Vorderseite

Tondo: Rundbild oder Rundrelief auf römischen Bauwerken und in der italienischen Kunst allgemein.

Triklinium: Speisesaal in griechisch-römischen Häusern mit drei hufeisenförmig angeordneten Liegen.

Triumphbogen: Repräsentatives Bauwerk an markanten Stellen römischer Städte. Mit Triumphbögen feierte man militärische Siege und wichtige historische Ereignisse.

Trophäe: Antikes Siegeszeichen, das häufig in Tempeln oder an eigens dafür vorbestimmten Orten aufbewahrt wurde.

Ustrinum: Römisches Krematorium.

Velarium: Großes Sonnensegel aus Leinen, das die Zuschauer in römischen Theatern vor Hitze und Regen schützte.

BILDNACHWEIS

Antonio Attini / Archivio White Star: S. 17 links, 157 Mitte, 163 oben links, 168 oben.
Marcello Bertinetti / Archivio White Star: S. 2-3, 6 unten, 6-7, 17 rechts, 23, 26, 27, 28 unten, 32-33, 40, 40-41, 48-49, 50, 50-51, 53 unten, 54 oben, 56-57, 64-65, 65 oben links, 66-67, 68-69, 70 unten, 78, 80-81, 83, 84 oben, 88-89, 92-93, 94 unten, 94-95, 98, 98-99, 102, 110-111, 112-113, 114 oben, 120, 120-121, 122 oben, 122-123, 125, 126 oben, 127 unten, 128 unten, 134 Mitte, 140 unten, 146-147, 147 unten, 149 Mitte, 150-151, 154 oben, 154-155, 157 oben.
Cesare Gerolimetto / Archivio White Star: S. 32 oben, 33 oben rechts, 54 unten, 75 unten, 77 unten, 92 oben rechts, 113 oben, 116 links, 117 oben, 129 oben links.
Giulio Veggi / Archivio White Star: S. 1, 4-5, 12,13, 14, 15, 16, 16-17, 28 oben, 30 Mitte und unten, 30-31, 32 Mitte und unter, 33 unten rechts, 34, 34-35, 35 oben, 36 oben, 38-39, 39, 41, 42, 43, 44 oben rechts, 45, 49 rechts, 49 unten, 50 oben rechts und links, 50 unten, 51 rechts, 55, 56, 57 oben, 63, 65 oben rechts, 68, 69, 70-71, 71, 72, 74, 75 links oben und unten, 78-79, 80,

84-85 oben und unten, 85, 89 oben und unten, 91 unten, 92 oben links, 92 unten, 108, 110, 111 oben, 112 oben und unten, 113 rechts, 114 Mitte und unten, 115, 116-117, 119 unten, 121 unten, 123, 126-127, 129 oben rechts, 130 Mitte und unten, 131, 134 oben und unten, 134-135, 135 rechts, 136, 137, 140 oben, 141, 146 oben, 147 rechts, 148-149, 150, 152, 152-153, 155 oben destra und links, 156-157, 157 unten, 158, 159 oben, 159 unten, 160, 160-161, 161, 162, 162-163, 163 unten, 164, 165, 168 unten.
Archivio White Star: S. 24
V. Arcomano / Marka: S. 117 unten.
Hervè Champollion: S. 91 oben, 116 unten rechts.
Stefano Chieppa / Realy Easy Star: pag. 109 rechts.
Araldo De Luca: S. 8-9, 21 rechts, 30 oben, 48 links, 67 rechts, 96-97, 99 rechts, 118-119.
Fotografica Foglia: S. 24-25.
Maurizio Fraschetti: S. 66, 77 oben rechts.
Andrea Iemolo: S. 135 unten.
Index-Firenze: S. 22-23, 25 oben, 57 unten, 76 links, 130 oben, 139 unten.
Marco Mairani: S. 37 oben, 70 oben.
Paolo Negri: S. 21 Mitte.

Giorgio Oddi / Realy Easy Star: S. 146 links.
Agenzia Luisa Ricciarini, Milano: S. 30 links.
Giovanni Rinaldi / Realy Easy Star: S. 76 rechts, 97 unten, 149 unten.
ARCHIVIO SCALA: S. 10, 11, 21 links, 22 links, 29, 31 Mitte und rechts, 33 oben links, 35 unten, 36 unten, 36-37, 38 unten, 44 oben links, 59, 77 oben links, 86, 87, 90 links, 90 unten, 92 Mitte, 95 rechts, 96 unten, 97 oben und Mitte, 100-101, 106, 106-107, 109 links oben und unten, 117 Mitte, 118 links, 119 oben, 138-139, 139 oben, 142-143, 143, 145.
Concessione S.M.A. N. 316 del 18-08-1995: S. 17 rechts, 26, 27, 48-49, 50, 50-51, 56-57, 64-65, 66-67, 68-69, 90-91, 92-93, 94 unten, 94-95, 110- 11, 112-113, 114 oben, 120, 120-121, 122 oben, 122-123, 125, 126 oben, 128 unten, 146-147, 147 unten.
Concessione S.M.A. N. 325 del 01-09-1995: S. 2-3, 6-7, 23, 32-33, 53 unten, 54 oben, 72-73, 78, 80-81, 83, 84 oben, 88-89, 98, 98-99, 102, 134 Mitte, 140 unten, 149 Mitte, 150-151, 151 oben, 154 oben, 154-155, 156 links, 157 oben, 158-159.

Oben Der Decumanus Maximus verlief in gerader Linie durch Ostia und bog dann zur Porta Marina ab.

Unten Dieses Bild vermittelt einen Eindruck von den herrlichen Mosaiken, welche die Läden und Büros am Piazzale delle Corporazioni in Ostia zierten.